国家社会科学基金教育学重点课题
“高校绩效评价研究”(AIA090007)成果

GAODENG XUEXIAO
JIXIAO PINGJIA LUN

高等学校绩效评价论

张男星 等 著

教育科学出版社
·北 京·

目　　录

第二部分　国别篇

第三部分　探索篇

序

2009年，中国教育科学研究院（原中央教育科学研究所）发布的《高等学校绩效评价报告》一时引起轰动，反应不一，争议颇多。当时，我在武汉大学任校长，对这一评价报告及其采用的“绩效评价”的方式，与我的同事们一起做了认真研究，给予高度评价。无论从哪个方面看，高校绩效评价确实是对中国高校评估模式的一种积极的、开创性的探索。这一绩效评价至少起到三个方面的作用：一是对业已存在的高校各种评估的有益补充。高校的各种评估和评价，有各自的长处，但是《高等学校绩效评价报告》从绩效的角度对高校办学效能的评价，显然是对现存各种评估的重要补充。报告出来之后，反响之所以大，就是因为这一绩效评价与其他的评价存在着明显的差别。差别是形成特色的起点，是铸就优势的开端。当时，我比较了与武汉大学类似高校的评价结果，认为绩效评价报告是基本符合这些高校办学效能的。绩效评价在对其他评价方式作出有益补充的同时，实际上也对这些评估作了有效的修正和校正。二是有利于高校提升办学效率，提高办学质量。“投入一产出”的评价，尽管先前是经济学用于效率、效果评价的方式，引入高校办学效能的评价，应该是新的思路，可以促使高校和教育主管部门、社会各界去关注高校办学的效益和效率问题。三是对中国高校评价模式的积极探索，尽管这种探索还有其“陌生”的一面，接触多了，使用久了，也就“熟悉”起来了。

三年过去了，现在读到张男星等同志合著的《高等学校绩效评价论》，应该是对高等学校绩效评价的理论原理、指标体系、国际比较和中国探索所作的理论上的深入探讨和实践上的深刻总结。该著作从高等学校绩效评价的发展历程、思想基础和基本原理的研究入手，对高等学校绩效评价的指标体系和评价方法作了深入探讨，对国外一些高校实施的绩效评价实例作了分析比较，还对绩效评价的核心——投入一产出绩效评价的新构想作了集中探索、对高校投入一产出绩效作了详尽的实证分析。将围绕什么是高等学校绩效评价，为什么要开展高等学校绩效评价，高等学校绩效评价具有哪些功能，如何开展高等学校绩效评价，以及如何构建科学合理的高等学校绩效评价体系，并在高等教育管理中加以有效地利用等问题进行探讨，力求从理论和实践角度推进高等学校绩效评价研究的深入。我很为著作者们作的多方面的开拓性研究所吸引、所感染。特别值得一提的是，书中提出的三个问题，即“对高等学校绩效评价的再认识”、“高等学校绩效评价与支持体系”和“高等学校绩效评价与高等教育强国”，尽管撰稿人只是简要地提及，没有作出更多的论述，但这三个问题本身，对于开阔高校绩效评价的认识视界、理解高校绩效评价在中国特色现代大学制度建设中的作用、对建立高校绩效评价的“中国模式”，无疑有着重要的启示。

《国家中长期教育改革和发展规划纲要（2010—2020年）》高度重视中国现代大学制度中评估体系的建设，积极推进中国特色的高等学校评估模式的探索。《教育规划纲要》提出的基本思想包括：第一，强调从高等教育“优化结构、办出特色”的要求出发，建立高校分类体系，实行分类管理；引导高校合理定位，克服同质化倾向；改进管理模式，引进竞争机制，实行绩效评估，进行动态管理等改革和发展的思想和思路。这里的“绩效评估”，作为一种管理模式，旨在对国家在各类高校投入的不同效能作出测定和比较。第二，提出“改革教育质量评价和人才评价制度”指向，明确改进教育教学评价，根据培养目标和人才理念，建立科学、多样的评价标准，开展由政府、学校、家长及社会各方面参与的教育质量评估活动的体制和机制改革的要求。第三，凸显“完善中国特色现代大学制度”的要求，把建立科学、规范的评估制度，鼓励专门机构和社会中介机构对高校学科、专业、课程等水平和质量进行评估，形成中国特色学校评估模式等提到重要的位置。《教育规划纲要》中关于高等教育评估和高等学校评价的这些基本思想，对于积极开展高校绩效评价是有重要的指导意义的。

高校绩效评价对于高校改革和发展，对于提高高等教育质量都有着重要的意义。当然，高校的绩效评价是高校评价体系的有机组成之一，在对高校的综合评价中，要把握绩效评价的特色和优势，结合和融合其他评价的长处。例如，在把握绩效评价基本特点上，明确绩效评价着重于评估对象在实现其职能中所要达到目标的实现程度为基本前提的效能评价，是运用一定的评价方法、量化指标、评价标准，以结果评价为重点的评价方法。在明确绩效评价作用上，要重视对评估对象在管理过程有效性上的引导力与影响力，通过结果评价促进评估对象在相应策略与路径上的改进和完善。在绩效评价的全面性上，要重视效率评估中强调输入（投入）获得最大输出（产出）的评价，要重视效果评估中重视计划（设计）预定结果和计划（设计）实施结果的评价，注重绩效评价是效率评估和效果评估的综合，使绩效评价更加全面、更为完善。

《高等学校绩效评价论》一书的意义，不只在于它是国内高等教育理论研究中很少见到的关于绩效评价的专门论著，使我们能够初步地但却比较全面地了解和理解绩效评价的概貌及其操作过程和实施意义，而且还在于绩效评价在中国高等教育评估体系中还只初露尖尖角，所有理论上的和实践上的探索，还只是初步的。我相信，《高等学校绩效评价论》为我们作出的是令人满意的先行论述，走出的是推进中国高校绩效评价、提高高校办学效能的令人回味的重要一步！

张男星同志先前把《高等学校绩效评价论》的电子文本发给我，希望我能为该著作出版写一些序言性的文字。我读了电子文本后，得益匪浅，写了以上这些随笔性的文字，感谢著作者们对我的信任。是以为序。

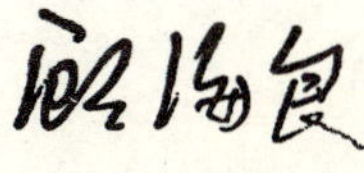

2012 年 10 月 28 日

前　言

公共组织绩效评价是20世纪西方“政府改革”运动的产物。早在1950年美国就提出政府的每一分钱都必须要有效果的绩效预算理念，但由于当时理论界对公共支出效果以及如何测量这些效果的基本方法和路径都没有解决，因此，改革也就限于观念层面而无法操作。自1978年以来，美国历任总统都很关注政府部门的绩效管理问题，政府绩效评价甚至成为克林顿政府行政改革的主导思想。1993年美国国会通过了《政府绩效和效果法》，将政府绩效评价制度法定化，使其不因行政首长更迭而发生变化。在英国，政府绩效评价始于1979年的“雷纳评审”，即对政府部门的工作进行调查、审视和评价、研究，评审的重点是政府机构的经济和效率水平，凸显了“花钱买效果”的观念。在英、美的带动示范下，公共组织绩效评价在荷兰、澳大利亚、丹麦、芬兰、挪威、新西兰、加拿大等国家都得到广泛应用。亚洲的日本、韩国等国也从20世纪90年代开始，先后引入类似政府绩效评价的“行政评价”、“制度评估”。从整个世界来看，关注成本，注重绩效，开展绩效考核和绩效评价，已经成为多国政府及组织共同追求的目标和采用的手段，并被广泛应用于各个领域，发挥着越来越重要的作用。这正应验了美国管理大师杜拉克（Drucker）说的那句话——“管理繁荣已成为过去，追寻管理绩效的时代已经来临。”①

随着绩效评价日益成为各国重塑政府公共管理的基本手段，作为公共服务范畴的高等教育领域也逐渐引入了绩效评价理念和实践，并“被

① P. F. Drucker. Management：Tasks，Responsibilities，Practices [M]. New York：Harper & Row Publishers Inc，1974：11.

许多学者认为是高等教育在过去半个世纪以来最重要的发展之一”。① 早在20世纪70年代，美国就开始对高等教育进行绩效评价，“州政府通过建构一系列评价指标，对高等学校进行评价，根据高校不同表现予以拨款和奖励”，② 目的在于提高高等学校的办学效能。时至今日，英国、法国、荷兰、澳大利亚、新西兰、德国、加拿大等国家都在一定范围内不同程度地开展了高等教育绩效评价并实施绩效拨款。

自我国实施高等学校“211”和“985”建设工程以来，国家对重点高校的财政投入持续增加。同时，在1999年扩招政策的推动下，我国高等教育规模不断扩大，2002年毛入学率达到15%，进入大众化时期，并于2006年成为世界高等教育在学人口最多的国家。与此同时，国家和地方对高校的财政投入都大幅度增加，社会资金也大量流入高校，但高校的办学质量或效益似乎并没有同样明显地提高，因此，问责高校办学绩效成为国家、社会以及高校自身的必然诉求。

本书将围绕什么是高等学校绩效评价，为什么要开展高等学校绩效评价，高等学校绩效评价具有哪些功能，如何开展高等学校绩效评价，以及如何构建相对科学合理的高等学校绩效评价体系，并在高等教育管理中加以有效地利用等问题进行探讨，以期从理论和实践角度推进高等学校绩效评价研究的深入。

以往研究中，高等学校绩效评价和高等教育绩效评价经常混用，且多用高等教育绩效评价。但是事实上，尚没有对整个高等教育系统进行绩效评价的事例。之前所谓的高等教育绩效评价，如美国、英国，都是以高等学校为主要评价对象的，主要是针对高等学校绩效进行的评价，这点与本研究是吻合的。本研究用“高等学校绩效评价”指代“高等教育绩效评价”，但在个别论述及国别篇中仍沿用“高等教育绩效评价”。

高等学校绩效评价在我国刚刚兴起，本研究也只是一种尝试，且本书仅是课题研究的阶段性成果，此后我们将就此问题进一步深入研究，以促其日臻成熟，并在建设高等教育强国的进程中发挥应有的作用。

---

① D. D. Dunn. Accountability, Democratic Theory, and Higher Education [J]. Educational Policy, 2003 (17), 1: 60-79.

② 谌启标，柳国辉. 美国高等教育绩效评价政策述评 [J]. 宁波大学学报（教育科学版），2004 (6): 26-29.

第一部分　理论篇

高等学校绩效评价是高等教育发展到一定阶段的产物，其产生和发展深受新公共管理理论、企业管理理论和高等教育管理理论的影响。高等学校绩效评价自产生以来，内涵不断丰富，方法日趋多元，功能逐渐拓展，形成了各具特色的评价思想或体系。本部分回溯高等学校绩效评价的发展历程，探寻高等学校绩效评价的思想基础，建构基本原理，分析指标体系，并凝练评价方法。

第一章

高等学校绩效评价的发展历程

当前，运用公共组织绩效评价管理高等教育已经成为各国普遍的趋势。自20世纪70年代以来，高等学校绩效评价经历了不同的发展阶段，获得了较大的发展，呈现出不同的特点。本章回溯分析了高等学校绩效评价的缘起、发展阶段及特点。

第一节　高等学校绩效评价的背景与成因

20世纪80年代之前，高等学校很少因为对政府、社会和个人承担的责任而迫切需要调整办学目标及改变资源分配方式。但受1978年及以后的经济危机和政府支出压力的影响，效能和效率日益成为高等教育管理报告的核心概念。一些国家政府发表了绿皮书，倡导对高等学校实施绩效评价，建议所有高等学校发展可靠和持续的绩效指标。绩效评价的出现顺应了经济与社会变化、有限资源的配置、高等学校努力改进教学质量等方面的需求。总体来说，高等学校绩效评价的产生受诸多因素的影响，主要包括以下几个方面。

一、高等教育规模扩张与经费缩减

第二次世界大战以后，世界各国的高等教育系统发生了巨大变化，多样化的教育机构迅速兴起，导致高等教育系统不论在内容、规模、人员以及经费方面迅猛膨胀，各国先后迈入高等教育大众化时代，甚至向普及化方向发展。在第二次世界大战刚刚结束的几年内，美国的高等教育系统招收30%左右的适龄青年入学，欧洲国家大都保持着精英型高等教育系统，只有不到5%的适龄青年进入中学后院校。到20世纪60年代，许多欧洲国家的高等院校招收15%或更多的适龄青年。如1970年瑞典的高等教育入学率为24%，法国则为17%。[①] 与此同时，美国的适龄青年入学率提高到50%左右，接近普及型入学水平。这种变化，虽然为社会各界提供了各种教育机会，但同时也引起了社会大众对如何确保高等教育质量的关注与争议。

另一方面，由于各国高等教育经费的日益紧缩，导致各国对高等教育属性的认识发生了变化。从经济的角度来分析，20世纪50年代到70年代初，是西方国家经济发展最为迅速的时期。这一时期也正是人力资本理论形成时期，各国一方面把投资教育作为福利国家建设的战略举措，另一方面也视教育为国家重要人力资本投资通道，各国政府纷纷加大对教育的投资力度。但是70年代的资本主义经济危机，打乱了部分国家教育强国的战略步伐，削减教育经费成为各国缩减财政收入的重要手段。

20世纪70年代经济危机之下，经合组织（OECD）国家中大部分国家对教育的投资在国内生产总值（GDP）中的比重逐年降低。如1975年至1986年，在主要发达国家中，除挪威、瑞典和奥地利等少数几国外，大多数国家均呈下降态势。丹麦从7.8%下降至7.5%，荷兰从8.1%下降至7.0%，加拿大从7.1%下降至6.5%，美国从5.4%下降至4.8%，日本从5.4%下降至5.0%，联邦德国从5.4%下降至4.2%，英国政府的教育开支在国民生产总值中比重也由1980年的5.6%下降到1986年的5.2%[②]。各国教育经费减少的直接后果是造成教育投入不足，进而影响到教育量的发展和质的提高。在此背景下，各国对高等教育机构提出了“绩效责任”（Performance Accountability）的要求，要求高等教育机构必须提高质量，且提供具有“金钱价值”（Value for money）的证据。借此，除可以向社会大众表示负责外，还可以作为政府经费补助或其他相关政策的参考。以经合组织成员国的高等教育经费模式为例，各国高等教育经费从过去无条件获取政府拨款的方式，转变为接受有条件的公共

① 菲利普·G. 阿特巴赫. 高等教育的发展模式［J］. 蒋凯，译. 现代大学教育，2001（1）：60.

② T. Husen，et al.（eds）. Schooling in Modern European Society：A Report of the Academia European［M］. Oxford：Pergamon Press，1992：336.

经费，或者必须通过提供学术研究或教学方面的绩效表现以换取市场资助的趋势。

二、高等教育系统与社会关系的改变

随着产业经济的发展、信息技术的突破以及社会制度的进步，社会大众越来越关心高等教育与劳动力市场的关系；高等教育所培养的学生，在就业市场上能否争得一席之地，已经成为各界关注的焦点。以往，高等教育面临一个危机，即某些学科毕业生找不到工作，而某些学科招不到学生。此种情况反映高等教育系统对市场供求的情况无法有效掌握，故无法做出良好的调试。然而，随着社会的逐渐开放，高等教育与社会的关系日益紧密，导致高等教育面临前所未有的压力，致使其越发重视市场的需求。在市场机制下，如何通过提升教学和研究质量在高度竞争的环境中生存下去，成为高等教育机构面临的重要课题。

三、国际合作与比较的需求

在全球国际化与自由化的趋势下，各国学生跨国学习已经非常普遍，尤其是欧洲国家在博洛尼亚进程（Bologna Process）协议签署后，学生跨境流动更加方便。在此背景下，各国必须对其他国家的高等教育质量和效率有所了解，作为相互承认学分与学位的参考依据，以此推进国际高等教育合作。例如，欧洲一体化要求在开放市场下，对欧洲各成员国高等教育毕业生的质量必须有所了解，确保做到公开化与制度化。

国际合作与比较刺激了各国高等教育绩效评价的发展。高等教育绩效评价模式使用的宗旨在于提高教育的责任和服务，但是不同体制国家的具体目标不同。例如，刺激内在的和外在的制度竞争；检验新公共机构的质量；制度上赋予地位；从权威转向公共机构，促进国际比较等。① 绩效模式的观念基础超越了公共行政机构改革的意识形态，其内在动力是削减高等教育机构的权限。无

① J. Brennan. Evaluation of Higher Education in Europe［M］. London：Jessica Kingsley Publishers，1999：219－235.

疑，高等教育的扩张和新评价机制的融合，促进了国际高等教育绩效评价模式的产生。如博洛尼亚进程中的绩效评价与质量保障体系。此外，由于文化传统以及国家权力体系的差异，各国绩效评价模式的重心也有所差异。盎格鲁撒克逊（Anglo－Saxon）文化国家的高等教育从高度自治性转向外在控制性；欧洲大陆以及斯堪的纳维亚半岛的高等教育正试图放弃传统的高度控制性。这种矛盾集中反映在绩效制度的水平上。可以说，绩效标准，如“效能”、“生产率”、“义务”等已经深入高等教育的决策以及运作之中。①

四、高等教育新政策理念的形成

传统而言，各国政府常扮演一个强有力的高等教育发展者和领导角色，希望通过多方面的管制，以控制高等教育发展的质量。然而，20 世纪 80 年代以来，这种“可以制造与控制社会”的想法，逐渐为新的观念所取代。这种变化受到两个因素的影响。首先，高等教育系统向大众化阶段发展，院校类型更加多样，系统运行也更加复杂。在此情况下，由国家政府系统来控制其质量的做法变得没有效率。其次，随着科技知识快速发展，需要建设一个富有弹性的体系，使任何新生问题能及时加以解决。集权化的决策方式往往不能适应这样的需要。正如斯库默克（Schmuck）与兰凯尔（Runkel）指出的：教育改革由次级系统开始，将是一个有效的教育改革策略。② 政府对高等教育机构的干涉越少，高等教育机构对外在环境的反应力越强。因此，许多欧洲国家重新授予高等教育质量机构更多的自主权，但同时也要求其建立和完善质量保障体系。

高等教育大众化时代来临之后，高等教育逐渐演变为巨型的“企业”，不仅学生和私营企业对高等教育的私人投资加大，而且可以用经营企业的方式管理高等教育。③ 接受高等教育的人口不断增加，高等教育经费开支占据公共预算的比例也不断增加，要控制投入到高等教育系统的公共资金的政治压力和需求也日渐增大。为此，如何对高等教育体系建立高效有力的组织管理模式，逐

---

① 谌启标．美国高等教育绩效评价政策述评［J］．宁波大学学报，2004（3）：26.

② R. A. Schmuck and P. J. Runkel. The Handbook of Organizational Development in Schools（3rd edition）［M］. Palo Alto：Mayfield，1985.

③ A. Amaral，V. L. Meek and I. M. Larsen. The Higher Managerial Revolution［M］. Doedrecht：Kluwer，2003.

渐成为政策制定和行政管理的突出问题。随着公共开支的缩减，人们担心高等教育质量会下降，高等教育机构和各种不同顾客以及资助者之间的关系及调整得到了高度重视。在这种背景下，政府的威信、决策的方式、实施的途径、监管的方式、预算的机制以及对高等教育系统的垄断都受到人们的质疑。许多西方欧洲国家政府的角色开始发生变化。[①] 政府和高等教育供给者之间出现了新的等级弱化关系，政府和行政人员不断借助市场的力量。由此，国家职能对高等教育调控作用开始减弱，高等教育的体制范式发生变化。欧美各国及东亚各地政府逐渐改变对高等教育的管制模式（Governance model），亦即由以往的政府控制（State-control model）模式向政府监督（State-supervisory model）模式转变[②]。

五、公共部门绩效评价的影响

自20世纪70年代末80年代初以来，起源于英国的行政改革随后演变为席卷西方各国的新公共管理运动，该运动的核心价值之一就是绩效取向。为此，西方各国纷纷进行体现绩效取向的行政改革，借助目标管理、全面质量管理等手段进行绩效管理。加强财务控制，完善信息反馈，实行绩效预算和评估。1979年，撒切尔夫人上台后笃信政府效率原则，实施著名的雷纳评审（Rayner Scrutiny Programme）。雷纳评审促使政府部门开始关注政府的产出和结果，初步树立起政府绩效和成本意识。随后，英国财政部颁布了财务管理新方案，明确提出各部门、各层级的负责人要“明确自己的目标和测定产出和绩效的标准和方法。”[③] 美国也推行了类似的管理技术。英美两国都建立了比较完备的绩效评价指标和灵活的评估标准，并建立专门机构对公共部门绩效评价进行研究。除美国和英国外，许多发达国家都将绩效评价作为政府再造的一个组成部分，纷纷推出各自的公共部门绩效评价措施，或者在法案和政府战略规划中强调绩效问责与评估。据统计，经合组织（OECD）成员国都已开展了政府绩效管理改革。西方国家行政改革的实践表明，绩效管理对提升政府绩效

---

① G. Neave and F. Van Vught. Prometheus Bound [M]. London: Pergamon Press, 1991.

② 戴晓霞，等. 高等教育市场化 [M]. 北京：北京大学出版社，2004：33，120.

③ 周志忍. 当代国外行政改革比较研究 [M]. 北京：国家行政学院出版社，1999：86.

起到了积极的作用。“比起其他途径而言，绩效管理改进绩效通常更为缓慢，它的实施也需要更长时间。尽管如此，世界范围内的政府再造者都发现，使用绩效管理可以使政府的生产率获得显著持续的增长。”① 绩效管理已经成为公共部门时尚管理技术之一。

第二节　高等学校绩效评价的产生与发展

20 世纪 70 年代以来，有越来越多的证据表明，高等教育是值得投入的，也是必须投入的。因为，第一，相比前三十年，就个人而言，接受高等教育更加有利于获取和保持高薪工作；就整个社会而言，高等教育机构的质量在国家竞争中的作用更加关键。第二，随着就业竞争的日益激烈，高等教育消费者对高等学校的期望越来越高，高等学校的质量和效益需要得到更大的提高，才能满足他们的需求。第三，高等教育成本要比三十年前高很多。高等教育花费个人和公共资金的数额越来越大，自然需要更多信息来帮助他们决定如何投入资金及选择学校。这就需要大量的定量数据显示高校的绩效。基于此，绩效评价及各种绩效评价技术在各国得到了较大发展。

一、产生阶段

大致在 20 世纪 70 年代末到 80 年代初，各国高校绩效评价进入酝酿或初创期，其主要特点有以下几方面。

（一）高等教育经费紧缩催生绩效评价

自上世纪 70 年代以来，许多国家的高等教育机构实际获得的资源投入遭到削减，办学经费下降。而且经费削减时常与加强对高等教育机构绩效表现的检视，以及对其是否提供物有所值的教育的质疑相联系。事实上，与经费宽裕时期相比，经费紧缩时期更加强调对院校的绩效进行评估。造成这种结果的原

① 戴维·奥斯本，等．摒弃官僚制［M］．谭功荣，等，译．北京：中国人民大学出版社，2002：42，146.

因是在相互竞争的高校之间分配有限的资源，以及随之需要确定的配置标准的难度逐渐加大。在各国强化对公共部门绩效的要求下，“金钱的价值”成为政府拨款的重要依据。在绩效标准下，高等教育机构必须拿出“表现”以争取经费，这是高等教育绩效评价兴起的重要原因之一。其次，在大学追求质量的同时，大学自主性也日益受到大学本身与政府的重视。因此，通过“自我管制”以维护大学的自主性与确保绩效，并激励高等教育机构的创新以应对经济和社会的需求，成为各国政府的重要政策，这是高等教育绩效评价兴起的另一个重要原因。

在产生初期，高等教育并不是唯一面临绩效评价压力的系统，公共服务机构进行绩效评价的实践早已开始，甚至对绩效评价方法的运用更是超出了公共服务部门的范畴。相较而言，高等教育被放入一个相对简单的绩效评价框架，即更多把高等教育作为一个投入与产出的过程来看待，关注其经济效益。

1970 年由美国西部州际高等教育委员会（The Western Interstate Commission for Higher Education，简称 WICHE）、美国教育委员会（The American Council on Education，简称 ACE）和位于伯克利的高等教育研究与发展中心（The Center for Research and Development in Higher Education，简称 CRDHE）三个组织共同撰写了一份研究报告《高等教育产出：它们的身份、测量和评价》。这份报告提出：我们必须证明高等教育花费的美元是值得的，证明我们要求更多的资助是合理的；中央政府、地方政府和立法机构、董事会和专业认证机构都需要大学提供证据以表明自己值得公、私方面的投资。① 1974 年，理奇曼（Richman）和法梅尔（Farmer）提出了评价绩效的问题，② OECD 和其他几个欧洲研究中心已经把绩效作为高等教育管理的基础性概念。

（二）排行及资源配置测量推进绩效评价

绩效评价的思想在美国及欧洲国家具有较长和复杂的历史。在美国，最早对大学绩效的测量可以追溯到 1910 年的大学排行榜研究。长期以来院校之间进行比较就是对质量进行评估的最普遍方法。大学向导手册和全国性杂志多年

① V. M. H. Borden and K. V. Bottrill. Performance Indicators: History, Definitions and Methods [J]. New Directors for Institutional Research, 1994, 82: 5.

② B. Richman and R. Farmer. Leadership Goals and Power in Higher Education [M]. San Francisco: Jossey-Bass, 1974: 22 - 24.

来根据一定的标准列出顶尖大学专业榜单。另外，同行评价作为一种测量进步和绩效的手段在高等教育部门也有较长的历史。美国博士项目教育排名理事会（National Ranking Commission of PHD program）、卡内基分类法以及研究生和本科生专业排名的格尔曼报告（Gourman Report）都在努力建立广泛的标准以对大学和专业进行比较。

20 世纪 60 年代出现的资源分配测量是高等教育绩效评价的重要内容。在此时期，高等教育扩张迅速，大学管理的重心转向有效进行财务、物质和人力投入等资源管理。美国西部州际高等教育理事会及其分支全国高等教育管理系统中心（The National Center for Higher Education Management Systems，简称 NCHEMS）研发了许多帮助高等教育进行资源配置的方法和测量工具。全国高等教育管理系统中心研发了投入偏好和绩效水平的资源需求预测模型。同时期得到发展的资源分配模型还包括 CAMPUS、HIS、TUSS、HELP/PLANTRAN 和 CAP：SC/SEARCH 等。① 70 年代后，美国高等教育规模继续发展，但是财政投入的速度明显低于入学人数增长速度。大学逐渐变成一个大型的多元化商业机构，教师越来越专业化并且趋于研究为主；管理部门发展专业服务以支持研究，为学生提供各种服务；各种机构对大学的商业化运行推波助澜。例如，美国大学商务运营官协会（National Association for College and University Business Officers，简称 NACUBO）积极支持高等教育商业领域的专业化。大学的商业化运行促使社会更加关注高等教育的资源配置及经济化运行。

（三）高等教育管理的专业化带动绩效评价

1983 年凯勒（Keller）在其著作中描述了早期高等教育商业发展规划的各种尝试实践。他的著作激发了许多大学领导者的兴趣，特别是正在成长中的一批企业家式大学领导。战略规划提供了一种前沿的、信息本位的院校发展途径。这种方法要求大学首先必须明确发展的目标。院校领导者必须思考在当下的社会和政治环境中如何实现这些发展目标，并作出决策来实现这些目标。多伦斯（Dolence）和诺里斯（Norris）展示了战略规划是如何在绩效指标的监控和运行基础上运用的。尽管战略规划在许多层面被证明是成功的方法，但在高

① V. M. H. Borden and K. V. Bottrill. Performance Indicators: History, Definitions and Methods [J]. New Directors for Institutional Research, 1994, 82: 7.

等教育领域却在两个层面上有所限制：第一，许多大学不能成功定义共同目标，尤其是那些巨型公立大学，它们总是具有不同的利益相关者、复杂的组织安排和多元的目标。第二，战略规划经常是自上而下实施，这本身与许多大学的教师治理模式相冲突。大学无法以简便的、容易理解的词汇清晰地表达其目标，也无法提供强有力的证据表明其效能。而这反过来又更加促使政府努力推行绩效评价的外部标准。①

20 世纪 80 年代初期，美国州政府对高等教育最大的构成要素——州立学院和大学的投入与发展高度关注。在 1961 年到 1980 年之间，公立高等教育机构的入学份额从 62% 上升到 78%，平均年增长率为 7.1%。但 80 年代初，公立高等教育机构入学率增长了 20%，而州的补贴增长了 60%。② 相对入学增长率，财政需求增长的幅度巨大，多个州包括得克萨斯州、新泽西州和弗吉尼亚州等要求实施学生学业成就测验，以便能够体现大学运用财政经费究竟对学生个人的社会性成长产生了多大影响。绩效评估本身具有的价值逐渐得到认同，多数大学要求政府管理机构或认证机构实施大学绩效评估。

事实上，高等教育绩效指标在欧洲要远比在美国有着更加明确和特定的历史。绩效指标概念在 20 世纪 70 年代末期被引入欧洲高等教育之中。③ 绩效指标大范围使用主要源于政府努力通过绩效评价来改进财政管理。凯夫（Cave）、汉尼（Hanney）和科根（Kogan）描述了绩效指标在英国和其他欧洲国家的发展。他们认为绩效指标毫无疑义与政治问责和财政资助重点相关。立法和财政部门都要求院校进步的证据，而且判定院校卓越的标准已经不在于学术力量，而是越来越倾向于依靠行政力量。④ 道奇（Dochy）、司格思（Segers）和维尼（Wijnen）把绩效指标描述为"公共部门代理由其他部门通过市场系统生产的信息"。⑤

---

① M. G. Dolence and D. M. Norris. Using Key Performance Indicators to Drive. Strategic Decision Making［J］. New Directions for Institutional Research. 1994, 82：64 – 70.

② T. Marchese. Accountability［J］. Change. 1994, 26（6）：4.

③ B. P. Nedwek and J. E. Neal. Performance Indicators and Rational Management Tools：A Comparative Assessment of Projects in North America and Europe［J］. Research in Higher Education, 1994, 35（1）：75 – 103.

④ M. Cave, S. Hanney and M. Kogan. The Use of Performance Indicators in Higher Education：A Critical Analysis of Developing Practice［M］. London：Jessica Kingsley, 1991：23 – 35.

⑤ F. Dochy, M. Segers and W. Wijnen. Management Information and Performance Indicators in Higher Education：An International Issue［M］. The Netherlands：Van Gorcum, 1990：45.

此外，绩效指标也得到了欧洲国家经济合作组织的鼓励和支持。经合组织通过实施高等教育院校管理项目（Program on Institutional Management in Higher Education，简称 IMHE）考察了 20 世纪 70 年代到 90 年代共计 25 年间绩效指标在欧洲的发展情况。OECD 的报告强调了欧洲和其他国家绩效指标发展的积极和消极作用。在报告前言中，凯尔斯（Kells）提出了这样的观点："某种意义上，绩效指标代表了现代管理的一个部分，政府需要把它作为监管国家所关注问题的工具；学校则需要它作为决策以及衡量目标是否达到的手段；对有些人来说，绩效指标也意味着是政府决策错误的替罪羊，尤其是政府在院校资助或者以某种方式对院校及其专业发展进行比较和挑选而非改进的错误决策"。①

二、全面推行阶段

这一阶段大致在 20 世纪 80 年代至 90 年代之间。在此期间，各国形成了彼此不同的绩效评价体系，绩效指标在矛盾中生存与发展，争议较大但发展却快。这一时期的绩效评价有以下几个特点。

（一）公共问责思想促使绩效评价全面展开

绩效评价指标在非市场机构的扩展已经成为政府部门改进规划、监管和评价单位绩效的一部分。以英国为例，1987 年《公共支出白皮书》包括 1800 项产出和绩效指标，而 1986 年只有 1200 项，1985 年只有 500 项。在 1987 年的白皮书中列入了高等教育绩效指标，显示了院校的单位成本。这一时期高等教育绩效评价明显受到高等教育可以作为投入回报思想的影响。例如，20 世纪 80 年代的成本收益研究，计算了本科生对社会的回报率以及大学成本等。②

高等教育绩效指标的发展和运用受到政府问责思想的影响。在 OECD 国家，公共问责思想反过来又受到高等教育与经济增长的目标密切关联压力的影

① H. R. Kells，（ed）. The Development of Performance Indicators for Higher Education：A Compendium for Eleven Countries. ［R］. Paris：Organization for Economic Cooperation and Development，1993：2.

② A. Clark and J. Trash. How Much is A Degree Worth？［J］. Audit，1987：109 – 115.

响。政府希望引导高等教育朝向公共评价与问责，包括使用研究与教学成果的数量指标和学术人员的绩效评价，已经成为20世纪80年代中期以后英国、澳大利亚等国高等教育发展的主要图景。1988年柯维等把高等教育的绩效指标定义为，对高等教育机构及其构成要素活动的关键属性进行权威的和定量的测量，需要在不同层面收集资料，以帮助在院校和整个高等教育系统内作出管理判断。①

（二）对绩效评价尚缺统一定义和认识

这一时期有关高等教育绩效评价的研究和实践得到了发展，但并没有对绩效评价权威的共识定义和解释。OECD高等教育院校管理项目进行的一项调查显示，对指标的定义是：用来测量有时候不容易量化表现的事物的数量值，他们提供了一个测量绩效的指标体系，包括输入和输出的比例。② 1986年英国副校长和校长委员会（The Committee of Vice-Chancellors and Principals of the Universities of the United Kingdom，简称CVCP）和大学拨款委员会（University Grants Committee，简称UGC）工作组把绩效指标定义为“与组织目标相关的，在特定领域对资源运用和成就的陈述，这种陈述通常使用定量的方法”，并且进一步强调“指标是作为符号或导向而不仅仅是数字测量”，并不必然对输入、过程和输出直接进行测量，也可以是提供有价值的相关信息。后来绩效指标的概念逐渐扩展到统计管理上，绩效指标作为统计比较资料，而且与成本相关，这种变化体现在1987年英国大学拨款委员会出版的《管理统计与绩效指标》中。凯夫等人在对绩效指标概念进行深入研究后进行了总结性描述。他们认为，绩效指标是通常用数量形式测量高校活动特征的一种官方的测量工具，这种测量既可以是序数性的，也可以是基数性的；既可以是绝对性的，也可以是相对性的；既包括有固定的、机械的程序，也包括一些非正式的如同行评价或声誉排行等过程。③ 可见，人们趋向于在更为宽泛的意义上来理解绩效指标，而不是将其限定在狭窄的某一定义上。

在高等教育绩效指标发展过程中，这种目标导向的高等教育哲学和概念下

---

① M. Cave, S. Hanney, M. Kogan and G. Trevett. The Use of Performance Indicators in Higher Education [M]. London: Jessica Kingsley, 1988: 22-23.

② 同①.

③ 同①.

的绩效评价是否具有适切性也遭到了质疑。1987 年 12 月份的《高等教育时代增刊》提出“绩效指标只有在其优先性被明确界定的情况下才能使用。悲哀的是今日高等教育政策并未确立这样的优先性，所以绩效指标注定是个误用”。[①] 博克（Bourke）在 1986 年提出：“英国近期经验的明显特征是高等教育机构和系统并没有特定的目标。这是英国高等教育所面临质量控制和评价方面的压力，而且是没有系统目标的情况下出现的问题”。[②] 这些因素说明这一时期对绩效指标的使用还不系统。尽管类似国际高等教育项目（International Management in Higher Education Program）已经进行绩效评价方面的实践，但对绩效评价的主流态度还是以怀疑为主。[③]

尽管面临这样的压力，美、英等许多国家的政府和高等院校仍坚持积极回应变化了的高等教育外部环境，不断推进绩效评价的研究与实践。

（三）各国高校绩效评价实践彼此相异

英国大学的绩效评价基本上在 20 世纪 80 年代才正式开展，而且评价初期主要对象是大学的研究绩效为主，以后逐渐扩展到教学活动绩效评价。[④] 其中，大学拨款委员会在为分配大学研究经费而作的评估，可说是英国大学绩效评价的开端。1985 年英国大学副校长和校长协会委托贾勒特（Jarratt）组成的委员会，针对大学的效率与效能进行调查并公布报告书。该小组提出的绩效指标包括如下内容：第一，输入指标，指的是为达成大学产出目标所涉及的各种资源与因素；第二，过程指标，指的是各种资源与因素被合并与运用的方法；第三，产出指标，指的是大学塑造出来的产品。除上述指标，该小组在比较各大学的绩效时将下列因素纳入考虑，包括单位成本、未完成学业的学生所占比例、毕业生失业或从事短期临时工作比例、每位专任教师所获得研究经费补助、研究成果排名等。[⑤]

---

① M. Cave, S. Hanney, M. Kogan and G. Trevett. The Use of Performance Indicators in Higher Education [M]. London: Jessica Kingsley, 1988: 22.

② P. Bourke. Quality Measures in Universities [M]. The Common Wealth Tertiary Education Commission, 1985: 22.

③ 同①，1988：28.

④ 陈汉强．大学评鉴［M］．台北：五南图书出版公司，1997：496.

⑤ Jarratt Report. Report of Steering Committee for Efficiency Studies in Universities [R]. CVCP, London, 1985.

在美国，20 世纪 80 年代末以来，过程导向评估、持续过程改进（CPI）和全面质量管理（TOM）都汇入到高等教育绩效评价方法之中。持续过程改进的方法或全面质量管理，都强调高等教育中学术和行政定位之间的不相容性。教师和管理人员对哪些是可以用到教育部门的商业管理方法观点不一致。例如，顾客满意度在短期来看还不能成为课堂和课程评价的适切方法。尽管如此，但仍有迹象表明过程评价的方法可以成功运用于高等教育管理和学术运行过程之中。迪特（Teeter）和罗泽尔（ Lozier）于 1993 年收集了 20 个把质量改进方法运用于高等教育项目的案例。①

经合组织于 1990 年出版了一份研究报告，该报告考察了十一个国家高等教育绩效指标的发展和运用情况。这十一国分别是澳大利亚、奥地利、加拿大、丹麦、芬兰、法国、希腊、荷兰、挪威、瑞典和英国。最后得出以下结论：（1）过去两年这些国家绩效指标有相当大的发展；（2）这些发展明显反映了国家和文化背景差异，也反映了政府对绩效指标的注重程度差异；（3）绩效指标和资助之间的关系越发重要；（4）院校应当在既定的组织和系统目标下自我规制；（5）一些国家要求院校至少有三到五年的规划；（6）应当注意的是要有足够的信息管理系统以维护绩效指标；（7）关于科研领域的绩效指标比较成熟，但教学、财政和公共服务的绩效指标仍有待改进；（8）院校间具有可比性的绩效指标最引人关注。②

三、成熟与多样化阶段

这一阶段大致是从 20 世纪 90 年代至今。随着 21 世纪知识经济时代的来临，高等教育发展对经济成长更加具有举足轻重的影响。基于此，欧美各国及亚洲日本、韩国、新加坡等发达国家对高等教育莫不争相投入大量经费以提升其竞争优势。“卓越”与“绩效”是高等教育努力的目标，并成为 21 世纪以来绩效指标发展的重要牵动力量。这一时期绩效评价有以下几个特点。

---

① G. G. Lozier and D. J. Teeter. Six Foundations of Total Quality Management [J]. New Directions for Institutional Research, 1993 (78): 5 – 11.

② H. R. Kells (ed). The Development of Performance Indicators for Higher Education: A Compendium for Eleven Countries. (2d ed) [R]. Paris: Organization for Economic Cooperation and Development, 1993: 134.

（一）追求卓越、注重绩效的理念进一步深化

何谓“卓越的高等教育”很难加以诠释与界定。博纳特（Barnett）认为，“卓越”虽然是许多大学宣示其发展目标时经常出现的术语，但其定义究竟为何则经常含混不清。[①] 许多高等教育民间学术团体在运用规范界定“卓越”时，常引起各方争论。基于此，各国政府、学术研究机构致力于探讨如何建构一套客观且有系统的高等教育表现指标，以提供各国高等教育改革参考。

高等教育的性质由精英教育转向为大众教育或普及教育后，量的扩充造成政府在经费负担上很大的压力。如何公平、合理地分配有限经费，必须建构一套客观的指标才不致让大学有所争议。同时政府与大学间管理机制也有所改变。过去，基于尊重大学自主的传统，采取“学院模式”（Collegial Model），由教师群体控制了决策过程。在政府的教育经费充裕时代，这种管理模式尚不致出现太大问题，但当“效能”、“效率”、“绩效”的管理理念盛行时，大学内部公共教育经费是否运用得当便会受到高度关注甚至质疑。正如伯克（Burke）和明娜赛昂（Minassians）认为，当政府预算紧缩，与纳税人抱怨大学学费不断增加但教育质量却不见提升时，大学绩效管理引起关注。[②] 不仅美国大学在市场导向的策略下特别强调“绩效责任”与“绩效管理”，奥尔（Orr）亦发现，欧洲各国政府已经由过去的“匮乏原则”（Deficiency principle）逐渐转移为以“表现本位”（Performance-based）的经费分配方式导引大学发展。[③]

这一阶段高等教育绩效评价的一个显著特征是，超越了过去单纯的教学和科研绩效评价，把绩效评价上升到组织系统和战略发展的高度进行。例如，2007 年米勒（Miller）出版了《评估高等教育中的组织绩效》，对组织绩效评价的界定是测量者依据他们的需要、期望和要求对组织的绩效进行测量的过程。

---

① R. Barnett. Realizing the University: In an Age of Super Complexity [M]. Buckingham: Open University Press, 2000: 120.

② J. C. Burke and H. Minassians. Linking State Resources to Campus Results: From Fad to Trend—The Fifth Annual Survey [M]. New York: The Nelson A. Rockefeller Institute of Government, 2001: 10.

③ D. Orr. Can Performance-Based Funding & Quality Assurance Solve the State Vs. Market Conundrum? [J]. Higher Education Policy, 2005 (18): 31 – 50.

（二）测量方法更加多样化和相对稳定

国内外文献针对学校机构效率评估的方式有很多探讨。早在 1984 年，舍尔曼（Sherman）建议可用比例分析、回归分析与数据包络法等三种模式来衡量医疗机构的生产效率。此后，应用数据包络分析法于办学绩效的评估越来越多。例如，马丁（Martin）运用 DEA 法评估了西班牙萨拉戈萨大学各系的教学与研究效率，并与传统的比率分析进行比较。依照不同的投入产出组合进行敏感度分析，研究结果显示，变相的定义改变确实会影响效率值的稳定性。① 1994 年埃斯特利等人（Estelle），应用 DEA 评估法对英国45 所高等教育机构的相对效率进行评价，并以成本极小与成果极大的两个层面进行分析评估。在成本极小方面，约有 25% 的学校具有效率，且有效率学校亦有相对较佳的研究产出表现。在成果极大方面，作者另外选出不同的变量进行加权处理，结果有 50% 以上的学校具有效率，而无效率学校纯粹是因为研究不足所导致的。② 该研究结果显示，研究产出质量对学校的经营绩效具有影响力，且是影响学校经营效率的主要原因。该文将研究所得视为投入项，在产出不变的情况下，投入越少的生产越有效率，但也因此可能出现研究所得越少越有效率的现象。

1995 年，奥博特（Abbott）与道格拉斯（Doucouliagos）以 CCR（Charnes，Cooper 及 Rhodes 三人开发）及 BCC（Banker，Charnes 与 Cooper 三人开发）模式对澳洲 36 所大学的整体绩效、办学绩效及注册绩效进行评估。该研究投入变量为教师人数、行政人数，产出变量则依整体绩效、办学绩效、注册绩效而有所不同。整体绩效的产出变量为大学生注册人数及研究生研究收入，办学绩效的产出变数为学生留级比例、学生通过比例及研究生就业比例，而注册绩效之产出变量则为海外注册人数、国内注册人数。研究结果显示，目前澳洲各大学在技术效率与规模效率的绩效表现良好，但在付费入学的绩效表现上，则有待改进。从投入资源来看，部分大学出现规模递减的现象，表示这些

① E. Martin. An Application of the Data Envelopment Analysis Methology in the Performance Assessment of the Zazagoza University Departments [EB/OL]. http://www.dteconz.unizar.es/DT2003 - 06.pdf, 2003 - 06 - 21.

② A. Athanassopoulos and E. Shale. Assessing the Comparative Efficiency of Higher Education Institutions in the UK by Means of Data [J]. Education Economics, 1997, 5 (2): 117 - 134.

大学在不影响产出的情况下，可借由减少投入量来提高效率。①

除了以上评估方法，同行评价也是评估高等教育特定内容的有效方法。院校研究的先锋期刊《院校研究新方向》（*The New Directions for Institutional Research*）在最初几期致力于探索同行评价的方法。1993 年泰勒（Taylor）、迈耶森（Meyerson）和梅森（Massy）的著作《高等教育战略指标：改进绩效》（*Strategic Indicators for Higher Education：Improving Performance*）呈现了一系列院校绩效测量指标，包括财政、设备、学术运行、学生特征。②

（三）绩效指标更加个性化

自 20 世纪 70 年代起，绩效指标就已经明显成为了国际性话题，既是国际上管理高等教育的新方法之一，也成为国家之间、院校之间质量比较的依据和指南。澳大利亚、荷兰和英国等国家绩效评价概念的产生主要是质量保障背景下政府意识的产物，这些指标反映了国家的意志以及他们对教育质量问题的回应。这几个国家努力使用绩效指标作为政策杠杆或控制手段，促使院校在国家政策中发挥应有作用。也有人强调，在测量目标过程中所使用的绩效指标应该在政府和院校之间保持一致，并建议最好把指标作为“绩效标杆”而非精确的统计测量工具，但这等于强调了绩效指标结果的“符号”意义，而不是“绩效测量”（Performance measures），因为后者是要求必须达到精确的。

到 20 世纪 90 年代，绩效指标的发展不同于 80 年代。90 年代，政策制定者很少倾向于 80 年代所进行的院校自愿改进行动，而是更关注公共问责系统。在美国，到 1994 年，约 18 个州已经发展了绩效指标系统，各州相互借鉴推动绩效指标使用，促使建立统一的绩效指标以解决共同面临的问题。

伴随这种运动的是管理更加集权化，而这样很可能改变美国高等教育资助的未来。例如，联邦政府是否将通过认证、财政拨款，以及使用系列国家战略目标和绩效标准来强化对高等教育的集权化管理？是否国际教育将继续通过绩效指标和拨款机制进行改革？这些机制如何最好地激发和带动学校、州、地区和国家层面所期望的改革？尽管学者和立法者对这些问题持有争论，但公众对

① M. Abbott and C. Doucouliagos. The Efficiency of Australian Universities：A Data Envelopment Analysis［J］. Economics of Education Review，2003（22）：89－97.

② E. B. Taylor，J. W. Megerson and W. F. Massy. Strategic Indicators for Higher Education：Improving Performance［M］. Princeton：Peterson's Guides，1993.

高等教育质量和绩效的投入和关注并没有减弱，而且院校对这些改革的抵制也极难消解。

为此，绩效指标引起了高等教育利益相关者的关注，其发展也显现出学校、政府和公众之间的紧张关系。这些议题增多的背后实际上反映了人们对教育的信心减弱，包括对紧缩的财政投入以及纳税人对不断激增的学费的抱怨，以及对州和国家失去经济竞争力的担忧。在这些因素作用下，导致人们对教育质量下滑的忧虑。

由于不同类型学校和州之间具有很大的差异，评估运动有助于在目标导向的绩效上形成一种追求卓越的意识，有时候绩效表现会与财政拨款挂钩作为奖励工具。1984 年田纳西州（Tennessee）创立的目标导向绩效拨款模型仍是其他州实施绩效拨款的蓝本。南部地区教育理事会（Southern Regional Education Board，简称 SREB）可以以立法促进有关问责和教育质量方面的有益实践，特别是在本科生教育方面。早在 1987 年，得克萨斯州就已开始考虑激励式拨款政策了，并在随后实施了绩效拨款。阿肯色州创建了一套产出目标，密苏里州在根据“结果拨款”的框架下发展了绩效拨款。在南部教育理事会之外，科罗拉多州 1993 年采用了激励式拨款奖励那些符合州绩效目标要求的学校。绩效指标和绩效拨款这些相关的概念有共同的目标：要求高等教育机构报告其使命和目标的实现情况；影响大学和学院的偏好及本科生教育目标。

尽管人们想知道高等教育是否值得投入那么多的公共资源，但是从专业自我评价转向外部和管理主义的评价，还是会面临一些共同的问题。首先，绩效评价技术主要运用于工业部门，对高等教育具有一定的局限性。特别是当绩效指标强调的是结果而非过程的时候。其次，评估标准从以往强调卓越转向与经济或社会成果相关的标准。再次，关于评估的机制、动机和方法等方面的问题。围绕绩效指标的讨论最多，而且这些指标最初在多数的政府和院校决策过程中起到的作用微乎其微。许多因素限制到了绩效指标的作用。首先，把指标与选择性拨款挂钩，被认为是对院校自治的威胁；其次，绩效指标的选择和运用面临信度和效度的问题；再次，政府和院校之间在使用绩效指标上缺乏概念一致性。尽管如此，欧洲在借助绩效指标收集到越来越多有关质量的信息之后，也在运用绩效评价形塑高等教育上越来越趋于一致。

（四）基于多样发展基础上的共同框架

由于不同绩效指标在假设、方法、目的以及复杂水平上会表现出差异，因此有必要确定标准框架以便在不同背景下运用和比较。加拿大、澳大利亚等国家的绩效指标系统，体现组织文化、院校变化、政府和管理重点和教学之间的关联，可以作为一种框架使用。（1）控制点；（2）政府参与层次；（3）绩效指标关注点；（4）变化缘由；（5）数据选取；（6）使用对象；（7）使用重点；（8）对学生学习的影响；（9）与院校使命之间关联。① 使用这 9 个维度作为框架可以考察在既定国家绩效指标的相似性和差异性，也可以作为理论基础分析每个指标的优势和不足之处。

1. 控制点

高等院校的变化主要来自两种因素的作用，一个是内部变革的动力，另一个是外部环境的压力。组织努力控制其所处的环境，但是因为高等教育管理的二重性（学术和行政），如“控制”机制的传统管理技术作用就是有限的。② 高等教育组织控制的机制可以分为政治的、官僚的和市场的。政治机制主要通过分享价值、传统和社会结构来实现，这些可以见于学系、学院和大学的教师之中。官僚机制主要通过等级和规则实现，比如州管理机构或认证机构。市场机制主要是通过竞争和价格来控制组织行为。

2. 政府参与层次

由于大学本身所具有的学术权力和行政权力的交互作用有所不同，政府参与层次依仗于资源的稀缺性和政府的态度、观念和价值。这些反过来又会对评估系统产生影响。政府参与有直接和间接之分。直接参与来自于州政府管理体系，直接设计和使用绩效指标。间接参与则鼓励政府在更广义的目标陈述背景下有限参与学校评估，只是当政府对教育政策不感兴趣或者当协调活动都是自愿性时，就很容易造成自由放任式的绩效评价。

---

① B. P. Nedwek and J. E. Neal. Performance Indicators and Rational Management Tools: A Comparative Assessment of Projects in North America and Europe [J]. Research in Higher Education, 1994, 35 (1): 75－103.

② G. De Jager. Using Cost Measures as Performance Indicators: The Cost Configuration Approach [R]. Paper Presented at the 14th Annual Forum of the European Association for Institutional Research. Brusels, Belgium, 1992.

3. 绩效指标重点

绩效指标应该与学校的功能和目标直接相关。指标重点包括效率（是否很好完成州的目标和使命）、提高效能（取得这些目标的成本）、改进学校的经济环境（如何节省资金完成办学目标）。

4. 变化缘由

持久和系统改进的哲学思想强调，在生产设计和过程之中减少变化，但变化一定要有缘由。除了一般性的原因（设计、材料、技术和监管方面的变化）会在相当大的程度上影响学校之外，[①] 还需要关注那些特定的变化，它们是在标准化过程中要求快速做判断和施以行动去消除的因素。

5. 数据选择

由于在概念框架上缺少一致性，收集和选择数据也五花八门，但基本上都反映出典型的组织管理机制。有些系统选择的数据包括投入、过程和产出方面的，但多数院校仍主要集中对投入的测量上。收集数据的方法主要是定量的，因为这样可以测量也容易量化操作，如人力资源比（生师比）。在财政紧缩时期，财政比例也会作为分析院校绩效、发展重点以及进行同行比较的观测指标。

6. 使用对象

高等教育机构为各种对象呈现绩效指标，包括政府、立法部门、学生和教师。可以分类为内部决策者（管理者和教师）；内部政策制定者（董事会或行政机构）；外部决策者（父母和学生）；外部政策制定者（政府机构和认证部门）。

7. 使用重点

绩效指标可以有四个功能，重点不一：监测一般的条件和要素；引导专业向特定目标发展；消除或预警问题；诊断潜在问题根源。这些功能的目的重心也不一样，或为配置激励性资源和拨款；或为体现政治符号意义。

8. 对学生学业的影响

多数绩效指标系统主要反映了外部环境压力和要求，很少注意到组织内部过程，特别是学习环境。对教育过程或者致力于改进学习项目上的评价敏感性可以是直接的、间接的。当评价主要是获取资料，证明学生的学习成就与院校

---

① D. Dill. Quality by Design：Toward a Framework for Academic Quality Management [A]. Higher Education：Handbook of Theory and Research [M]. New York：Agathon Press，1992，Vol. 8.

的使命相关时，则评价具有直接的影响。间接的影响则是评价促成了对学业结果的关注或与专业设置密切相关。

9. 与院校使命的关系

绩效指标变化与其所在专业、学校或系统的使命有关。使命的陈述在指标体系中提供一个起点时，指标与使命之间的关系可能是直接的、间接或无关的。当使命陈述明确促进了院校的特色时，并且这种使命陈述因而包括明确的结果和服务目标时，则二者直接相关；当使命陈述和绩效评价系统没有明确标准时，则间接关系存在；而当使命陈述和绩效指标各自独立时，则二者无相关关系。

总之，对绩效指标在国际上的使用情况进行检视，可以揭示出不同的理念和方法。尽管有差异性，但实际上绩效指标都是在逐渐增加的政府问责和财政紧缩框架下使用的，都是政府在高等教育领域从“公共物品”转向了“战略投资”的角色转变。[①] 如同美国一样，绩效指标已经成为许多国家讨论卓越和质量的构成部分。

① P. T. Ewell, J. Finney and C. Lenth. Filling in the Mosaic：The Emerging Pattern of State-Based Assessment［M］. AAHE Bulletin 42（8），1990：3－5.

第二章

高等学校绩效评价的思想基础

高等学校绩效评价的产生与发展，既需要社会经济发展的推动，也需要理论与思想的准备。就其思想基础而言，高等学校绩效评价是伴随着新公共管理运动的发展而发展起来的，其思想和技术深受新公共管理理论的影响。同时，由于高等学校有别于政府组织及其他公共组织，高等学校绩效评价又深受知识生产新模式的影响。

第一节　新公共管理与问责

绩效评价的重要理论基础是新公共管理理论。该理论产生于20世纪70年代后期。在政府财政危机之下，市场手段和政府调控都有些力不从心，因而新公共管理理论应运而生。该理论更加关心服务效率、效果与质量，强调政府的角色从“划桨者”到“掌舵者”，从服务者转换到授权者，从关注投入转换到关注效果，从集权转换到分权。高等教育绩效评价的管理理念、管理方式和方法恰恰是这一理论的忠实执行者，通过绩效评价加强政府管理是新公共管理理论最直接的体现。通过实行绩效评价制度，政府所充当的角色从管理者转变到公共产品的提供者，从而带来管理程序和管理方法的一系列变化。这种以绩效评价为基础的政府投资政策，对发达国家高等教育机构带来了极大的冲击，也对近年来兴起的高等教育绩效评价产生了重要影响。

一、新公共管理在西方的兴起

20 世纪的最后 25 年，伴随着全球化、信息化、市场化以及知识经济时代的来临，西方各国进入了公共部门管理尤其是政府管理改革的时代。美国、欧洲和日韩等亚洲发达国家都相继掀起了政府改革的浪潮，而在转轨国家、新兴工业国家和大部分发展中国家也出现了同样的改革趋势。尽管西方各国政府改革的起因、议程、战略、策略以及改革的范围、规模、力度有所不同，但都具有一个相同或相似的基本取向，即以采用商业管理的理论、方法及技术，引入市场竞争机制，提高公共管理水平及公共服务质量为特征的"管理主义"（Managerialism）或"新公共管理"（New Public Management）纲领。走向一种"新公共管理"的实践模式，成为当代西方政府改革的最基本趋势。①

绩效管理是西方各国实施的管理主义"行政改革方案中的一个特别重要的组成部分"②。据统计，早在 20 世纪 70、80 年代，经合组织成员国就已开展了政府绩效管理改革。西方国家行政改革的实践表明，绩效管理对提升政府绩效起了积极的作用。"比起其他途径而言，绩效管理改进绩效的作用通常更为缓慢，实施时间也需要更长，但尽管如此，世界范围内的政府再造者都发现，使用绩效管理可以使政府的生产率得到显著持续的增长。"③

二、新公共管理的主要观点

经合组织 1995 年度的公共管理发展报告《转变中的治理：OECD 国家的公共管理改革》指出：经合组织国家的公共管理改革具有一个已经发展起来的共同议事日程，这就是"新公共管理"或"管理主义"模式。

该理论首推"管理主义"，其主要观点可以归结为：第一，公共部门与私营部门之间在管理上并无本质差别。传统公共行政范式强调甚至夸大公共部门

① 陈振明．走向一种"新公共管理"的实践模式——当代西方政府改革趋势透视［J］．厦门大学学报（社科版），2000（2）．

② 欧文·E. 休斯．公共管理导论［M］．北京：中国人民大学出版社，2001：213．

③ 戴维·奥斯本，等．摒弃官僚制［M］．谭功荣，等，译．北京：中国人民大学出版社，2002：146．

与私营部门之间的区别，但并没有为公共部门设计出独特且行之有效的制度、方法和程序，其结果是这种区别成了公共部门推卸失败责任的借口。第二，私营部门管理具有极大的优越性。管理主义者普遍认为，私营部门的管理水平比公共部门要先进和优越得多，这体现在管理上的创新能力、经济、效率、质量、服务水平等各个方面。第三，借用私营部门的管理模式重新塑造政府。既然公共部门和私营部门在管理上根本没有本质区别，既然私营部门的管理要比公共部门优越得多，那么必然的逻辑结果是借用私营部门管理的理论、模式、原则、方法和技术塑造政府，这是提高工作效率和管理水平的根本途径。① 管理主义试图打破管理原理在公私部门中的适用界限，致力于将私营企业的管理技术融入到政府的公共管理活动之中以提高公共管理的效率。②

经合组织认为，从管理主义理念出发，政府可以通过两个主要途径来提高生产力并增强提供公共产品和公共服务的能力。其一，提高公共组织的生产绩效，目的是提高绩效管理的水平。具体内容主要是让员工有机会参与组织决策和管理过程，以具体的绩效目标的约束代替严格的过程控制；将供给与需求决策结合起来。其二，利用私营机构让政府原来负责的部分事务转包出去，以此推动竞争机制的形成。胡德（Hood）则认为，“新公共管理”包括七个方面的要点：③ （1）公共政策领域的专业化管理；（2）绩效的明确标准和测量；（3）格外重视产出控制；（4）公共部门内由聚合趋向分化；（5）公共部门向更具竞争力的方向发展；（6）对私营部门管理方式的重视；（7）强调资源利用具有更大的强制性和节约性。

新公共管理主张摒弃公共服务供给中传统的官僚制垄断模式，引入各种市场机制和私营部门的管理技术和激励手段，强调公共服务中的顾客导向，注重结果导向，以较少的成本实现一个高效的收益。拉森（Ranson）和斯图亚特（Stewart）认为，新公共管理有以下特征：视服务对象如顾客，并强调顾客的价值；创造市场或准市场的竞争机制；扩大个人以及私人部门的治理范围；购买者的角色须从供给者的角色中分离出来；契约或半契约配置的增

① 陈振明．政府再造［M］．北京：中国人民大学出版社，2003：180－181.

② 陈振明．走向一种“新公共管理”的实践模式——当代西方政府改革趋势透视［J］．厦门大学学报（哲学社会科学版），2000（2）：79.

③ C. Hood. A Public Management for All Season?［J］. Public Administration，1991（69）：3－19.

加；由市场来测定绩效目标；弹性工资①。本质上，新公共管理鼓励政府具有市场倾向，强调市场导向的管理，如鼓励竞争、注重结果和绩效、重视消费者选择和强调效率。② 新公共管理理念和方法把绩效管理置于极其突出的地位。按照这种新的管理理念，管理"显然是一项与资源流动配置密切相关的活动，其宗旨就是实现既定的目标"，而这些目标"绝大部分是用经济学的语言来界定的"③。

三、新公共管理理论对高等教育绩效评价的引领

随着政府再造浪潮的推进，每年获得并消耗大量公共资金的高等教育领域，也被纳入了改革的视野。"新公共管理"模式开始向高等教育领域挺进。20 世纪 80 年代以来，高等教育规模急剧扩张，而政府支付水平不断下降。高等教育大众化和资源短缺被广泛认为是管理主义得以渗透到高等教育领域的最直接推动力④。在有限的经费供给背景下，大学需要向政府和社会提供有效证据，以表明自己在绩效方面表现尚可。经费竞争使得政府对大学绩效评价日益重视。面对大学所提供的服务，政府和消费者——学生与社会机构需要有充足的关于大学的信息，而政府则有责任对其问责——追问高等教育机构提供的效率、效益以及服务责任的履行情况，并促进这种责任有效履行。政府就此获得了在大学中实施绩效管理的正当性。

（一）推动了高等教育绩效评价的研究与政策发展

作为国家的公共政策，绩效评价和绩效拨款始终处在平稳推进和争议不断中。如果说 20 世纪 80 年代大家关注的是高等教育评估运动的话，那么可以说 90 年代是关注绩效评价的十年。1992 年 3 月在美国院校商务协会（NACUBO）的杂志上就有一篇关于迈阿密大学"主要成就指标"的文章。1993 年，美国

---

① 张成福．公共行政的管理主义：反思与批判［J］．中国人民大学学报，2001（1）：15 － 21.

② 陈国权，曾军荣．经济理性与新公共管理［J］．浙江大学学报（人文社会科学版），2005（2）：66 －67.

③ C. Poltt. Managerialism and the Public Service：The Anglo American Experience［M］. Oxford：Basil Blackwell，1990：5.

④ 孙贵聪．西方高等教育管理中的管理主义述评［J］．比较教育研究，2003（10）：67.

南部地区教育委员会发布了题为《高等教育评估：SREB 各州的政策措施》的报告，阐述了州立法要求以绩效指标形式问责和评估高等教育的问题。1994 年有两篇关于绩效指标的重要文章，一篇为博登（Borden）和班塔（Banta）的《应用绩效指标指导政策制定》，另一篇为盖瑟（Gaither）、内德维克（Nedwek）和尼尔（Neal）的《高等教育绩效指标的承诺与陷阱》。同年，美国的州教育委员会（Education Commission of the States，简称 ECS）发表了《高等教育问责的量化：关于州水平继续指标的初级应用》。1997 年，《作为问责和评估工具的绩效指标体系》发表，进一步促成了绩效评价研究的白热化。从这些研究可以看出，绩效指标被运用于以下目的：质量检查、决策指导、问责工具、大学声望信息等，而且绩效评价逐渐成为州主要的高等教育政策工具。①

（二）促使全面质量管理引入高等教育领域

当今世界，工业化国家高等教育的质量比过去任何时候更加重要，它越来越决定着一个国家社会的发展潜力，影响国家的国际竞争和工业地位。而近年来科研和教学的质量直接受到公共资金削减、学生人数不断增加的影响，特别是在社会费用方面付出了高昂成本。继而，各国政府加强了对高等教育质量的监控，以保证更大的经济效益、成果质量、学生的入学机会。在这一方面，从政府和高等教育之间的关系变化中能够观察到一个国际趋势，即“各国政府，在越来越把高等教育的发展、革新和多样化的责任转移到高等院校的同时，却保留制定广泛的政策，特别是预算政策的特权”。② 就此层面而言，大学教育所面对的变革前所未有，并强烈受到质量保证、成本效益、管理绩效与公众问责等源于公共部门改革概念的影响。也正源于此，大学发展便从纯粹学术及文化教育机构，转向为公共服务机构。③

在过去的 10 年里，新公共管理运动与由戴明（Deming）发起的全面质量

---

① 格威狄·博格．高等教育的质量与问责［M］．北京：北京师范大学出版社，2008：174.

② 弗兰斯·F. 范富格特．国际高等教育政策比较研究［M］．王承绪，等，译．杭州：浙江教育出版社，2001：译者前言，1.

③ 戴晓霞，莫家豪．高等教育国际化［M］．北京：北京师范大学出版社，2004：119；转引自许杰．对西方国家加强高等教育质量监控的政策分析——新公共管理理论的研究视角［J］．教育科学，2007（6）：79.

管理（TQM）联系最为密切，TQM 是建立在“产品质量最重要”这样一种理念之上。另一位代表人物奥斯本（Osborne）在《摒弃官僚制：政府再造的五项战略》一书中提出了“再造政府”的五项战略，即核心战略（Core Strategy）、结果战略（Consequences Strategy）、顾客战略（Customer Strategy）、控制战略（Contro1 Strategy）和文化战略（Culture Strategy）。他称之为改变政府 DNA 的“五个 C”。他认为公共管理的变化有其五个基本杠杆，每种杠杆对应一项战略，而每一项战略包含着各种不同的途径或工具。①

这一管理运动也渗入高等教育领域，特别是在英国。撒切尔执政时期，在新公共管理思潮的影响下，市场规则引入英国高等教育领域，于是，让市场选择进入高等教育的质量评估成为高等教育的一个主题。② 欧洲其他国家也追随这一潮流。一方面政府支持高校建立内部质量保障体系。另一方面，政府通过建设评估机构，建立质量保障标准等手段，积极推动建立高校外部质量保障机制。例如英国拨款机构每 4 到 5 年进行一次科研评估活动，对大学和学院的研究工作作出价值水平评估。1997 年英国又组建了高等教育质量保证署。1996 年美国高等教育认证委员会的成立以及荷兰成立的高等教育督导团，都是较为典型的例证。

（三）激发出院校间的竞争意识

竞争是西方市场经济制度中的核心理念，以美国为代表的很多西方发达国家隐藏在高等教育质量保障政策背后的管理指向，就是要加大院校间的竞争。市场竞争因此成为“良好的管理方法，健康的经济条件以及更好的教育机遇”。③ 就西方发达国家而言，对市场竞争的诉求源于高等教育体系中存在的不良“马太效应”：拥有较大自治、自由权力的高等教育系统顶层部分在资源、声望和地位分配方面多能锦上添花，而对于一般性大学和学院来说，甚少雪中送炭。这种状况，既造成了院校待遇上的不公平，也不利于在普通大学与

① D. Osborne and P. Plastrik. Banishing Bureaucracy：The Five Strategies for Reinventing Government［M］. New York：The Penguin Group，1997：39.

② 李雪飞．高等教育质量话语权变迁［J］．清华大学教育研究，2006（4）：92.

③ 弗兰斯·F. 范富格特．国际高等教育政策比较研究［M］．王承绪，等，译．杭州：浙江教育出版社，2001：408.

尖子大学之间开展有益的竞争。[①] 1988年英国宣布废弃“双重制”，并在此后的改革中明显表现出对市场机制的偏好。[②] 斯洛特（Slaugher）等认为，“这就是一种通过允许声誉较低的多科技术学院与大学之间展开公开竞争，从而降低大学成本的做法。借助于院校之间的竞争，在不给多科技术学院提供与大学一样多资源的情况下，中学后教育部门就能够为教育系统的扩张寻找财政支持、满足日益增长的入学要求。”[③] 对大学进行绩效评价，可以帮助大学树立竞争意识，进而高度关注并提高办学效率。

事实上，新公共管理理论之所以能够引入高等教育领域，某种程度上反映了政府和社会对大学质量缺乏足够的信任感。大学与政府之间信任关系的变化是公共高等教育改革关注教育效益、效率和效能的直接推动力。传统大学所奉行的追求高深学问的价值，越来越不能满足政府和社会对大学的功用主义需求。加之西方发达国家高等教育支付能力呈下降趋势，继续增加资金投入量的“非效率拨款模式”已成为“明日黄花”。面对经费不足的挑战，各国一方面借助市场化力量来多方筹措经费，另一方面把拨款与大学绩效捆绑在一起，努力提高资金的使用效率，力争做到以最少投入换得最多的产出。这意味着高等教育质量观的改变，而且，各国高校首先要改变只讲产出不计成本的旧传统，树立成本效益观念。同时，又采取具体措施提高教育经费的使用效益，使单位成本获得更大的产出。鉴于此，各国政府对公立大学的管理改革，部分地吸收了经济、效率和效能的“3E”目标。

（四）强化了高等院校的绩效责任

对绩效责任的强调主要是建立在这样一种判断基础上，即高等学校（尤其是古典大学）对学生或对政府、对广大公众所负的责任不够。但随着高等教育的大众化和普及化，加之经费紧缩，政府、社会、学生、家长和其他利益相关者越来越关心对大学的投资是否物有所值。对绩效责任的强调使政府对高

---

① 许杰．对西方国家加强高等教育质量监控的政策分析——新公共管理理论的研究视角［J］．教育科学，2007（6）：80.

② B. Williams. The Rise and Fall of Binary Systems in Two Countries and the Consequence for Universities［J］. Studies in Higher Education，1992，17（3）：281－293.

③ S. Slaugher and L. L. Leilie. Academic Capitalism：Politios，Policies，and Entrepreneurial University［M］. Baltimore：The Johns Hopkins University Press，1997：43－50.

校的管理发生了重大转变，由传统的注重过程管理转变为注重管理的结果和绩效，建立开放的责任体系。在向大学放权的同时，建立严格的问责制度，通过绩效评价和绩效拨款建立市场运行规则。各国政府（尤其是以英国为代表）通过实施合同制的绩效拨款，建立严格的质量评价体系，在大学与政府之间形成一种契约关系，取代之前的监护关系、行政关系。以契约的形式强制大学承担政府期望大学要承担的责任，促使学校提高科研、教学的效率、效益，推动市场机制在大学其他经费来源的配置上更完善地发挥作用。①

新公共管理视野下的管理过程，既要维持对政策执行的控制，又要对绩效责任实行监督，管理行为更加关注结果和产出而不是投入。绩效评价也因此成为绩效管理的重要方面，绩效指标成为基本的工具。绩效评价的总体目标是在实现目标的进程中能够对员工和机构进行监控并改善其工作。无疑，新公共管理思想强化了高等院校的绩效责任。

（五）诱发政府对高等教育拨款方式的变革

高等教育经费拨款方式对高等院校的办学行为有着重要影响。基于新公共管理思想，为提高高等教育质量，政府对高等教育的资助方式发生了变革。变革之一是政府拨款日益以大学的运作绩效为依据。变革之二是政府拨款机制日益注重以竞争为原则②。绩效拨款是一种以产出效益为特征的拨款模式，它将教育的绩效结果与拨款数额相联系。绩效拨款以一定时期内教育机构在绩效评价中所取得的绩效成绩为拨款主要依据，绩效成绩高就能得到全部或部分的绩效拨款数额。在绩效拨款中，绩效指标的测量要关注高等教育的结果和产出，注重学校在某些领域内所取得的成果。在测量过程中可以进行院校之间的横向成果比较，也可以进行院校内部纵向的绩效比较。

伯克等指出，绩效拨款包括六个要素：项目目标、绩效指标、达标标准、拨款权重、资助水平、资金来源。③ 例如，美国有诸多州已经实施了绩效拨款。1994 年阿肯色州就曾采用过一项高等教育绩效资助政策。1979—1980 年，

---

① 许杰．对西方国家加强高等教育质量监控的政策分析——新公共管理理论的研究视角［J］．教育科学，2007（6）：81.

② 同①.

③ J. C. Burke and S. Modarresi. To Keep or Not to Keep Performance Funding［J］. The Journal of Higher Education，2000，71（4）：433.

田纳西州第一次提出了绩效资助政策，那些来自政府及高等教育委员会的议员们从 1974 年就开始论证绩效资助政策的原理及其在技术上的可行性。田纳西州高等教育委员会是绩效资助政策发展的最初推动者，作为高等教育协调机构及旨在发展公共教育资助的公共政策负责机构，它领导了最初的绩效拨款政策设计。① 截至 2003 年，美国有 25 个州对高等教育实施绩效拨款的做法。其中除了南卡罗来纳州实施 100% 的绩效拨款政策以外，其他州主要是在以传统财政拨款办法满足高校基本需求基础之上，另外拿出一定比例（一般不超过 6%）的资金，根据绩效表现对高校进行奖励性拨款。

绩效拨款把一部分对公立高等教育的资助与州认为是重要政策领域的成果联系起来，并被认为有可能纠正传统预算方法中以高校需求为主的缺陷，将预算重点从院校的“需求”转移到了院校的“结果”。英国的大学基金委员会（原大学拨款委员会）曾提出：首先由成本核算中心计算出每一个全日制学生所需教学费用的最高价格，然后要求各大学副校长根据指导价格进行报价。大学基金委员会希望各大学的报价既是“经济的”，同时相对于其他大学而言又是“竞争性的”。尽管这种指导价格公式的拨款模式因遭到多方人士的怀疑、责难和批评而没有得到彻底推行，但它的提出在较大程度上冲击了英国高等教育的传统拨款理念，为此后的改革打下了必要的基础。②

总之，新公共管理对西方各国高等教育产生了深刻影响，对高等教育实施绩效管理起着根本性的导向作用。在绩效管理发展过程中，其侧重点是不断发生变化的，从最初的关注降低公共部门的运营成本、节省公共开支，到关注效率，即投入与产出的比率或运作绩效，然后又发展到重视行政产出所带来的社会效果，把质量和顾客放在首位，重视产品绩效（质量）和服务绩效（顾客满意）。从被评价的部门看，开展对公共部门的评价已经成为很多国家的经常性财政制度。就高等教育绩效评价而言，高等教育是公共支出中的重要组成部分，虽然不同国家的高等教育拨款方式不一样，但对高等教育开展绩效评价还是有普遍需求的。国外高等教育绩效评价业已实施多年，而我国实施时间则不长。2006 年上海财经大学对江苏省部分省属高校进行了绩效评价。2009 年中

① E. 格威狄·博格，等．高等教育中的质量与问责［M］．毛亚庆，等，译．北京：北京师范大学出版社，2008：185.

② S. B. Hannah. The Higher Education Act of 1992：Skills，Constraints，and the Politics of Higher Education［J］. Journal of Higher Education，1996，67（5）：498－527.

国教育科学研究院（原中央教育科学研究所）对72所教育部直属高校进行了绩效评价。上海也已立项对上海地方高校的绩效评价体系进行研究和探索，准备制定出官方的“大学排行榜”，榜单中的排名将决定高校获得财政拨款的数额。这些有关高等学校的绩效评价研究或政策的尝试，意味着，新公共管理思想已经开始影响到中国高校的发展与改革了。

第二节 知识生产模式与弥散式知识管理

受知识生产模式转型和新公共管理主义思潮的影响，只有那些既审视自身发展状态又了解经营环境的机构才被认为是具有适应性和反思性的机构，在知识经济时代也只有这样的机构才能生存和发展①。绩效评价被认为是机构适应社会和反思自我的主要手段之一，并被广泛用于企业的质量管理。高等教育的发展与知识的传播与再生产、知识的丰富与积累以及知识的转型密不可分②。从某种意义上讲，作为高等教育机构主要形式的大学的出现和发展本身也是“知识制度化过程的结果”。因此，尽管高等教育机构生产的是价值而不是利润，但也要在知识经济市场中运作。

高等教育自身的独特性、复杂性和内隐性特点，决定了在高等教育机构中实施绩效评价与在企业中实施绩效评价有着根本性的不同。如果不从高等教育系统内部出发，不从高等教育机构自身的特性出发去研究绩效评价，那么，绩效评价就只能沦为一种“管理制度主义”的工具。

本节以高等教育的逻辑起点——高深知识——为切入点，结合高等教育系统的内外部特征，通过梳理知识生产模式变化③与高等教育质量管理诉求变迁的关系，揭示在当今高等教育领域中实施绩效评价的必然性和合理性。

---

① P. Senge. The Fifth Discipline: The Art and Practice of the Learning Organization [M]. New York: Doubleday, 1990.

② 玛丽·亨克尔，布瑞达·里特. 国家、高等教育与市场 [M]. 谷贤林，等，译. 北京：教育科学出版社，2005：159.

③ 这里借用德兰迪在《知识社会中的大学》中使用的“知识模式”的内涵，即知识是一套使用于制度的话语系统和认识论的话语系统；知识不是简单地自我生产，而是在社会的和文化的环境中产生的；它是一个与社会相关联的体系，是文化本身的理解与交融。

一、高深知识生产模式的变化与高等教育质量管理诉求的变迁

知识可以大致划分为两个层次：一般性知识和高深知识。通常说来，普通教育机构传授的知识属于一般性知识，高深知识则是高等教育机构传授和研究的对象。高深知识的生产和传播与一般知识有着显著不同。随着社会的发展，高深知识的生产模式也在不断地变化。吉本斯（Gibbons）等研究者结合不同学科及其科研活动的历史演变及其在当今社会中的发展状况，将知识生产模式划分为“模式1”和“模式2”。其中，知识模式1指的是知识的契约式学科生产模式。其特点是：知识生产是在传统的学科认知环境中进行，在这种环境中基础知识与应用知识是有明确区分的；任何知识的有效性都是由一个确定的专家团体来认定的；知识的积累主要是通过大学中被制度化了的学术职业来实现的。知识模式2指的是知识的大众式跨学科生产模式。即知识是在一种跨学科的应用情境中生产，并以社会弥散体系为主要组织形式，呈现出非制度化、非等级性、多样化的特点。与知识模式1相比，在知识模式2中，知识的生产吸纳了范围更广、临时性更强、职业更为混杂的从业者；其生产行为和内容承担了更多社会责任并更具有反思性。在这种模式下，对知识的评价更依赖于特定的社会情境。① 知识生产模式的转变使得高等教育的质量管理诉求发生了转变，从最初的内隐自治式管理转变为有外部机构介入的合作式管埋，这样就引出了高等教育领域中的绩效评价。

（一）知识的契约式学科生产模式与高等教育质量管理的内隐性

18世纪的启蒙运动揭开了现代化社会的序幕。在这个时期，知识的生产模式受到了新人文主义思潮的影响，更强调逻辑实证，是一种启蒙启发性的知识模式②。知识的学科特性以及知识的实用性与功能性逐渐凸显，并形成了一种新的“社会认知制度”。这种社会认知制度合法性的主要表现是，高等教育机构承担起了学科知识生产的主要责任，并成为培养精英人才的重要基地。政

---

① 迈克尔·吉本斯，等．知识生产的新模式［M］．陈洪捷，等，译．北京：北京大学出版社，2011：16－39.

② 杰勒德·德兰迪．知识社会中的大学［M］．黄建如，译．北京：北京大学出版社，2010：27.

府意识到高等教育机构对于知识生产和社会变革的重要意义之后，在加大对高等教育机构资助的同时，也对高等教育机构实施了某种程度的控制。这样以大学为核心的高等教育机构就被置于政府和国家的权力体系资助之下，并与国家、社会达成一种协定：高等教育机构拥有知识生产和人才培养自治的权力；作为回报，高等教育机构必须满足国家政府和社会在认知方面的需求，并培养专门化的精英人才①。基于这种协定，知识的契约式学科生产模式就形成了。

在这种契约式学科知识生产模式中，高等教育机构中的专业化与专门化的学科认知体系和科学实践系统，以及精英教育的培养体系使得高等教育自身就是一种高质量的体现。高等教育的质量管理、评价和监控主要属于高等教育机构内部和个别社会组织的事，具有明显的内隐性。这个时候，外部介入高等教育领域的质量管理并未形成需求和必然。但知识生产的实用性和功用性以及大学对国家和社会资助的依赖，为外部系统介入高等教育质量管理和实施绩效评价播下了种子。

（二）知识的大众式跨学科生产模式与高等教育质量管理的外部性

高等教育的发展过程可以看做是知识的生产逐渐从政治和宗教的权威中解放出来回归社会的过程。到20世纪中期，高等教育机构已不再是社会边缘化的机构。大众社会对技术性、实用性知识的需求不仅使“服务”成为高等教育机构所承担的第三项职能，还引发了高等教育的两次变革②：第一次是以“机会平等”为主题的变革，第二次是以“和效率相连的能力提高”为主题的变革。在第一次变革中，高等教育大众化成为一种浪潮；在第二次变革中，大学通过提高人才培养质量推动了国家和地区的进步，其变革的推动力为政府、社会生产手段的革新和新职业对合格大学毕业生的需求。这两次变革迫使新的知识生产模式逐渐从传统的契约式学科矩阵中演化出来，形成了大众式的跨学科知识生产模式，促使高等教育质量管理的诉求发生了转变③。

诚如莫雷（Morley）所言，高等教育质量这一话题是与人们对知识认识的

① 杰勒德·德兰迪．知识社会中的大学［M］．黄建如，译．北京：北京大学出版社，2010：32－52.

② 克拉克·克尔．高等教育不能回避历史［M］．王承绪，译．杭州：浙江教育出版社，2001：49.

③ 迈克尔·吉本斯，等．知识生产的新模式［M］．陈洪捷，等，译．北京：北京大学出版社，2011：62－63.

深入和高等教育扩招相伴而生的①。高等教育大众化的不断深入，使得原先只在一小部分人中交流的学科知识可以在社会中得以更为广泛的传播。越来越多的年轻人进入高等教育机构中学习和扩展自己的知识与专业技能。他们不仅了解了高等教育机构中知识的传递、保存和生产的方式，还能够对其作出评价。即便是高等教育机构内部的科学从业者之间的交流，也不再仅仅局限在原来的具有等级特征的学科范围内，他们之间的流动性变得更强，横向的跨学科、跨国界之间的交流增多，这使得基础和应用、理论和实践不断交叉②。社会的、科学的、技术的和工业的知识生产更为细化。现在的知识市场——知识被需要和被使用的场所——比以往变得更加广阔和多元。高等教育机构和国家、社会、市场的关系变得更为密切，其所处的环境也不再是封闭的、自治的，而是开放的、互动的。高等教育机构必须在不断变化的知识、国家、社会和市场等环境中找准自己的位置。

在高等教育大众化时段，高深知识生产和传播的流动性更强，高等教育的质量不再只是高等教育机构内部和社会上个别机构的事，而成了社会各界都广泛关注的问题。③ 知识的这种大众式跨学科的生产模式不仅凸显了高等教育质量管理的外部特性，还加速了“社会弥散式知识管理时代的到来”④，为绩效评价在高等教育机构中实施铺平了道路。

二、社会弥散式知识管理与高等教育机构的绩效评价

知识大众式的跨学科生产模式实际上是一种基于模式 2 的知识生产方式。模式 2 的知识生产不仅在方法和技术上，而且在理论和模型上都从学术界向其他机构扩散，科学也不再只是某些特殊机构的专属物。知识生产逐渐成为了一种社会弥散式的过程，并引发了一种新的管理风格——社会弥散式知识管理。

---

① L. Morley. Quality and Power in Higher Education [M]. Bury St Edmund: SRHE & Open University Press, 2003: 1.

② 迈克尔·吉本斯，等. 知识生产的新模式 [M]. 陈洪捷，等，译. 北京：北京大学出版社，2011：29-37.

③ P. Scott. The Postmodern University-Contest Vision of Higher Education in Society [A]. In A. Smith and F. Webster, (eds). The Postmodern University [C]. Bristol, PA: SRHE and Open University Press, 1997: 36-47.

④ 同②，2011：138-146.

这种管理风格强调开放的知识生产过程，增强知识生产者边界间的渗透和中介制度的实施，其质量控制和管理变得更加依赖所处的环境和具体的应用情境①。

（一）社会弥散式知识管理带来的挑战

在精英阶段，高等教育机构的独特知识垄断地位保证了其自治和自由的特性，并确保高等教育机构可以也有能力按照自身的意愿和自己设定的目标为社会提供必要的知识、培养合格的人才。在这种相对封闭的高等教育阶段，质量管理问题并未凸显，绩效评价在高等教育中的实施没有任何必要性。但在社会弥散式知识管理时代，在高等教育大众化阶段，高等教育机构必须在课程设置、教学和科研等方面充分考虑“知识生产的新模式”以及高等教育面临的“知识经济”等问题，绩效评价的意义开始逐渐凸显。

第一，社会弥散式知识管理引发外界社会对高等教育质量和效益的高度关注。那种建立在民族国家架构和传统学科内的知识模式逐渐解体，知识不再是独立于社会之外的一小部分有志献身于真理的学者团体所追求的目标，而是由众多社会成员在真理本质上竞争性条件下塑造的产品。因此，高等教育机构中知识的保存、传承、应用和再生产的职能与形式都在发生变化，知识生产模式 2 引发了整个社会对高等教育的质量和效益进行管理、监督和评价的呼吁。

与此同时，高等教育大众化也引发了社会各界对高等教育使命与质量的争议和批评：高等教育机构所宣扬的探索知识和追求学术卓越的使命，不得不迎合和服从于流行的价值观念；高等教育不再是一种全人教育，而是一种职业培训；高等教育机构也沦落为一个在“文凭社会”中的“授予机构”②；大学失去了昔日大学存在的基础，被积极地卷入了市场价值观的漩涡。这些争议和批评引发了系统内外对“什么是高等教育质量或者高等教育质量的内涵是什么”等问题的激烈争论。在“如何评价高等教育质量”这一总命题之下，“高等教育质量是高等教育机构的一种声誉还是资源？是可测量的已知还是神秘的未

① 迈克尔·吉本斯，等．知识生产的新模式［M］．陈洪捷，等，译．北京：北京大学出版社，2011：138－146.

② R. Collins. The Credential Society［M］. New York：Academic Press，1979：12.

知？是存在于学术群体和学生的观点之中还是独立于他们的观点之外？是体现在大众传媒的排名中还是体现在毕业生的知识和技能上？是直接和成本相关的还是独立于财政支持？是可以用绩效分数来测量还是可以回避这种绩效测量？”等分支命题也相继出现。不管怎样，这些争论最终能够使高等教育系统内外部都意识到“在社会弥散式知识管理时代和高等教育大众化时代，高等教育机构——特别是大学——即使仍然是知识生产的主要角色，但也仅是构成知识生产部门的一部分而已。无论从科学、经济还是政治的角度，它们都不再处于足够强势的地位，无法决定教学和科研中什么才能算作是卓越的。”[①] 这样，引发社会各界关注的高等教育质量效益问题使外部力量介入高等教育质量监控和评价成为必需。

第二，社会各界介入高等教育机构的质量管理，实施绩效评价成为必然。尽管高等教育机构不再拥有知识保存、传承、应用和再生产的特权，但是还要担负起恢复学科和学科之间、院校与院校之间合作的重任，它们要主动与社会和国家构建一种新型的关系[②]。另外，新的非高等教育机构知识生产竞争者的出现，使高等教育机构不能再只是依赖政府的资助而必须寻找其他的资助者。这样，国家、社会和市场作为高等教育的主要投资者，无论从政治角度、经济角度，还是从道德角度，都有理由介入高等教育质量评价并影响高等教育系统的发展。[③] 为了适应这种新的环境，高等教育机构必须“调整和改变传统的组织和结构”，在人才培养、知识生产和应用等方面不仅要和国家结盟，还得和市场、社会大众结盟，形成新的契约关系。这种契约关系决定了高等教育机构存在的合法性，需要由绩效评价等新型质量管理方式来评判。即高等教育系统内外部在合作分析高等教育中知识保存、传播、生产和应用的良好实践基础上，可以选择反映教育资源、教育活动、教育业绩，科研资源、科研活动和科研水平的公开性指标，通过制定定量测评工具或定性判断证据，对高等教育机构中的资源配置、教育教学水平和科研水平等进行评价，从而为优化资源配

---

① 迈克尔·吉本斯，等．知识生产的新模式［M］．陈洪捷，等，译．北京：北京大学出版社，2011：123－137.

② 杰勒德·德兰迪．知识社会中的大学［M］．黄建如，译．北京：北京大学出版社，2010：9.

③ 玛丽·亨克尔，布瑞达·里特．国家、高等教育与市场［M］．谷贤林，等，译．北京：教育科学出版社，2005：78.

置、改进和提高教育和科研水平等提供依据①。

（二）高等教育机构实施绩效评价是对知识模式变化的适应

20世纪后半期，国家、社会、市场与高等教育机构的关系发生了巨大的变化，这种变化促使新的知识生产模式逐渐形成。这种新的知识生产模式突破了传统象牙塔中的学科等级特性，更具有“反思性、跨学科性、多样性和情境实用性”等特征②。在精英高等教育阶段，高等教育机构中的科研只承担了知识生产的职责，可以不顾及知识的使用和交换价值。在新的知识生产模式下，国家不再是高等教育机构知识生产的主要资助者。其他非高等教育机构也作为知识生产场所不断涌现。这样，多元化的知识投资、生产和消费主体对高等教育机构中科研经费的使用、科研产出的效能或效率就会提出自己的要求，各种各样的排行榜应运而生。一方面高等教育机构中的科研超出了科学技术研究的范畴，进一步拓展到研究和发展成果的应用以及科技服务；另一方面大学中的科研人员在面临经济资助减少情况下不得不与其他知识生产者展开外部资助的竞争，从而为经济资助者提供更优质的产品。这样，高等教育机构自身就不得不审视和调整自己的科研能力、科研水平和科研成果的产出，其原有的那种内部封闭式的科研评价方式不再适用。科研评价有了更广泛的内涵和外延，演变为对知识生产和使用的绩效评价，其中实用性是知识生产和使用的基本条件，是科研资助的意义所在。从这个视角看，绩效评价在高等教育机构中的实施可以看做是高等教育适应知识生产模式变化的要求。图2－1是绩效评价在高等教育系统内外部应该所处的地位。按图2－1那样让绩效评价发挥作用，可以使高等教育机构在知识生产模式的转变中，通过“消除”高等教育系统内外对高等教育质量认识的争议，来改进高等教育内部的教学和科研质量进而提高高等教育服务社会的质量。

---

① E. 格威狄·博格，等．高等教育中的质量与问责［M］．毛亚庆，等，译．北京：北京师范大学出版社，2008：170.

② 迈克尔·吉本斯，等．知识生产的新模式［M］．陈洪捷，等，译．北京：北京大学出版社，2011：3－8.

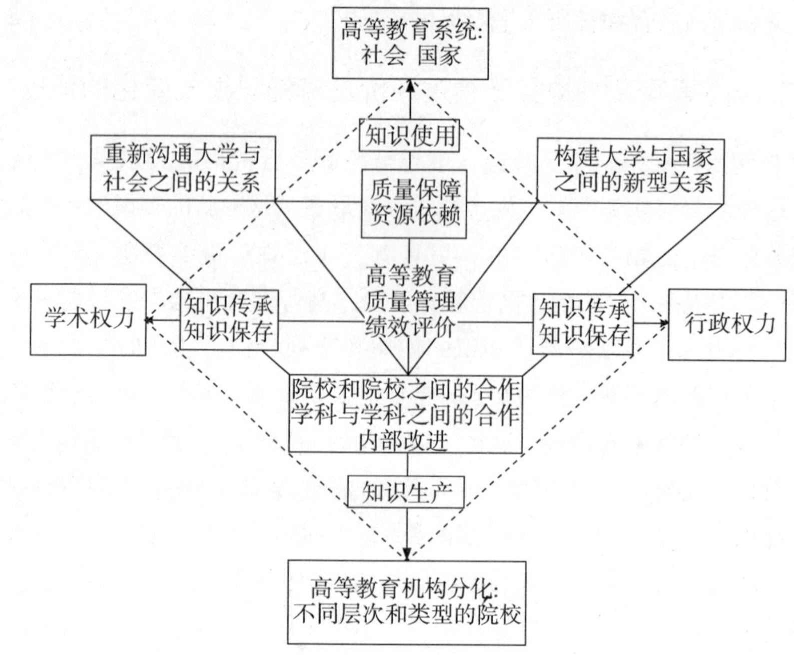

图 2－1　绩效评价在高等教育系统中的“中心性”

图 2－1 中横向所示的高等教育机构中知识保存和传承的绩效评价可以转换为学习和教学的绩效评价。20 世纪后三十年高等教育的主题之一——大众化，使得越来越多的适龄青年拥入大学，同时也给那些非适龄但是又渴望接受高等教育和想提高职业技能的青年提供了大量机会。这种入学对象的多样性以及由此引发的一系列与课程、教学等相关的改革，冲击了大学精英教育的乐园。与此同时，为了应对入学人数猛增所带来的各种问题，高等教育机构采纳的应对策略之一是提高大学的学费水平，学生不再被认为是知识的免费接受者，而是昂贵知识产品的购买者和消费者。既然是消费者，学生及其家长就必然会关注产品的质量——教学的质量、学习的质量、就学环境的质量等。学生接受高等教育不再是求知和名望驱动的，而是市场驱动的了。市场追逐低成本和优质服务，而且在新知识生产模式下，作为顾客和消费者的学生也被当做知识生产的来源。因此，学生可以对自己所接受的教育进行反馈和评估，并且必须学会对自己所接受的教育进行反馈和评估。

另外，国家、社会和市场对于毕业生的素质等也有了比较明确的认识，希望高等教育机构输送的毕业生能够承担起相应的职责，而非精英高等教育阶段那样被动接受从高等教育机构中毕业的学生。这样，高等教育机构就丧失了独自对知识的保存、传承、学习和教学的权威和垄断。高等教育机构需要和学生、家长、社会、市场、国家政府等重新建立关系。一方面高等教育机构有义务针对社会各界的质疑和咨询提供详细而明确的信息，可以使其据此更加全面深入地了解和认识高等教育机构的运作，并对高等教育质量作出客观评价；另一方面，高等教育机构也可以在收集、提供信息的过程中发现问题，并基于社会各界的反馈作出改进，从而提高院校效能和效率。

图2－1中的纵向方向阐释了高等教育机构中知识的交流和应用与绩效评价的关系。在一个功利主义价值观取胜的时代，知识发展的动力来源于解决社会实际问题的需要；知识是在解决实际问题的过程中创造出来的；知识的意义取决于其交换价值；知识的使用者也是知识的创造者。因此，评判知识的标准就是知识的功用性。高等教育机构作为国家、社会和市场的子系统，其知识生产和应用的价值也是由其效率或“绩效”来判定的。①

如果说后现代之前的大学是为民族国家的政治、经济以及社会的发展提供知识和培养人才，质量问题是由院校内部自己决定的；那么处于后现代的民族国家中的高等教育机构则必须为政治、经济以及社会的发展提供一个形式多样的交流场所。② 在这个场所里可以交流什么样的知识应该生产，这样的知识有什么功用，知识生产的质量如何以及如何保证这种质量等。另外，还应该认识到，高等教育机构的重要性只在于它是“先遣性”地占据了知识生产和交流的主要空间。当今知识的生产和使用是由知识的工具性质决定的，这导致了高等教育机构传统权威角色的衰落。但是高等教育机构仍然是社会上最能把工业需求、技术和市场力量与公民需求相联系的机构，高等教育机构应该比以前更能全面地服务于社会目标。只是，此时国家、社会和市场等需要通过某种方式帮助高等教育机构设立目标，而不是仅仅由高等教育机构自己来设立目标③。这样高等教育机构的资源就可以被全面地开发和利用。而以绩效指标为主导的绩效评价既可以帮助大学设定目标，还可以促进高等教育机构资源的充分、全面地利用和开发。说到底只要高等教育机构还不甘心退化成可有可无的“社

---

① 让·费朗索瓦·利奥塔尔．后现代状态——关于知识的报告［M］．车槿山，译．北京：生活·读书·新知三联出版社，1997：104－111.

② 比尔·雷丁斯，等．废墟中的大学［M］．郭军，等，译．北京：北京大学出版社，2008：182.

③ 杰勒德·德兰迪．知识社会中的大学［M］．黄建如，译．北京：北京大学出版社，2010：7－11.

会盲肠”，那么它就应该接受政府及社会各界所提出的绩效评价需求。

综上，知识转型以及对知识组织（大学）认识的转变，有助于解释绩效评价在高等教育机构中实施的发生机制；知识社会化与知识生产模式的变迁，有助于解释绩效评价在高等教育机构中实施的动力机制；政府对知识的控制，市场对知识的需求，专业组织对知识的规训，社会对知识的影响等，有助于解释绩效评价在高等教育机构中实施的运行机制。基于上述关系，高等教育质量管理逐渐从内部转向外部，并最终与外界达成某种程度上的一致——实施绩效评价。绩效评价可以确保高等教育机构在与其他机构进行知识保存、传播、生产、使用和人才培养以及资源竞争等方面焕发生机。另外，欧美已经实施多年的绩效评价表明：绩效评价不仅可以提供一种战略性的质量管理工具，还可以把复杂的程序概括化、客观化和简明化。绩效评价可以帮助高等教育机构重新构建其与国家、社会和市场的关系。

最后，借用福柯的一句话说明绩效评价与高等教育机构之间的关系：“问题不是要找回‘失去的’身份，解放被禁锢的本质，而是要走向某种全新的方面……”①

① M. Foucault. Remarks on Marx：Conversations with Duccio Trombadori［J］. New York：Semiotext，1991：20.

第三章

高等学校绩效评价的基本原理

高等学校绩效评价属于高等教育评价范畴，既遵循教育评价以及高等教育评价的普遍规律，又具有不同于一般高等教育评价的特殊性。本章集中阐述高等学校绩效评价的内涵、特征、功能、原则等基本原理问题。

第一节　高等学校绩效评价的内涵

绩效如果单纯从语言学的角度来说，指成绩和效益，最早用于投资项目管理方面，后来在人力资源管理方面又有广泛应用。我国最近十年来也开始进行绩效评价和高等学校绩效评价，如高校财务绩效评价、高校项目绩效评价等。但关于如何理解及界定高等学校绩效和绩效评价概念，目前尚未形成一致意见。

一、高等学校绩效评价的含义

绩效一词源于英文中的Performance，原意为性能、业绩、工作成果等。百度百科的解释是“从管理学的角度看，绩效是组织期望的结果，是组织为实现其目标而展现在不同层面上的有效输出；从语言学的角度来看，绩效包含成绩和效益的意思；用在经济管理活动方面，是指社会经济管理活动的结果和成效；用在人力资源管理方面，是指主体行为或者结果中的投入产出比；用在公共部门中来衡量政府活动的效果，则是一个包含多元目标在内的概念。”① 归纳而言，主要有以下几种观点。

第一，从结果角度看绩效。此类观点认为，绩效是一种行为结果的表现，绩效评价是一种结果和成绩评价，对组织进行的绩效评价多持此类观点。如，伯纳丁（Bernardin）等人于1984年提出，绩效评价是特定时间范围内特定工作活动或行为生产出的结果记录。② 国务院国有资产监督委员会2006年通过的《中央企业综合绩效评价管理暂行办法》指出，综合绩效评价是指以投入产出分析为基本方法，通过建立综合评价指标体系，对照相应行业评价标准，对企业特定经营期间的盈利能力、资产质量、债务风险、经营增长以及管理状况等进行的综合评判。③

对高等学校总体进行绩效评价也会较多地关注高校办学的结果，即高校在人才培养、科学研究、社会服务等方面的产出业绩。如认为高等教育绩效就是指大学在毕业生人数、科研产出等方面的突出表现，包括：确保教育资源为公益目的服务，实现公共价值（公正、公平）；形成激励文化，提高高等教育的效益与效率；增强绩效政策的透明度和合法性；控制权力滥用，预防腐败发生等。④

第二，从行为角度看绩效。此类观点把绩效看作管理的工具，即为了达成组织的目标而对员工行为的控制，它将行为过程作为绩效，不关注完成任务或达成目标等结果。如，坎贝尔（Campbell）、迈克罗依（McCloy）、奥普勒（Oppler）和塞格（Sager）1993年提出，绩效是行为，并不必然是行为的结果；绩效是员工自己控制的与组织目标相关的行为，这种行为必须是员工能够控制的。⑤ 对个体进行的绩效评价多持有此类观点，包括高等学校教师的绩效评价。

① “绩效”词条［EB/OL］. http：//baike. baidu. com/view/122994. htm.

② H. J. Bernardin and R. W. Beatty. Performance Appraisal：Assessing Human Behavior at Work［M］. Noston：Kent Puhlishers，1984.

③ 国务院国有资产监督委员会．《中央企业综合绩效评价管理暂行办法》第一章第二条［EB/OL］. 2006年4月7日. http：//www. gov. cn/gongbao/content/2007/content_ 621246. htm.

④ 郑晓凤．美国高等教育绩效拨款特征——以田纳西州为例［J］. 中国高等教育评估，2006（2）：43－46.

⑤ J. P. Campbell，R. A. McCloy，S. H. Oppler and C. E. Sager. A Theory of Performance［A］. N. Schmitt and W. C. Borman（eds）. Personnel Selection in Organizations［M］. San Francisco：Jossey-Bass，1993：35－70.

同时，行为论绩效观重视特定任务的实施状况与完成状态。如坎贝尔于1990年把绩效划分为八个独立的成分：工作特定任务的熟练程度、工作非特定任务的熟练程度、书面与口头交流的任务熟练程度、努力程度、遵守纪律状况、为团队和同事提供便利状况、监督与领导状况、管理状况。[①] 在这八种成分中，围绕任务而产生的绩效被提取出来，并与由其他方式而产生的绩效行为相区分。

第三，从综合角度看绩效。随着对结果产生过程的日益重视，绩效及其评价被更加多元化地来看待。绩效所关注的是正在进行的活动或已完成的活动，既可以理解为活动的过程，也可以理解为活动过程产生的结果。[②] 亚洲开发银行的甘博（Campo）在《强化政府支出管理"绩效"》一文中提出，绩效是一个相对的概念，绩效在实质上不仅包含外部效果，也包括内在的努力程度，它往往可以通过投入、过程、产出和结果来描述。[③] 普雷姆詹德（Premchand）在《公共支出管理》一书中认为，绩效包括了效率、产品与服务的质量和数量以及机构所做的贡献，包括节约、效益与效率。[④] 2009年中国教育科学研究院进行的基于投入—产出法的高校绩效评价，就是将高校的绩效看做是这样的过程与结果及其整合。朱志刚编写的《财政支出绩效评价研究》认为，绩效绝不仅是对结果的衡量，还包括对过程的衡量，甚至包括对提供方主观努力程度和接受方满意程度的衡量。[⑤]

以上这些对绩效评价或高等学校绩效评价的理解，尽管角度不一样，但从中可以看出，高等学校绩效评价就是依据特定的目的，运用一定的指标和方法，对高等学校的投入、产出、效率效益进行测量的活动。不同角度的高等学校绩效评价都有其合理性。它们共同从一个侧面说明，高等学校绩效评价作为一种非营利性组织的绩效评价，有它的多样性和特殊性。所以，高等学校的绩

---

① J. P. Campbell. Modeling the Performance Prediction Problem in Industrial and Organizational Psychology [A]. M. D. Dunnette and L. M. Hough (eds.). Handbook of Industrial and Organizational Psychology [M]. Palo Alto: Consulting Psychologists Press, 1990: 687-732.

② 付亚和，许玉林．绩效考核与绩效管理［M］．北京：电子工业出版社，2003：10.

③ S. Schiavo-Campo and Asian Development Bank. Strengthening Performance in Public Expenditure Management [J]. Asian Review of Public Administration, 1999, XI (2): 23-44.

④ A. Premchand. Public Expenditure Management [M]. Washington DC: Intel Monetary Fund, 1993: 197-200.

⑤ 朱志刚．财政支出绩效评价研究［M］．北京：中国财政经济出版社，2003.

效是多种指向或多样面向的。在一种角度或领域中观看的高等学校绩效，与另一种角度或领域中观看的高等学校绩效，不一定也不必是完全一样的，也不一定或不必是相互关联的，甚至不同角度或领域中的高等学校绩效评价结果还可能呈负向关系。

米勒（Miller）曾提出过适合高等教育的7个不同领域（观察重点）的绩效评价：（1）关注效能的绩效评价，主要观察高校实现其预定目标的程度；（2）关注生产力的绩效评价，主要观察高校输入和输出的比例；（3）关注质量的绩效评价，主要观察输入质量、关键运行过程、输出质量、领导系统的质量、工作的质量和上级系统的质量；（4）关注顾客和利益相关者满意度的绩效评价，主要观察外部和外部利益相关者的满意状况；（5）关注效率的绩效评价，主要观察高校对资源使用、成本和质量管理的收益；（6）关注创新领域的绩效评价，主要观察高校对改善组织的创新变化；（7）关注财政支付能力的绩效评价，主要观察高校对组织财政健康和水平的策略。①

可见，由于高等学校面临的环境和对象、所要达成的目标、所能依靠的资源条件等是多样多元且冲突的，所以从不同的角度观察到的高校绩效也自然是多样的，既可以是侧重关注高校的政治绩效、经济绩效、社会绩效、文化绩效；也可以是侧重观察高校的经济能力、发展效能、质量水平、教育增值等。不同观察点与侧重的高校绩效评价有不一样的结果，并不适宜做不同高校绩效评价结果之间的相互比较。

二、高等学校绩效评价的分类

绩效评价不是简单地测量，而是积极地构建学术系统，通过把常规的假设放到那些指标的选择与建构上来，指出我们要思考什么问题以及怎样思考这些问题。② 所以，不同类型的绩效评价要带动人们去观察与思考的问题都是不一样的。绩效评价的依据不同则分类不同。可以依据评价客体、评价目标、评价性质、评价内容、评价范围、评价主体对绩效评价进行类别划分。

---

① R. I. Miller. The Assessment of College Performance [M]. San Francisco: Jossey-Bass, 1979.

② L. Morley. Quality and Power in Higher Education [M]. London: Society for Research into Higher Education and Open University Press, 2003.

（一）依据评价客体的分类

依据评价客体，绩效评价可以分为组织绩效评价和个人绩效评价。组织绩效评价是对组织的整体运行效率和效益进行综合性评价，以揭示组织的机构运作能力和对社会的贡献。有关高等学校或者高等学校院系的绩效评价都属于组织绩效评价。组织绩效包含了效率、效果、效益、结果、成果、实现过程、价值等含义。个人绩效评价是对个体的劳动效率和效益进行概括性评价，以反映个体的工作能力和对组织的贡献。

最早对组织绩效进行研究的是美国当代经济学家和社会心理学家、管理学大师、组织有效性评价标准的提出者西肖尔（Seashore）。1965 年，西肖尔在《密歇根商业评论》上发表了他最著名的管理成果——《组织效能评价标准》，在企业管理领域引起了极大重视。他认为，组织绩效评价是管理者运用一定的指标体系对组织的整体运营效果作出的概括性评价。通过有效的评价可以揭示组织的运营能力、偿债能力、赢利能力和对社会的贡献，为管理人员和利益相关者提供相关信息，为改善组织绩效指明方向。最早的组织绩效评价是企业绩效评价，随后发展到政府部门的政府绩效评价。高等学校绩效评价属于组织绩效评价，主要用于监督和评价高校办学效益和办学效率。①

从组织绩效的实现逻辑来看，组织的绩效按一定的逻辑关系被层层分解到每一个人的时候，只要每一个人达成组织的要求，组织的绩效也就实现了，两者似乎是累加关系。但从绩效评价指标来看，组织绩效评价与个人绩效评价是两种具有不同性质、目的、方法、指标体系的评价，不能同一。

（二）依据评价目标的分类

依据评价目标，绩效评价可以分为综合性评价和单项评价。综合性评价就是把一个组织机构，如一所高校或一所高校的学院或系，作为评价整体进行办学水平或效率效益状况的评价。如 1998 年美国肯塔基州进行的高等学校绩效评价，包括了教育质量、人才培养、机会均等、经济发展和生活质量以及协调

---

① S. E Seashore. Criteria of Organizational Effectiveness [J]. Michigan Business Review, 1965, 17: 26 - 30.

与倡议精神五大类25 项指标，旨在综合反映高校办学的公平和效率状况。[①]还有研究者将高校绩效分为综合实力、运行绩效、持续发展能力三部分，[②]或者将高等学校的绩效分为高等教育系统内部绩效评价指标体系和外部适应绩效评价指标体系两部分。[③]这些绩效评价都属于综合性评价。

不同国家对高等学校进行综合性绩效评价的目标会有所不同，但无论哪个国家，其根本目的都在于提高高等学校的责任和信誉，包括“刺激内在的和外在的制度竞争；检验新公共机构的质量；制度上赋予地位；从权威转向公共机构，促进国际比较等。”[④]所以，综合性绩效评价往往或多或少地会成为政府高等教育拨款的一个参考因素，甚至直接用于绩效拨款。综合性绩效评价的实施主体包括专门的中介机构，如英国的大学拨款委员会；还包括政府部门，如美国各州政府；也可以是高校自己。

单项评价包括的内容非常丰富，可以是财务绩效评价、科研绩效评价、教学绩效评价、教师绩效评价、项目绩效评价等。就施行的广度而言，科研绩效评价在世界范围内得到广泛开展。随着专项资金的竞争，项目绩效评价也日渐增多。

（三）依据评价性质的分类

依据评价性质，绩效评价可以分为绝对性评价和相对性评价。绝对性绩效评价以既有产量为评价标准，属于终结性或绝对性评价。这类评价的指标中含有投入、产出或绩效的要素，但所有指标都以最终产量（指标值的呈现方式可以是绝对指标或相对指标）为标准，且指标之间处于一维结构状态。目前国内外许多大学评价与排行大多属于此类绩效评价。如，武汉大学开展的大学评价就包含了投入、产出、绩效三类指标，但绩效指标项比例不大，投入与产出项大都采用“规模”或“绝对数”指标，指标之间是一维结构。

相对性绩效评价则基于投入—产出理论和方法，将投入向量与产出向量组成二维结构，在二维结构中构建体现高校绩效的“投入—产出关系值”，依此

① 陈洁．高等教育绩效评价刍议［J］．高等农业教育，2008（5）：13－15.

② 王韬．高等学校院系绩效评价研究［D］．湖南大学硕士学位论文，2007.

③ 朱慧倩．高等教育绩效评价研究［D］．华东交通大学硕士学位论文，2009.

④ 谌启标，柳国辉．美国高等教育绩效评价政策述评［J］．宁波大学学报（教育科学版），2004（6）：26－29.

来评价高校的绩效即高校资源利用效益，进而使每个高校都可以站在由投入和产出绝对量转化而成的效益标准上，从而淡化既有存量对评价结果的影响。相对性绩效评价可以统合高校的投入与产出、过程与结果，并对高校的发展效益实行动态监测与判断。相对性绩效评价着重考察高等学校以怎样的投入条件获得怎样的产出，关注高校投入的利用效益，即一定时间内高校创造的教育成果与所消耗的教育投入的比较。本书第三部分“探索篇”实证研究的正是相对性绩效评价，即基于投入—产出理论和方法的高等学校绩效评价。

（四）依据评价内容的分类

依据评价内容，绩效评价可以分为经济性评价、效率性评价和效果性评价三类，也就是卡伦（Cullen）所说的“三 E”——经济（Economy）、效率（Efficiency）、效益（Effectiveness）。[①] 经济性评价偏于考察人力、物力的运行绩效，主要指向对人力资源效益和设备使用效益的评价，包括人力资源利用情况、工作时间利用情况、工作效率情况、设备时间利用情况、设备能力利用情况等。效率性评价偏于考察财力的运行绩效，主要指向对资金使用效益的评价，包括经费节约率、国民收入增长率、引进外资率、出口创汇增长率、人均经费额等。效果性评价偏于考察运行结果，主要指向对预算支出的产出效果评价，包括数量和质量两方面，如成果的规模与使用范围、成果质量及其对目标的达成状况。这种分类常见于有关阐释绩效评价的文献中。

（五）依据评价范围的分类

依据评价范围，绩效评价包括任务绩效评价和关系绩效评价。鲍尔曼（Borman）和摩托维德勒（Motowidlo）提出了任务绩效（task performance）和关系绩效（contextual performance）的概念。任务绩效是组织所规定的行为，是与特定工作中核心的技术活动有关的所有行为；关系绩效则是自发的行为、组织公民性、亲社会行为、组织奉献精神或与特定任务无关的作为。关系绩效并不直接形成核心技术活动的增值，但为核心技术活动形成广泛的、组织的、社会的和心理的优势环境，包括以下几个方面：为成功完成工作而保持高度的

---

① B. D. Cullen. Performance Indicators in UK Higher Education：Progress and Prospects［J］. International Journal of Institutional Management in Higher Education，1987，11（2）：171－180.

热情和付出额外的努力；自愿做一些不属于自己职责范围内的工作；助人与合作；遵守组织的规定和程序；赞同、支持和维护组织目标。[①] 为此，关系绩效也被称为适应性绩效，表达个体对他人的支持、对组织的支持和对工作的态度。关系绩效把绩效从工作的静态层面扩展到适应环境的动态层面。

(六) 依据评价主体的分类

依据评价主体，绩效评价包括专业绩效评价和政治绩效评价。卢姆瑟克（Romzek）将高等教育系统中的绩效评价分为专业绩效评价和政治绩效评价，并认为，政治绩效评价关注高校的外部关系，主要考察大学如何使用诸如政府、顾客与公众这些大学外部支持者向大学提供的资料和保障，已达到大学应有的目标；专业绩效评价关注高校内部的实践与结果，主要考察大学如何运行学术因素。[②] 政治绩效评价通常会由政府发起，其结果常常与财政拨款联系，往往也被称为政府绩效评价，如美国的绩效拨款与绩效预算。专业绩效评价通常由学会或相关评价机构等专业组织执行，其结果主要用作高等教育质量保障的参照与手段。

分类只是为了更好地从理论逻辑上分析与了解绩效评价，这些分类只是相对的，其间也存在不同程度地相互交叉或重叠。因此，在绩效评价的实践过程中，往往会存在不同分类的绩效评价被交叉结合运用的情况。

三、高等学校绩效评价的要素

高等学校的绩效是高等学校质量的体现。较早从事绩效研究的学者嘎文（Garvin），将质量与绩效统合起来。他于 1987 年提出了质量的八个维度，即绩效、特征、可靠性、符合性、耐用性、适用性、美学性及感知性，明确将绩效作为考察质量的内容之一。[③] 实施高等学校绩效评价就是对高等学校质量进

① W. Borman and S. Motowildo. Task Performance and Contextual Performance: The Meaning for Personnel Selection Research [J]. Human Performance, 1997, 10 (2): 99 - 109.

② B. S. Romzek. Dynamics of Public Accountability in An Era of Reform [J]. International Review of Adminisrative Sciences, 2000 (1): 21 - 44.

③ D. A. Garvin. Competing on the Eight Dimensions of Quality [J]. Harvard Business Review, November-December, 1987: 101 - 109.

行测量与判断，所以，高等学校绩效评价的一个自有要素就是质量。也即只要是在实施高等学校绩效评价，必然是在进行高校整体或某一方面质量的测量与判断。虽然从不同角度可以对绩效评价进行不同的理解，依据不同绩效评价的分类也会存在不同侧重的绩效评价，但从质量出发的高等学校绩效评价仍然存在一般意义上的基本要素。这些要素是实施高等学校绩效评价必须充分考虑的问题。

（一）有指向的目标

高等学校绩效评价的首要要素是“有指向的目标”，以突出不同的评价功用。

不同指向目标的高等学校绩效评价，其采用的绩效评价类别就会不同，构建的评价指标也会不同，评价出来的结果当然会不一样。毕竟，没有任何一种绩效评价可以满足一个组织或个体全部的行为目标、行为特征、行为范围以及行为结果，而总是只能集中地反映某一个方面。即使是综合性绩效评价也存在偏于不同评价目标的对综合的理解，例如评价目标可以有不同的聚焦，或聚集于投入—产出关系的高校办学资源配置状况，或聚集于高校办学竞争力，或聚集于高校办学创新程度等。不同目标聚集的高校绩效评价所获得的评价结果会不同，结果的意义和运用也不同。因此，实施高等学校绩效评价必须首先明确自己所指向的评价目标，以及由此形成的评价结果阐释和结果运用。这一要素凸显了不同高等学校绩效评价的各自功用。

（二）可量化的指标

高等学校绩效评价的第二要素是“可量化的指标”，以突出不同的评价特色。

量化指标不是与质量相对立的概念，相反，高等学校的质量是也可以需要用结构化的量化指标来反映。因此，高等学校绩效评价不是笼统地、抽象地、模糊地文字叙述高校的办学效率或效益，而是清晰地、具体地、确实地数据描述高校的办学效率或效益。

可量化的指标这个要素的呈现是高等学校绩效评价难度最大的工作。因为，高等学校作为育人的教育组织，其办学中存在的变化性、隐藏性、效果滞后性等特点非常明显。形成一些高等学校绩效评价的概念性指标相对比较容易，但要形成可量化、可采集的指标则并不容易。有关投入、产出的定义及其指标呈现就存在很多不同的意见和看法，如，投入应该只是财力，还是人力、物力、财力都一起呈现；横向经费是投入还是产出；产出是直接的结果还是终极结果；高校人才培养绩效是用在校生数量体现，还是用几十年后毕业生的薪酬来体现等，不一而足。

可以说，这些不同看法都有其一定程度、一定范围的合理性，但并不适用于所有的高等学校绩效评价。可量化指标必须根据“有指向的目标”来构建，一项指标是否需要呈现以及它究竟是属于投入还是产出，都要与高等学校绩效评价的目标以及评价的功用来取舍决断。而且，可量化指标的内在含义是可采集化。不可采集数值的量化指标依然停留于构想，不可能操作，例如几十年后毕业生的薪酬指标在目前来讲就是一个不可采集的量化指标，难以使用。

目前还没有形成完全共识性的高等学校绩效评价指标体系，为此，各评价机构都在探索既与国际接轨又适应本国需要，既体现绩效评价共性又突出不同绩效评价目标的指标体系。

（三）划边界的时间

高等学校绩效评价的第三要素是“划边界的时间”，以突出不同的评价范围。

由于高等学校这一教育组织的特殊性，其投入与产出之间存在比经济组织更长的滞后期，产出效果或效益需要相当长一段时间才能显现。人们常会截取两种例子来说明这种滞后情况，一种是文化建筑，如埃菲尔铁塔、悉尼歌剧院等文化建筑，在建造的当时或因设计或因超预算等问题，并未得到好的评价，但是时隔几十年后却成为国家或城市的标志，其效果完全不是当年的评价结果。另一种是在社会上取得卓著成就的人才，认为当年毕业生数量或层次结果并不能说明高校的成果，而是要看经过数十年后这些毕业生在社会各行业或专业领域的成就，这岂是3年、5年就能评价的。应该说，借用这些例子更多说明的是高等学校从事的高等教育事业，是具有长远影响且价值不断增值的恒久事业。但这样的说明似乎更像是在对一种社会行业进行价值评价，而不是在对从事行业的具体组织进行绩效评价。

高等学校绩效评价一定是有时间段落边界的评价活动。在确定有指向目标和可量化指标之后，必须对评价的时间边界进行限制。否则，既不符合绩效评价是一种针对当前具体组织进行的测量活动本意，更会陷入“评价虚无主义”，因为，如果以高校活动成果要等到数十年甚至上百年之后才能显现的认识为前提，今天的高等学校是无法进行绩效评价的，甚至也不能进行评价。显然，这并不符合以评价促进高校建设的评价思想。

绩效评价的意义在于推动“此在”高等学校的质量发展和办学进程，即使是在评价过程中会回溯过去年间的活动，那也是以今天高校发展为主旨的，是一个观照当下高校活动的活动。这些活动完全可能涉及与当前相连接的一段时间，但不可能是很久以前，也不可能是很久以后。高等学校绩效评价有进行当年评价的，也有如同国家建设 三、五年规划那样，进行三、五年为一个时间范围的评价，但时间的起止会因评价目标而有所不同。

（四）易理解的方法

高等学校绩效评价的第四要素是“易理解的方法”，以突出不同的评价技术。

在高校绩效评价中，一方面，越来越多复杂的综合评价方法被尝试应用于高校绩效评价，从最初的综合评分法、功效系数法到多元统计分析（包括主成分分析、因子分析等）、模糊综合评判、灰色系统评价，再到如今的各种组合评价方法，如模糊层次分析法、模糊平衡记分卡等，可谓日趋复杂。另一方面，当复杂的评价方法不断被应用于高校绩效评价时，人们似乎觉得，评价方法越复杂，评价活动就越科学，所获得的评价结果就越真实和有说服力。但事实上，一种既有科学依据又能满足评价要求的简易方法，因其简单、直观、实用，更易被理解而被广泛使用，并在广泛使用中不断地丰富。

多种复杂评价方法应用于高校绩效评价是有其积极作用的，它增加了高校绩效评价的方法选择空间，使我们可以针对同一评价问题选用不同方法进行评价并殊途同归；还可以使我们运用不同的方法进行评价结果的对照研究，以探索出更为有效的方法使用框架或模式。但采用复杂的评价方法或评价方法的日益复杂化，却并不是高校绩效评价的唯一或根本发展方向。对高校活动特征的复杂性思维，需要在高校绩效评价中予以检测行为的简单化，才不至于使评价活动陷于复杂繁琐的方法理解与操作之中，而将评价的实质意义淡化掉。所以，评价方法的选择应当服务和服从于评价目的。只要评价方法本身具有科学依据又能满足评价目的，那它就是科学有效的方法，就属于能理解的方法，而不应将复杂性作为选择评价方法的唯一或者主要依据。

第二节 高等学校绩效评价的特征

如上所述，高等学校绩效评价是依据特定的目的，运用一定的指标和方法，对高等学校的投入成本、产出成果、效率效益进行测量的活动。因此，其特征既具教育评价的一般性，也具绩效评价的特殊性。

一、全面性

高等学校绩效评价的全面性主要体现在如下几个方面。

第一，高等学校绩效评价是对高等教育内部的整体性考评。高等教育内部是一个复杂的系统，可以将其区分为人才培养系统、科学研究系统、社会服务系统（科技转化系统）等诸多系统，每个系统都是“专业工厂”，都有投入和产出。高等学校中的学院和研究机构也都是面向社会自主发展的机构，其本身也具有投入—产出的属性，同样也可以进行分学院、分研究机构地进行宏观或微观的整体绩效评价。

第二，高等学校绩效评价对投入进行全面把握。高等学校绩效评价要求尽可能地将高等教育的各种各样投入全部纳入统计范畴中。与企业比较，社会系统可以通过各种渠道对高等教育进行投入，甚至还可以将高等教育区分为不同的“生产工厂”分别进行投入和产出。这导致高等教育的投入十分复杂。如政府投入是投入，校友捐赠是投入，校办科技产业的利润回馈是投入，科研项目经费是投入，科研成果转化后学校、科技人员的分成同样也是一种投入，等等。高等教育除了有形投入之外，还有无形投入，如政策支持、资源无偿划拨等。高等学校绩效评价要求将各种各样的投入进行科学区分，尽可能地包容到投入的范畴中来，体现投入的全面性。

第三，高等学校绩效评价对产出也进行全面把握。由于高等教育不仅是社会功能系统的重要组成部分，而且还是社会构成中的生活组织。它不仅具有人才培养、科学研究和社会服务功能，而且还是广大师生员工赖以生存和发展的社会组织。由于长期实行计划体制的影响，我国高等学校的功能多样而齐全，这些同样具有产出的内涵。尽管如此，高等教育绩效评价通过科学的技术手段，对高等学校的产出进行全面分解，将各种各样的产出尽可能全面地纳入考虑范畴中，充分体现产出的全面性。

二、普遍性

高等学校绩效评价的普遍性主要体现在：

第一，投入、产出是高校系统活动的共同表征。社会系统中不可能存在只有投入没有产出的纯耗费资源组织，也不可能存在只有产出没有投入的组织。投入—产出的平衡是所有健康的社会组织的基本特征。高等教育也不例外。作为开放系统，必然具有投入—产出的基本特征，同时必然具有投入—产出基本平衡的属性，否则高等教育就不可能健康发展。尽管钱多不一定能够把高校办好，但是没有钱肯定是不能把高校办下去的。从发展角度看，维持或增加投入、提高产出是办好高校的前提和目的。尽管投入—产出首先在经济领域中得到广泛运用，高等学校中的投入—产出关系比经济活动更为复杂，但这并不妨碍高校学校具有投入—产出这一基本的属性。高等学校绩效评价正是基于这一属性进行的研究。

第二，提升投入—产出效益应是普遍追求。任何社会组织都致力于提高产出—投入比。人们总期望能用更少的投入获取更多的产出，这是社会组织的普遍要求。高等教育作为社会组织，无论是政府、社会还是高校本身总期望用比较少的资源来获得更多的产出，或是有更多的功能输出。高等教育绩效评价正是通过科学计算绩效，揭示具体高校的投入—产出关系或比例，促使各高校改进内部机能，力求多产出，为社会发展多作贡献。

第三，关注投入—产出效益具有普遍的比较意义。评价活动的前提和基础是建立评价模型。评价模型越具有普适性，即越适合更多高校，就越具有普遍性的价值。在不断追求评价结果更加客观和手段更加科学的基础上，评价模型越具有普遍性，就意味着评价结果能够发挥的作用越大，影响越广。高等学校绩效评价在确保评估科学的基础上，不仅力求使评价过程普遍适合各种各类高校，而且也使得具体高校之间的评价结果具有直接的比较性。这为将各种各样的高校纳入绩效评价中来奠定了基础。

三、发展性

高等学校绩效评价的发展性主要体现在：

第一，高等学校绩效评价是高校发展的本质性表征。高等教育各种评价都是对高等教育发展状态的表征方式，而高等学校绩效评价是对高校发展的本质性表征。尽管高校发展有多种表现形式，譬如教师队伍的扩大、国家级科研平台的增加、校园土地面积的扩充、建筑物面积的增加等，但是其最根本的表现是它对社会的贡献，即它所培养高级专门人才的数量和质量、科学研究成果的影响力和数量，以及社会服务成果的数量和质量等。而这些贡献的实现恰恰是以一定量的投入为前提的。投入与产出恰是高等学校绩效评价模型的核心。对社会的贡献是绩效评价的最主要的对象和核心要素。高等学校绩效评价之所以会引起广泛的关注，就在于它从本质上表征了高等教育的发展。

第二，高等学校绩效评价是高校科学发展的表征。高等学校绩效评价克服了许多评价将过程绩效和终结性绩效混用的弊端。一些大学排行榜采取总量评估的方式进行，一些得到政策大力扶持、办学条件比较好、国家重点建设的高校始终占据了高校排行榜的前列，无法准确地反映各高校努力程度和办学效率，导致高校不断地扩大办学规模、追求数量、忽视质量等不良倾向的产生。高等学校绩效评价比较好地规避了具体高校不同起点、不同发展阶段等因素，着眼于投入与产出之间的关系，引导各高校立足现有基础和定位，依据自身发展的实际，不断提高效率，办出水平和特色，实现科学发展。因此，高等学校绩效评价是促进高校科学发展的重要手段之一。

第三，高等学校绩效评价还给予“适合发展”更多的空间。我国高等教育发展普遍存在着千校一面的现象。各高校都沿着“升格”方向发展：即专科院校升格为本科院校、教学型大学升格为研究型大学；副局级院校努力升格为副厅级院校，副厅级院校努力升格为正厅级院校，正厅级院校升格为副部级院校，等等。之所以出现这种情况，极其重要的原因是我国高等教育评价缺乏发展性所致。在许多的评价中，都将基本的办学条件和获得的政策支持作为评价最重要的内容，导致高校千篇一律。其实从整个社会大系统角度看，并不是任何一所高等学校都是发展得层次越高越好，规模越大越好。例如，世界上有许多袖珍大学，也有许多巨型大学，这同样是社会需要的。关键是各具体高校要明确自身定位，寻求适合发展。高等学校绩效评价高度关注高等学校的办学投入与产出关系，关注其发展效率和效益，淡化高等学校的规模、层次和级别，进而为不同特点高等学校的“适合发展”预留空间。

四、生态性

高等学校绩效评价的生态性是指该评价在价值取向、与环境关系及功能性导向等方面体现出来的生态属性。

第一，高等教育高等学校绩效评价的价值取向是生态的。绩效概念本身就蕴涵着生态的价值。高等学校绩效评价是通过投入、产出及其关系来评价高校的发展状态，基本价值取向主要包括两个方面：一是要用最少的投入产出最大的绩效，最大限度地地发挥投入的效用，杜绝铺张浪费，要求厉行节约；二是积极地增加投入，形成高投入高产出的发展局面，促进办学方式的转型。上述两种价值取向都有最大限度地发挥资源效益、尽可能减少办学资源消耗的含义。

第二，高等学校绩效评价蕴含着高校与发展环境之间建立和谐关系的要求。高等学校绩效评价不仅是对高校办学效率和效益的考察，同时也是对高校与外部环境之间关系和谐与否的考察。当投入与产出相当时，高校运行效益相对较高，高等教育对社会发展发挥着积极作用，高校与社会其他组织之间的关系就会比较和谐，即会形成“以贡献求支持”、“有为有位”的局面；而当投入与产出不相当时，高校运行效益相对较低，高校便需要改善内部营运，提升自身对人、对社会的良性促进作用。

第三，高等学校绩效评价功能导向是生态的。不管经济社会发展到何种程度，高等教育发展资源总是有限的，尽管高等教育对自然资源的直接消耗很少，但各种资源的消耗背后都与自然资源紧密关联。如果能够尽可能地提高各种资源的利用效益，用尽可能少的资源举办高质量的高等教育，必将为人类的生态发展作出更大贡献。高等学校绩效评价不仅要求财力较足的名牌高校要时刻注意提高办学效益，同时也要求资源比较短缺的地方高校努力提高办学效益。从内部看，高等学校绩效评价结果运用到高校办学实践中，明确导向高校要着力于提高内部营运能力，将提高资源的利用率作为重要追求，积极推进办学方式的转型，厉行节约，提高办学效益。从外部看，高等学校绩效评价将改变一些评价产生的“马太效应”，不再将资源配置与大校和名校结合，而更多地将资源配置与办学效益比较好的高校相联。

第三节　高等学校绩效评价的功能

高等学校绩效评价之所以越来越受各国政府的高度重视，究其原因就在于高等学校绩效评价具有不同于其他高等教育评价的功能。具体集中体现在以下几方面。

一、强化高校责任

高等学校是各国实施高等教育的主体，担负着人才培养、发展科学和服务社会的重大使命和神圣职责。根据经济社会发展要求和公民的需求，提供优质的高等教育服务是高校最重要和最根本的任务。作为一种公共管理的基本理念，问责高校的思想要求高等学校必须走出“象牙塔”，积极履行社会义务，不断提高质量，满足社会和公民个人发展的需要。作为一种制度安排，问责高校意味着保证高校责任的实现和责任控制机制，意味着强化对高校的监督和约束，如立法监督、绩效评价等。

高校是社会文明与进步的化身，是社会进步与文明发展的载体和窗口。高校如果拒绝承担责任或不负责任就是失职，就必须为此承担相应的道德责任、法律责任和行政责任。所谓道德责任就是指高校应该达到一定的社会标准和期待。如果由于不作为，导致办学效率低下、师生满意度低、社会声誉差，没有达到社会所期待的标准，就应该受到道义的谴责；法律责任是指高校要依法办学，如果胡作非为、违法乱纪，导致国家财产受到严重损失，就必须接受法律的制裁；行政责任是指高校的行为和决策必须符合、保护师生的利益，如果决策武断、不发扬民主，决策失误或行为有损国家和人民的利益，尽管不能受到法律追究，但应该承担行政责任。

随着经济社会的发展，高等学校逐步从社会的边缘走进经济社会发展的中心，其所担负的使命和责任越来越多，地位越来越重要。一段时期以来，随着“高等教育问责制”的出现，高校的责任意识有了明显增强，高校违背责任和义务，甚至不负责任的现象逐渐减少。然而，在高校的实际工作中还存在着很多淡化责任，甚至漠视责任和不负责任的现象。如管理者腐败、学生缺乏社会责任感、教授学术造假，更有一些学校以营利为目的，不惜牺牲师生的合法权益，等等。妥善处理和解决这些问题，建设负责任的高校，是推动高校改革与发展，提高高等教育质量的重要任务。

二、提高高校效率

效率是判断高等教育系统是否运转正常和顺利，以及运转程度是否优良的标准之一。一定意义上，高校的效率影响人才培养的数量和科研成果转化的水平，乃至整个高校的文化建设。随着世界范围内各种资源的日益紧张，各种竞争日趋激烈，整个世界进入了“快鱼吃慢鱼”的时代。高校能否有效地为经济社会发展提供服务，在一定程度上取决于高校运行效率的高低。高等学校只有不断提高效率，才能在未来占有先机，在激烈的竞争中取胜。只有高效率的高校才能多出人才、快出人才、多出研究成果。高校的效率与政府效率、企业效率、民族振兴息息相关。一定意义上说，高校的效率就是国家效率，就是国家竞争力的重要体现。

由于高等教育的特殊性，长期以来，高校的运行始终存在效率不高的难题。一方面，高等教育的特殊性决定了高校容易忽视成本和效率。由于人才培养的滞后性、科研成果转化为生产力的复杂性，人才培养质量的不便检测性，人们难以对高等教育人才培养以及整个办学活动的成本进行核算，同时也很难对高校的活动成效进行评价。因此，往往导致高校缺乏成本核算意识和成本约束，极易造成资源浪费。另一方面，高校的垄断地位决定了高校可以不计成本和效率。高校基本上处于垄断地位，竞争压力不大，甚至不存在竞争；加之缺少问责机制、政府监管不到位，因此，高校不计成本、不求效率的做法也不足为奇。

高等学校绩效评价就是要打破高校绩效无人问津的状态，合理分配和使用高等教育资源。高等学校绩效评价作为有效的管理工具，对高校的投入、产出所反映的绩效进行评定，以强化高校服务动力机制和竞争机制，增强高校组织履行职能和完成任务的成本观念与效益观念。因此，高等学校绩效评价，有助于提高高校的效率，有利于建设高效的高等教育系统。

三、优化资源配置

高等教育资源是高等教育持续、高效和优质发展的基础。高等教育资源的多少、资源配置的优劣程度往往决定一国高等教育的规模和质量。一般而言，一流的高等教育一定有一流的高等教育资源配置。相反，没有充足、优质的高等教育资源以及合理的资源配置，则很难有一流的高等教育。合理配置高等教育资源能够有效缓解资源短缺的问题，而且能够极大地提高资源的使用效率，达到事半功倍的效果。合理使用资源，优化资源配置成为各国高等教育的共同诉求。

高等教育资源具有递增性，随着世界各国高等教育的快速发展，高等教育资源日益紧张。尤其是随着世界各国相继进入高等教育大众化或普及化阶段，高等教育财政困难问题越加凸显，已成为困扰和阻碍世界各国高等教育发展的重要因素。长期以来，在高等教育领域一直存在着资源配置不尽合理的现象。一方面是资源严重不足，而另一方面，由于资源配置不合理，人为地造成高等教育资源的巨大浪费。对于高等教育资源严重短缺的国家而言，无异于“雪上加霜”。

高等教育绩效评价就是要深入了解高校的资源使用状况，优化资源配置，合理使用资源，避免资源浪费，把有限的资源投入到必需的教学和科研以及社会服务中去，以获得最佳的资源使用效益。其一，通过绩效评价，能够科学优化人才资源配置，逐步实现人才配置的基本合理和相对公平，充分挖掘人才资源的最大效益，使各类人才都能找到合适的岗位和环境。其二，通过绩效评价，能够逐步实现高校资源共享，使资源真正为高校和高等教育事业的整体发展服务，实现资源利用的最大化、最优化、科学化和效益化。其三，通过绩效评价，可以有序开发潜在无形资源。随着高等教育市场化取向改革发展趋势的增强，无形资源对高等教育的未来发展显得越来越重要，越来越具有决定性的地位和作用。因此，通过绩效评价，大力培育先进的高校文化，积累科学的管理经验，打造良好的社会信誉，可以为高校和高等教育的科学发展、创新发展和又好又快发展提供不竭的资源。

四、建设透明高校

高等教育领域的各项工作不透明是高校高成本运行的根源之一，也是高校腐败的根源之一。提高高校的透明度，一方面可以保证高等教育资源向最能发挥作用的部门转移，减少中间环节，限制滥用权力，减少和遏制腐败，从而降低高校运行成本。另一方面，有利于公民了解高校，进而选择高校。提高高效的透明度，就是要充分发挥政府、师生和社会的知情权、监督权，使高校管理在阳光下运行。

高校透明度低主要表现在以下几个方面：一是公开透明的渠道不畅。很多高校只在校内设立了财务等公开栏，学生和家长并不了解高校的实际情况。二是公开透明的广度不够。高校的信息公开只在开设专业、学科建设等方面，比较超前一点的也只是在校内公开财务和后勤等信息。很多信息，比如贷款情况、教授治学情况、教授授课情况等，社会各界无从查考。三是公开透明的深度不够。从目前高校信息发布的情况来看，也仅仅是一些表层的信息，而大量深层次信息，包括涉及高校生存发展以及事关学生前途和命运的信息，高校却极少公开，甚或绝对不会对外公布。

高校透明度低，究其原因主要在于政府没有相应的制度安排，如没有设计问责制、绩效评价等。进行高校绩效评价，就是要彻底改变高校运行缺乏监管和监管不力的情况，就是要以顾客为中心，以公民利益为重。进行高校绩效评价，及时反馈和运用评估结果，有利于增强政府和社会对高校的监督，有利于高校开放运行和阳光运行，从而有利于切实办好社会和国民满意的高等教育。

五、推进高校改革

高等教育改革是高等教育发展的不竭动力，是高等教育不断超越自我的必要手段。高等教育改革一般分为两种，一种是迫于外力的改革，另一种是高校自发的改革。随着经济社会的发展和高等教育领域自身的不断发展，尤其是利益相关者的日益多元化，高校若不主动寻求自身改革，将寸步难行。

由于高等教育人才培养的滞后性，高等教育对经济社会发展促进作用的间接性，高等教育改革成效的滞后性和非明显性，高校往往并不十分情愿进行改革。尤其是在高等教育依赖政府拨款的国家里，高校对自身的改革并不热衷。所以，社会往往批评高等教育领域具有保守性。

实现高等教育的可持续发展是高等学校绩效评价的根本目的。高等学校绩效评价有助于高等教育系统认识面临的机会和威胁，明晰自身的优势和劣势，明确各自的优势和存在的问题。有利于区域高等教育系统能动地适应区域社会环境，把握高等教育改革的发展方向，在竞争环境中准确定位，实现自身的可持续发展。进行高等学校绩效评价，能够及时发现高等教育发展中存在的不足，从而为高等教育改革提供依据，进而推动高等教育发展。

第四节　高等学校绩效评价的原则

高等学校绩效评价的原则是科学确定评价指标体系，有效实施绩效评价的前提和基础。能否明确并遵循高等学校绩效评价原则，影响着高等学校绩效评价的有效性。概括而言，高等学校绩效评价应遵循以下原则。

一、目的性原则

任何评价都具有一定的目的性，都是为一定时期的经济社会发展需要服务的。没有明确的目的，评价就难以进行，更难以深入和取得成效。高等学校绩效评价也是如此，也必须有一定的目的性。高等学校绩效评价的目的是为了了解和掌握高等教育系统的绩效状况，分析不同高校之间产生绩效差异的原因，总结绩效评价较好的高校经验，引导绩效水平相对较低的高校改善资源配置及管理，朝着政府和社会期待的方向发展。这就要求在设计高等学校绩效评价指标以及进行绩效评价时，紧紧围绕高等学校绩效评价的目的收集信息和资料，使绩效评价指标体系充分反映和体现高等学校绩效评价的取向。

二、激励性原则

任何评价都含有价值判断，都具有相应的激励和引导作用。激励性原则是促使被评价对象对绩效评价予以足够重视的前提，是引导被评对象趋向既定目标的基础。如果没有一定的激励作用，被评对象就不会对绩效评价予以足够的重视。高等学校绩效评价也必须遵循这一原则，要在评价指标设计和绩效评价过程中渗透激励性因素，以调动评价对象的积极性，引导和激励其按照科学、合理的方向发展。评价标准既要体现高等教育战略发展的需要，也要保证评价对象通过自身的努力实现评价目标。

三、效益性原则

效益性是绩效评价所追求的根本目标和根本价值取向，是绩效评价的出发点和归宿。绩效评价的最终目标在于单位成本下获取最大产出，提高组织效率和效能；通过绩效评价，引导组织或群体增强成本意识、避免资源浪费和不合理配置。这就要求在高等学校绩效评价指标体系设计过程中，充分考虑高等教育系统的特点，充分考虑高校办学活动的复杂性，选取能够体现高等教育效益的指标构建评价体系。同时，在进行绩效评价过程中，应主动遵循效益性原则。因为绩效评价本身也是一个消耗成本的过程，其间必然耗费大量的人力和时间，而且评价结果的有效运用也是有限度的。充斥过多信息量的评价结果不仅不利于评价对象的使用，反而会加大使用成本，降低使用效率。所以，在进行绩效评价时也要充分考虑评价过程与评价结果采用所付出的成本代价。

四、客观性原则

客观性是评价的基本要求和基本准则。绩效评价遵循客观性原则，应注重理论联系实际，以科学的理论为指导，采用科学的方法，客观地反映评价对象的实际。这就要求在高等学校绩效评价指标体系设计过程中，充分考虑高等教育系统的多维性，投入与产出形式的复杂性、多样性，从多个方面、多个角度设计评价指标，对投入与产出进行合理的分类和界定，选取相对主要、相对本质和相对有代表性的指标，客观、公正地反映高等教育规律及高校办学本质。同时，每一个评价指标都应有具体的、明确的含义，能够反映高等教育绩效的内涵和实质。在评价过程中，要尽量搜集客观数据和了解客观实际，使绩效评价尽可能接近实际。

五、可操作原则

高等学校绩效评价的目的不仅仅在于理论研究，更在于通过进行实际的绩效评价推动高等教育的改革与发展。一种评价无论目的多么明确，指标体系多么完备，如果无法实际操作，这种评价也只是一纸空文。高等学校绩效评价指标应有稳定、规范的数据来源，易于操作，以保证评价的客观性。此外，在确定评价指标体系的各项指标和各种参数时，内涵与外延应该保持相对稳定，指标的统计口径与适用范围应该有统一的标准。而且，在建立高等学校绩效评价指标体系时，还应该充分借鉴国内外的研究成果，以便进行横向和纵向比较。

总之，以上这些原则是绩效评价的概括性原则、基础性原则，遵循这些原则，绩效评价才能取得实效，才能促进组织提高效率。

第四章

高等学校绩效评价的指标体系

构建绩效指标是把宏观政策转化成微观实践，把评价理念转化为评价活动的重要环节。这不仅可以形成一种组织内部监控机制，提高组织的自我监控能力，还可以产生新的规训模式（Disciplinary grid）①。然而，由于大学组织的复杂性，对其绩效水平进行评价并不是件容易的事情，加之大学目标迥异，各国大学组织的运行方式存在较大差异，因而难以使用统一的指标来表达高等学校的绩效水平。本章主要分析高等学校绩效指标的概念及确定依据，建构其指标分类的分析框架，并以之解析典型绩效指标体系。

第一节　绩效评价指标的概念与确定依据

作为实施绩效评价的关键环节，绩效指标是否能够反映评价目的，是否具有一致性等问题对绩效评价的结果具有重要意义。由于各国对高校绩效理解存在差异，通过绩效指标要反映的评价重点也彼此不同。

一、绩效评价指标的概念

虽然绩效指标风靡各国高等教育质量保障领域，但各国对这一概念的界定

① C. Shore and T. Selwyn. The Marketisation of Higher Education：Management，Discourse and the Politics of Performance［A］. D. Jary and M. Parker（eds）. The New Higher Education：Issues & Directions for the Post-Dearing University［C］. Straffordshire：Straffordshire University Press，1988：12－16.

莫衷一是，并且人们对是否应使用定量的指标、定量指标是否能够反映高校质量、是否存在一致性的指标等问题缺乏统一的认识。概念使用的差异以及相关问题的看法的不一致，体现了高等教育绩效及绩效评价多样化的现状。

经合组织强调绩效指标是定量的指标，提出绩效指标是“一种用来测量那些难以量化之物的数量价值”，“使用不同的方法而获得的有关数据的标准”；绩效指标作为“晴雨表”或“标度盘”调控着资源供给。[①] 有的学者把它隐喻为“信号”或“开罐器”。凯夫等也把高等教育的绩效指标定义为对高等教育机构及其构成要素的活动的关键属性进行权威的、定量的测量。他们需要在不同层面收集资料，以帮助在院校和整个高等教育系统内作出管理决策。[②] 与此相似的是韦拉斯尼夫等人（Vlăsceanu，Grünberg 和 Pârlea）的定义，他们认为绩效指标是一组反映高等教育机构或某个学科特定质量水平的统计参数，强调了指标的多层次性和全面性。[③]

有些研究者是通过对绩效指标与其他测量工具进行区分来界定绩效指标。例如道奇（Dochy）等人把绩效指标和描述统计与管理信息系统相对应。他们把绩效指标描述为“公共部门代理由其他部门通过市场系统生产的信息”。[④] 由此，绩效指标作为一种经验数据，描述了院校的功能并体现了院校所追求的目标，进而与院校的使命和目标完成相联系。

绩效指标是定量或定性反映某个评价对象产出水平的量度，既可以用于院校自我评价，也可以用于与其他院校进行比较。绩效指标只有在当它们作为输入、过程和输出指标的构成部分时才可以有效发挥作用。高等学校具有多种功能，并拥有各种不同的目标，因此需要绩效指标本质上能够覆盖高校的整个活动领域。经常使用的绩效指标包括：申请人数、录取分数、工作负荷、就业

---

① R. Klein and N. Carter. Performance Measurement: A Review of Concepts and Issues [A]. D. Beeton (ed.). Performance Measurement: Getting the Concepts Right [C]. London: Public Finance Foundation, 1988.

② M. Cave, S. Kogan, M. Hanney and G. Trevett. The Use of Performance Indicators in Higher Education [M]. London: Jessica Kingsley, 1988: 22 – 23.

③ L. Vlasceanu, L. Grunberg and D. Parlea. Quality Assurance and Accreditation: A Glossary of Basic Terms and Definitions [M]. UNESCO, 2004: 48 – 49.

④ F. Dochy, M. Segers and W. Wijney (eds.). Management Information and Performance Inicators in Higher Education: An International Issues [M]. The Netherlands: Van Gorcum, 1990: 24 – 25.

率、研究资金和合同数、出版论著数、师生比、院校收入和支出、设备数等。[①] 而有些定义则强调是绩效指标中的关键指标，例如伦敦经济学院的努托尔（Nuttall）认为，绩效指标"能反映一个教育组织的绩效或行为，能够为决策提供信息"。他强调，并不是所有的教育统计数字都是绩效指标，能成为绩效指标的教育统计数据要"反映教育事业的关键方面"，"而且还必须提供参照，以便作出判断"。"这些参照物通常可以是某个社会公认的标准、某个以往的数值，或者是一个跨院校、跨地区或跨国家的比较值。"[②]

从这些定义可以看出，绩效指标本身具有很大的差异性和复杂性，这要求人们要依据不同的评价需求和过程，理解和使用绩效指标。例如，卡夫曼（Kaufman）认为，如果评价的结果是为了改进过程，就应该关注过程性的指标。[③] 各国及各评价机构也正是基于对绩效指标概念内涵的不同理解从事着彼此不同的评价实践。

二、绩效评价指标的确定依据

（一）绩效评价指标要反映高等学校的办学效益

绩效评价指标的选择及适切性与评价实施者对高等教育绩效本身的定义高度相关。如前文所述，高等教育绩效评价的产生受到管理学经济绩效思想的高度影响，在该思想中好的质量是具有经济效益的（Quality as value for money）。社会公众期望公共服务具有绩效，政府也希望大学能够有效利用资源以产生绩效，获得效率与效果。纳税人希望大学能够将纳税款有效运用，研究委托单位也希望研究经费可以有效使用。例如英国的多科技术学院和其他学院拨款委员会（Polytechnics and Colleges Funding Council，简称 PCFC），及大学基金委员会（Universities Funding Council，简称 UFC），为寻求经费资助的有效使用，

---

① L. Vlasceanu, L. Grunberg and D. Parlea. Quality Assurance and Accreditation: A Glossary of Basic Terms and Definitions [A]. UNESCO-CEPES. Papers on Higher Education [C]. 2004.

② D. Nuttall. The Functions and Limitations of International Education Indicators [A]. OECD/ CERI (Ed.). The OECD International Education Indicators: A Framework for Analysis [M]. Paris, France: OECD/CERI, 1992: 13 - 23.

③ R. Kaufman. Preparing Useful Performance Indicators [J]. Training and Development Journal, 1988 (9): 80.

不再对低绩效的学校给予拨款以求其改善，而对高质量的学校给予资助以鼓励其有效使用经费。因此，绩效指标整体上要体现出高等学校的办学效益，反映高等投入和产出的水平。

（二）绩效评价指标要体现高等学校的职能

高等学校绩效评价离不开对大学教学、科研和社会服务三大功能实现情况的反映，但在绩效评价实践中常会遇到三大功能之间的侧重及协调问题。以教师绩效评价为例，重点是更多地放在教学上还是科研上一直是一个争议性问题。莫赛斯（Moses）认为教学与研究应当相辅相成。他在 1987 年曾对澳大利亚大学进行过调查，该研究以 400 名教师为样本（来自化学系、工程系、英语语言系和法律系），结果发现，四个系的大部分教师都认为研究强化了教学。① 曼姆韦德（Mwamwenda）曾指出，研究与发表成果不仅是大学永久的目标，而且是满足个别教授社会、经济及心理需求的源泉：在社会需求方面，大学教授接受同行评议所带来的压力是无法抗拒的，他们的社会地位也受到研究与发表的影响；在心理需求方面，研究上的成就可以带来极大的自我满足感。因此，他认为使用定量数据来评价大学教授科研成果的数量与质量是科学的，能够有效衡量大学科研绩效。②

（三）绩效评价指标要能揭示高校组织的内在关系

根据组织理论，系统与系统间的互动是开放的。如果把大学本身看作是一个系统，那么它与环境的互动是开放的。在理性系统里，组织被视为一个封闭的系统，组织成员在考虑任务要求的基础上设计确定组织结构；而在开放系统里，组织被视为一个开放的系统，组织结构和行为在很大程度上受环境因素的影响。③ 大学作为一种组织，并不是一个封闭的系统，而是受到所处环境的影响。从某种意义上讲，大学是一种制度化的组织，是处于社会环境、历史影响

---

① I. Moses. Teaching, Research and Scholarship in Different Disciplines［J］. Higher Education, 1990, 19（3）: 351 -375.

② T. S. Mwamwenda and B. B. Mwamwenda. Teacher Characteristics and Pupils' Academic Achievement in Botswana Primary Education［J］. International Journal of Educational Development, 1989, 9（1）: 31 -42.

③ W. R. Scott. Organizations: Rational, Natural and Open Systems（3rd edition）［M］. Upper Saddle River, NJ: Prentice Hall, 1992: 133.

之中的一个有机体。作为开放系统中的要素，高等学校可以从环境中获得输入（包括教师、学生和其他资源），也可以反过来对环境进行输出（研究、毕业生和咨询服务等）。开放系统理论强调系统从环境获得资源的输入，而后向环境产生输出。从这些互动过程中，可以了解一个系统或组织的结构、过程与表现。因此，高校绩效评价指标应涵盖输入、过程和输出三个环节，体现出大学组织与环境的互动关系。

例如，1986年，英国副校长和校长委员会以及大学拨款委员会提出，绩效指标体系的结构和具体指标可能会有差异，但是必须包括投入、过程和产出指标，否则高校的效率和效益就难以测评。他们规定了这几个指标的内涵：投入指标是反映高校为了获得产出而动用各种资源的指标，包括资金、人员、财务、时间，等等；过程指标是反映高校为了获得产出，对投入的资源进行组合、分配、安排、使用和努力的指标，包括资金使用去向和比例、人力配备和人员比例、物资消耗、课程安排、教学方式等等；产出指标是描述高校成果产出状况的指标，包括学生完成学业、就业、院校非政府拨款收入、研究成果、咨询成果、学术、经济及社会影响，等等。

三、绩效评价指标的分类

大学总是要把从环境输入进来的资源（经费、学生等），经过教育过程转化为产出。大学能否产生组织的效用，要看大学能否发挥功能去与环境进行资源交换。[①] 由此，可以从三个维度对绩效评价指标进行分类：大学功能维度，包括教学、研究与社会服务；大学发展维度，包括保健型指标和竞争性指标；大学运行维度，包括输入、过程和输出等。三个维度构成绩效指标分类的分析框架。

（一）从大学功能维度划分指标

该维度划分关注大学的教学、研究与社会服务功能的实现，包括教学指标、科研指标和社会服务指标，侧重于从高校的办学成就来看绩效，这三种指

① R. Israeli and B. Manheim. Effectiveness in An Institution of Higher Education: A Multi-dimensional Model and Its Empirical Examination [J]. Studies in Educational Evaluation, 1991 (17): 67 -98.

标还可进一步细分。以澳大利亚为例，自1991年澳大利亚联邦教育部首次运用绩效指标对各高等教育机构进行评价后，所涉及的相关指标主要可归为以下五大类：学生绩效指标、教职员工绩效指标、财政绩效指标、科研绩效指标和结果绩效指标。其中，结果绩效指标涉及较多关于教学质量和学生学习结果的内容，是评价高校教学质量的重要依据。结果绩效指标主要包括：进步程度(Progress rate)、退学/保有率（Attrition/Retention rate)、毕业生就业率、深造率、毕业生起薪、课程总体满意度以及优秀的教学和基本技能共8项，原始数据主要由各高等学校和澳大利亚毕业生就业委员会提供。1998年，联邦教育部根据下列因素比较高校之间的绩效差别：学生年龄、性别、非英语语言背景、土著背景、学习领域、学习层次和学习方式；2001年又在1998年的全部因素基础上加上社会经济地位、农村偏远情况、残疾、学生能力（第三级教育入学等级)、劳动力市场条件和高校规模等指标。联邦教育部根据各因素的表现来比较各高等学校之间的绩效差别，评定某所高校是否达到良好的实践基准，从而达到监督高校教学质量的目的，各高校也以此来评定自身绩效。结果绩效指标的相关数据同样也被收入一些商业化的大学指南，以指导和帮助学生和家长选择哪所学校就读。①

（二）从大学发展维度划分指标

按这个维度主要可将绩效指标分为两类：保健性指标和竞争性指标。前者主要针对高校基本运行条件方面，设置该系统指标的目的是为了衡量高校在输入、过程和输出方面的基本条件；而竞争性指标则体现在输入和输出两个环节，反映了高校在教学、科研和社会服务方面的可比优势。常用指标包括毕业率、就业率、毕业生薪水、科研课题数、发表论文数和出版著作数等。

（三）从大学运行维度划分指标

这个维度关注的是大学的输入、过程和输出三个运行环节。其中，输入指标主要指高校可利用的资源、人力和经费情况，是对高校现有办学条件的一种描述。过程指标指办学活动中有关资源的使用率、管理行为和组织运行情况。

① 肖甦．澳大利亚高校本科教学绩效评价之管窥［J］．比较教育研究，2008（3）：33－34.

而输出指标是指高校通过办学活动，最终取得的成绩或产出，是高等教育生产出的产品的质量与数量总和，例如获得学位学生的数量、学生保有率和毕业率以及高校接受的研究经费数等。伯克对美国九个实施绩效拨款的州的调查结果显示，大部分州在选择指标的时候正越来越倾向过程与产出指标。[①] 这反映出美国高校中质量运动的流行趋势，高校更关注教学方式的改善，为顾客提供更好的服务。

从大学运行维度划分指标比较典型的，是英国副校长和校长协会以及大学拨款委员会提出的绩效指标体系。1986 年，他们提出，绩效指标体系必须包括投入、过程和产出指标，否则高校的效率和效益就难以表达，并进一步规定了这几个指标的内涵。有些评价把产出指标和投入指标进行对比，以此来显示高校的绩效水平。类似的思想和做法有卡伦（Cullen）所倡导的效率、效益和经济指标以及中国教育科学研究院的绩效指标。卡伦认为，根据管理的概念可将反映这些变量的指标分为“三 E”，即效率指标、效益指标和经济指标。其中，经济指标着眼于将实际输入与目标所规定的输入作比较，从而测量输入的节省情况，以避免过分的花费；效率指标着眼于将输出与输入作比较，通常是用现实的结果与现实的输入进行比较，从而考察资源使用情况，以追求成本的最小化；而效益指标着重衡量政策所定的目标是否已经实现，从而测量工作的有效性。经济、效率和效益涉及学校办学的各个方面。从学校办学的投入、过程和产出各个因素与“三 E”的关系看，投入的指标更多与经济相联系，过程指标更多地与效率相联系，而产出的指标更多的是与效益相联系。中国教育科学研究院则把“投入—产出比”作为衡量高校绩效的工具，关注高校投入与产出间的关系，也体现了促进高校追求效率和效益的理念。

当然，以上所提出的三个维度绩效指标分类框架并不能涵盖所有的绩效指标。实际上，高校除了这三个维度反映的外显指标外，还存在不可控制的但也发挥作用的背景变量，如高校的设备捐赠、所处的地理位置和生源质量等，这些变量也需要在高校绩效评价中加以考虑。

---

① J. C. Burke and H. P. Minassians. Reporting Indicators：What Do They Indicate?［J］. New Directions for Institutional Research，2002（116）：33 –58.

第二节　典型绩效评价指标体系例示

绩效指标在实践中有不同的呈现形式，而且各种分类指标在绩效评价实践中的侧重和适用性也不同。本节将前文所述三个维度的绩效指标划分方式作为分析框架，解析几种比较有代表性的高等教育绩效评价指标体系。

一、美国纽约州立大学系统的绩效评价指标

该系统所用的指标共分为6个部分：（1）学生入学；（2）经费；（3）研究所教育与研究；（4）管理；（5）大学部教育与大学部学生；（6）人力资源。见表4－1。

表4－1　纽约州立大学系统绩效指标体系的分类架构

<table>
<tr><th rowspan="2">大学发展</th><th rowspan="2">大学运行</th><th colspan="4">大学功能</th></tr>
<tr><th>教学</th><th>研究</th><th>行政及校内服务</th><th>校外服务</th></tr>
<tr><td rowspan="2">保健性指标</td><td>输入</td><td>经费输入、招生数、学生成本、教学设施、生师比</td><td>研究设备</td><td>学生职员比</td><td>教职员的民族与性别比例</td></tr>
<tr><td>过程</td><td>班级规模、续学率、各级教师每周课时数、获博士学位所花时间</td><td></td><td></td><td></td></tr>
</table>

表 4-1（续）

大学发展	大学运行	大学功能			
		教学	研究	行政及校内服务	校外服务
保健性指标	输出	硕、博第一级专业学位人数、学生素质评价、各学系毕业生率、专业认证通过率、学生对教学的满意度		教师对行政服务的满意度	附设医院的医疗服务；各学系毕业生中，州籍学生的比例；对州社会、医疗、环境及公共教育的服务
竞争性指标	输入		委托研究经费收入、每位专任教师所接受的委托课题数		
	过程				
	输出		教师获奖数、研究生获校外奖学金数、获发明专利数		

资料来源：T. M. Freeman. Performance Indicators and Assessment in the State University of New York System［J］. New Directions for Higher Education，1995（91）：25－49.

二、美国得克萨斯州绩效评价指标

美国得克萨斯州高等教育协调理事会（Texas Higher Education Coordinating Board，THECB）通过立法，确定 13 项指标来评价州立高校，并以此作为经费拨款的依据。其评价方案包括：（1）依据目标来拨款，并用可以量化的绩效指标测量来确定目标达成的程度；（2）对所有的大学进行测量；（3）根据各大学对本州的整体表现的贡献程度来拨款，所使用的指标及拨款额度见表 4－2。

表4-2　得克萨斯州经费拨款的绩效指标

绩效指标	单位数量（个；人；美元）	拨款额（百万美元）
授予学士学位数	51208	5
修完课程者	1359715	6
TASP 考试不及格后补考通过者	15409	3
少数种族学生数	97127	5
少数种族毕业生数	8889	4
社区学院转到四年制大学的学生数	82717	4
社区学院转到四年制大学后的毕业生数	23161	4
关键技术领域毕业生数	11552	4
毕业生的 GRE、LSAT、MCAT 等测验得分在全国常模 50% 以上者	12802	4
终身教授在大学部一、二年级授课	6000	2
非来自州或地方政府的研究经费	378720140	4
从知识产权获得的金额	790000	3
教授参与有案可查的服务活动	4000	2

资料来源：C. R. Hayes. Development of Evaluation Indicators: Three Universities of the Texas A & M System [J]. New Directions for Higher Education, 1995 (91): 91-96.

根据本文的分析框架，可以对得克萨斯州绩效评价指标作如下分析，见表4-3。

表4-3　得克萨斯州高等教育绩效评价指标体系的分类架构

大学发展	大学运行	大学功能			
		教学	研究	行政及校内服务	校外服务
保健性指标	输入				少数族裔学生数
	过程	终身教授在大学部一、二年级授课			

表 4-3（续）

大学发展	大学运行	大学功能			
		教学	研究	行政及校内服务	校外服务
保健性指标	输出	授予学士学位数、修完课程者、TASP 考试不及格经补考通过者、社区学院毕业后转到四年制大学的学生数、社区学院转到四年制大学后的毕业生数、关键技术领域的毕业生数		教师对行政服务的满意度	少数族裔学生数、少数族裔毕业生数、教授参与有案可查的服务活动
竞争性指标	输入	排名前 10% 学生录取数	来自非州或政府的研究经费		
	过程				
	输出	毕业生的 GRE、LSAT、MCAT 等测验得分在全国常模 50% 以上者	从知识产权获得的金额		

资料来源：依据 University Accountability Measures and Definitions，http://www. txhighered-data. org/Interactive/Accountability/MeasDef. cfm?InstType = Univ 中的指标得出。

三、英国 CVCP/UGC 的绩效评价指标

1984 年英国副校长和校长协会（CVCP）以及大学拨款委员会（UGC）在《贾勒特报告》中初步提出了实行绩效评价的主要目的。该报告提出，“对可靠和稳定的绩效指标的需求已成为一种共识。因此，大学部门及每所大学应尽

快制定出绩效指标，并将其作为计划和资源分配过程的一个必要的组成部分”,① 以及“应制定一套涵盖投入和产出的绩效指标，以供大学内部使用和大学之间进行比较”。② CVCP 和 UGC 列出了 39 项大学绩效指标，归类如表 4 –4所示。

表 4 –4　英国 CVCP/UGC 绩效指标体系的分类架构

大学发展	大学运行	大学功能		
		教学	研究	行政及校内服务
保健性指标	输入	生均经费支出； 平均每位专任教师的经费支出； 平均每位助理人员经费支出； 平均每位专任教师的设备经费； 以论文为主的研究生占全时学生比例； 以修课为主的研究生占全时学生比例； 研究生占全时学生的比例； 全时学生与专任教师比例		中央行政经费占全校经费比例； 中央行政薪资占中央行政经费比例； 生均中央行政经费； 平均每位专任教师的中央行政经费； 图书馆经费占普通经费的比例； 出版经费占图书馆经费比例； 图书馆人员薪资占图书馆经费比例； 生均图书馆经费； 平均每位专任教师图书经费； 生均图书经费； 生均期刊经费； 电脑服务经费占普通经费比例； 电脑服务人员薪资占电脑服务经费比例； 生均电脑经费； 平均每位专任教师电脑经费； 全部住房经费占普通经费比例； 房产维护人员薪资占房产经费比例； 暖气、水电经费占普通经费比例； 清洁与保管服务经费占普通经费比例； 维护经费占普通经费比例； 电话经费占普通经费比例； 生均房地经费； 生均房地维护人员经费

① CVCP. Report of the Steering Committee for Efficiency Studies in the Universities [M]. London: CVCP, 1985: 22.

② 同①, 1985: 36.

表 4-4（续）

大学发展	大学运行	大学功能		
		教学	研究	行政及校内服务
保健性指标	过程			
	输出			
竞争性指标	输入		平均每位专任教师的研究经费收入	
	过程			
	输出	毕业六个月之后的就业率		

资料来源：CVCP. Report of the Steering Committee for Efficiency Studies in the Universities [M]. London：CVCP，1985：22-25.

对于行政效率的指标，米德达赫（Middaugh）与好莱威尔（Hollowell）提出平均每位全时学生的教学成本、平均每学分的教学成本及教学成本占学杂费的比例可以列为教学的输入指标，另外，平均每年的教职员数，平均每年的注册人员数皆可以作为校际比较的指标，以衡量大学的行政效率高低。

四、中国教育科学研究院的绩效评价指标体系

2009 年中国教育科学研究院（原中央教育科学研究所）高等教育研究中心发布了《高等学校绩效评价报告》。该报告的基本思想是将投入向量与产出向量组成二维结构，依据“产出/投入”的数学模型构建体现高校绩效的投入—产出关系来评价高校的绩效。确立投入指标的依据是能重点反映高校办学在人力、财力和物力三方面的投入，确立产出指标的依据是能重点反映高校在人才培养、科学研究与社会服务三方面的职能。其指标体系分析见表 4-5。

表 4－5　中国教育科学研究院绩效指标体系的分类架构

大学发展	大学运行	大学功能			
		教学	研究	行政及校内服务	校外服务
保健性指标	输入	校本部教职工总数、教育经费投入	研究与发展全时人员数、社科/科技活动人员数、科研经费投入	本年完成基建投资总额、固定资产总额、实验室（实习场所）面积、图书册数、图书馆面积、教室面积、其他经费拨款投入	
	过程				
	输出	当量在校生数、当量学历在校留学生数			
竞争性指标	输入	拥有博士学位专任教师的比例、拥有高级职称专任教师的比例			
	过程				

表 4 – 5（续）

大学发展	大学运行	大学功能			
		教学	研究	行政及校内服务	校外服务
竞争性指标	输出	百篇优秀博士学位论文数	国内学术刊物发表论文数、国外学术刊物发表论文数、国际学术会议提交论文数、出版专著数、省部级科学研究与发展成果奖数、发明专利授权数、鉴定成果数、国家级项目验收数、国家最高科学技术奖获奖数		技术转让当年实际收入金额、专利出售当年实际收入金额

资料来源：高等学校绩效评价报告［N］. 中国教育报，2009 – 12 – 11.

五、波特莱特（Boatright）的绩效评价指标

学者波特莱特主张大学绩效评价的目的在于检查大学是否有效使用资源，是否进步，是否实现社会所认为的价值。他以美国威斯康星州的 15 所大学为例，列出了 18 项目标，然后根据这些目标来寻求指标①（表 4 –6）。

① K. J. Boatright. University of Wisconsin's System Accountability［J］. New Directions for Higher Education，1995（91）：51 –63.

表 4 – 6　Boatright 绩效指标体系的分类架构

大学发展	大学运行	大学功能			
		教学	研究	行政及校内服务	校外服务
保健性指标	输入	教学经费占比			州籍学生占比；少数族裔教师占比；少数族裔学生占比；推广教育学员数
	过程	各级教师授课数		教职员专业发展经费；维修案积压数；意外案件数	
	输出	学生对教学的满意度；校友对教学的满意度；毕业率；修业四年毕业率			少数族裔学生毕业率；雇主对学校毕业生的满意度
竞争性指标	输入		校外委托研究数与经费数额		
	过程				
	输出	全国学术能力测验排名；毕业生升学率、就业率、证书考试及格率			

资料来源：K. J. Boatright. University of Wisconsin's System Accountability [J]. New Directions for Higher Education, 1995 (91): 51 – 63.

第五章

高等学校绩效评价的可用方法

高等学校作为非营利性组织，其组织目标不以利润最大化为目的，更重视社会效益的获取，因而较难以经济单位来定量界定组织绩效并进行测量。就普遍意义上的高等学校绩效评价，目前还不存在独有的方法。但是高等教育界还是尝试使用不同方法对高等学校进行绩效评价。本章从基本思想、计算方法、典型特征及适用范围等方面探讨可用于高等学校绩效评价的方法。

第一节　常规评价方法

常规评价方法常用的主要有综合计分法、综合指数法、功效系数法与最优值距离法四类。[①]

一、综合计分法

（一）基本思想

综合计分法是建立在专家评分基础上的一种评价方法。它采用无量纲化指

① 常规评价方法部分参考了如下文献：曾五一，朱平辉．统计学在经济管理领域的应用［M］．北京：机械工业出版社，2010：215－217；孙振球，王乐三．医学综合评价方法及其应用［M］．北京：化学工业出版社，2006：20－24；牛秀敏，郑少智．几种常规综合评价方法的比较［J］．统计与决策，2006（3）：142－143；王青华，向蓉美，杨作廪．几种常规综合评价方法的比较［J］．统计与信息论坛，2003，18（2）：30－33.

标对评价项目进行综合评分。对于可量化项目的评分，可依据各指标的排序情况，排序靠前的得分高，排序靠后的得分低；对于不可量化项目的评分，一般先划分若干评分等级，不同等级分别赋值，请一定数量的专家依据评分等级对项目进行评分。综合评判的结果是将各指标或各项目得分进行加总。一般综合得分越高的评价对象，其综合状况越佳。

（二）计算方法

综合计分法的一般计算步骤：一是根据评价目的及评价对象的特征选定必要的评价指标；二是确定每个指标的评价等级，每个等级的标准用一定分值表示；三是确定各评价指标的权重，并选择累计总分的方案以及综合评价等级的总分值范围；四是根据上述准则，对评价对象进行评定并计分，按照累计总分确定优劣。

确定各评价指标等级分值的方法主要有专家评分法、离差法、百分位数法和标准分法等几种。专家评分法一般由相关领域专家主观决定各等级的分值。该方法多用于定性资料的评分。离差法是在计算出某一指标的平均数和标准差的基础上，采用“平均数 ± 标准差”的方式划分评价等级并分别赋予分值。该方法多用于正态分布指标的评分。百分位数法是在计算出指标各个不同百分位数分点值的基础上，采用某些特定的百分位数值作为划分评价等级依据并分别赋予适当分值。该方法多用于指标数据分布不明确或偏态分布的评分。标准分法的原理与离差法评分标准相同，但评价等级可分得更多、更细。

评价总分的计算方法主要有累加法、连乘法、加乘法和加权法等几种。累加法是将各评价指标所得评分值相加，以和为总分，然后按总分高低确定评价对象的优劣顺序。该法简单易行，但有时不够灵敏。连乘法是将各评价指标的评分值相乘，以连乘积为总分，然后按总分高低确定评价对象的优劣顺序。该法使对象总评分值的差距拉大，更加一目了然，且灵敏度较高。加乘法是累加法与连乘法的综合，将各评价指标按内在关系划分为若干区组，先计算各区组评分值之和，再将各区组评分值连乘，以连乘积作为总分来决定评价对象的优劣顺序。加权法是先根据各评价指标的重要程度分配权重，然后以累加法、连乘法或加乘法累计总分，根据总分高低排出优劣顺序。该法使评价重点突出，结果较为可靠。

（三）典型特征

综合计分法具有计算简便、容易理解、易操作与便于推广等优点。不仅适用于等距、等比变量，也适用于顺序变量的综合评价。对于无法精确量化的指标，只要能在被评价对象之间区分出优劣顺序，就能将这些要素纳入综合评价中来，因此综合计分法比其他方法的应用范围更广泛。

该方法存在的局限性主要是：第一，缺乏可比性，不能客观准确反映各被评价对象之间的差异；第二，权重计算方式是主观赋权，甚至一些评价指标分值也来自专家打分，存在一定主观随意性。

二、综合指数法

（一）基本思想

在统计学上，指数（Index）广义上讲就是对有关现象进行比较分析的一种相对比例；狭义上指的是一种特定的相对数，它反映的是由数量上不能直接加总的多个指标（或多个项目）组成的现象总体的综合变动程度。指数按所反映的对象范围不同，可分为个体指数（Simple index）和总指数（Total index）。个体指数是反映单个项目总体变动的相对数，如某商品的价格指数；总指数是反映由多个项目组成的复杂现象总体综合变动情况的相对数，如全部商品的价格指数。综合指数指的是运用综合形式编制的总指数，它通过某种运算，综合多个指标的报告期数据（或监测数据）和对比期数据（或标准数据）的信息，定量地表达几个指标的综合平均变化程度。即将不同性质、不同单位的各种实测指标值经过指数变换，加权得出综合指数，对综合指数进行比较，评价其优劣。

（二）计算方法

综合指数法的计算步骤如下：第一，选择具有代表性的指标及其对比标准值。通常以评价指标的总体平均数或基期数据为标准值。第二，计算每个评价指标的相对化数据，作为单项评价指数。指标有两种类型：一种为数值越大越好，称为正向指标；另一种为数值越小越好，称为负向指标。对于负向指标可利用倒数法进行同向化处理，将负向指标变换成正向指标。第三，将单项评价指数进行加权算术平均即得综合评价总指数。

（三）典型特征

综合指数法的优点是：第一，由于判定尺度标准的统一化，获得的综合指数能够在不同领域进行比较，数据信息利用比较充分，通过对综合指数和单项指数的分析，找出薄弱环节，为改进提高提供依据。第二，克服了采用有量纲指标评价的局限性，可以采用不同权重进行加权。第三，指标数值与单项评价指数间是线性函数关系，完全反映了各评价指标实际数值的大小，体现了各评价对象之间的差距。

该方法的局限性是：第一，指标标准值的确定存在一定困难。若以被评价对象的初始水平作为指标对比标准，由于各被评对象的起点存在较大差异，将不同发展阶段的评价对象放在一起进行比较，可能会使评价结果不合理；若以评价指标的平均值为标准，但由于不同评价指标的平均值存在差异，相应评价标准的波动范围可能会较大，有可能造成误差。第二，单项指标的评价值没有统一的取值范围（即理论上无上下限）。如果某项评价指标的值过大，就会夸大该项指标在计算综合评价值时对总评价结果的影响，掩盖了其他指标的不足之处，实际上改变了初始确定的各评价指标间的权重。

三、功效系数法

（一）基本思想

功效系数是指各评价指标的实际值占该指标允许变动范围的相对位置。用于综合评价的功效系数是将多目标规划原理中的功效系数加以改进，经计算而得到综合评判的分数。它借助功效系数把确定要评价的各项指标值转化为可度量的评判分数。

（二）计算方法

其基本计算步骤如下：第一，运用功效系数对各指标进行无量纲同度量化转换，即计算个体指数。利用功效系数法进行消除量纲影响的处理，必须对评价的指标确定一对阈值，包括一个上限（满意值）和一个下限（不允许值），实际操作中常取各指标最好值和最差值作为满意值和不允许值。第二，通过改进的功效系数公式计算出每项指标的评价分，其计算公式为 $d = \frac{\text{实际值} - \text{不容许值}}{\text{满意值} - \text{不容许值}} \times 40 + 60$。第三，确定各评价指标的权重。第四，将单项评价值加权平均得到综合评价值，按功效系数值的大小对评价对象做出评估，功效系数越大，评价对象综合状况越好。

（三）典型特征

功效系数法的优点是：第一，参照标准采用社会认可的共同尺度来衡量，实际数值经无量纲化处理后可比性强。采用功效系数对绩效进行评价，评价指标体系可以同时涵盖正向和负向指标，最终评分越高表明绩效越好。第二，单项评价指标值的区间在60－100，限定了单项评价指标的取值范围，削弱了某一单项指标出现极端异常值过大对综合评价值的影响。

功效系数法的局限性是：第一，计算单项指标的得分需要根据事先确定好的评价参照系（即满意值和不容许值），但是许多综合评价研究中并没有理论上的满意值和不容许值，导致实际操作中的难度较大。第二，满意值与不容许值在实际操作中取值不同对评价指标的区分度以及权重在各评价指标之间的分配都有较大影响，如何科学确定满意值与不容许值仍需进一步探究。

四、最优值距离法

（一）基本思想

最优值距离法的基本思想是首先确定最优数值作为参照依据，然后将各评价指标的实际数值分别与最优数值进行比较，根据实际值与最优值之间的差距作为单项指标的评价结果，对单项指标评价结果加权平均即得总评价值。

（二）计算方法

最优值距离法的计算公式是：

$$Z = \frac{\sum_{i=1}^{n}\left(100 - \frac{x_i}{x_i'} \times 100\right)w_i}{\sum_{i=1}^{n} w_i}$$

上式中，Z 是综合评价数值，x_i 为第 i 项指标的实际数值，x_i' 为第 i 项指标的最优值，w_i 为第 i 项指标的权重。100 是给定的参数，n 为评价指标的项数。需要特别指出的是，最优值距离法的评价结果为负向，即评价数值越小，表明被评价对象与最优值的差距越小。

（三）典型特征

最优值距离法的优点是，评价结果的范围限定在 0－1 区间内，评价结果与单项评价指标的指数之间是线性关系，评价结果能够反映各评价指标数值的原始信息。其不足主要是，评价结果以单项评价指标的最优值作为参照依据，评价结果缺乏稳定性，若最优值高于一般水平，大多数被评对象之间的评分差距会不明显，区分度不高。同时还应注意的是，评价指标必须为同向指标，即必须均为正向或均为负向，不能将正向和负向指标综合在一起。

五、适用范围比较

通过以上分析，四种常规综合评价方法都有其优点和局限性，各有不同适用范围。

在评价内容难以精确量化而只能区分优劣顺序的情况下，综合计分法是非常简单而又能满足评价需要的方法。综合计分法应用于教育评价中的代表性例子是日本学者坂野熊二等提出的幼儿智力发育评价法。综合计分法在高等教育绩效管理中可用于教师教学绩效评定、学术团队科研绩效考核等方面。如浙江省省属普通高等学校本科教学业绩考核就采用了综合计分法。

使用综合指数法一般要求评价目的明确并有规定的参照标准、被评价对象之间差异不大且各单项评价数值的变动范围不大。综合指数法应用范围广泛，目前已在社会经济、科学技术、医药文化、文化教育和行政管理等多个专业领域应用。在高等教育绩效评价中，可采用综合指数法编制高校教学质量监测表，不同学术单位科研效益综合评定以及绩效考核综合指数等。

当具有明确评价目标或评价参照系时，采用功效系数法是比较合适的。若评价参照系难以确定或指标数据存在极端值时，采用功效系数法在操作上比较困难，所得结果也不稳定。最优值距离法也存在同样的问题。从目前国内外研究看，功效系数法与最优值距离法应用于高等教育绩效评价中的研究还不多见。

第二节　系统评价方法与运筹学评价方法

系统评价是指根据系统目标，采用系统分析的方法从技术、经济、社会、生态等方面对设计的各种方案进行评审和选择，以确定最优或满意的方案。系统评价方法主要有四类：专家评估（如德尔菲法）、技术经济评估（如利润指数法）、模型评估（如投入—产出模型）和系统分析（如成本效益分析）等。运筹学评价方法是指利用数学模型对多因素的变化进行定量的动态评价，主要方法有线性规划、相关树法、定量分析法、经济模型和动态规划法等。采用运筹学评价法应用于评价实践中，常需要同时用几个标准作为评价依据，这时可采用运筹学中的数据包络分析（DEA）、层次分析（AHP）和多目标决策等进行评价。

目前高等教育绩效评价研究中常用的系统评价方法与运筹学评价方法主要有投入—产出分析法、数据包络分析法（DEA）和层次分析法（AHP）三种。

一、投入—产出分析法

（一）基本思想

自美国经济学家里昂惕夫（Leontief）于1936年创立投入—产出分析方法（Input-output method）以来，历经70多年的发展，其理论和方法均比较成熟，在世界绝大多数国家和地区得到了广泛应用，效果显著。投入—产出法是反映经济系统各部分（如各部门、行业、产品）之间的投入与产出间的数量依存关系，并用于经济分析、政策模拟、经济预测、计划制订和经济控制等的数量分析方法。①

投入—产出法中的投入，是指生产过程中投入的劳动对象、劳动资料和活劳动的数量，产出是指产品的分配使用方向及其数量。② 投入—产出法的理论基础是全面均衡理论。全面均衡理论认为，各种经济现象之间的关系都可以表现为数量关系，这种数量关系相互依存、相互影响，并在一定条件下达到均衡。

(二) 计算方法

运用投入—产出法进行分析的基本步骤主要包括两步：编制投入产出表；建立投入产出模型。投入产出表是反映系统各部分之间的投入与产出间数量依存关系的表格（部门联系平衡表或产业关联表）。以一种特殊的纵横相交的棋盘表格形式模拟了实际系统中各部分的相互联系过程。投入产出模型则是以投入产出表为基础，用一系列数学方程将实际系统各部分的相互联系加以模拟。一般常以线性方程组的形式呈现，也可以建立其他形式的统计线性方程，只需满足投入产出表中的行、列及总量平衡关系。

投入产出法最大的特点是从整体性出发，以投入和产出两个方面同时反映产品价值形成过程。应用于分析高等教育部门，可以构建高等教育系统投入产出表并建立投入与产出模型。高等教育系统的投入主要包括三部分，即人力、固定资产和经费投入；产出也主要包括三部分，即培养的毕业生、科研成果和社会服务。根据高等教育系统投入与产出模型便可以分析高等教育系统投入与产出间的函数关系。由于高等教育产出中，科研成果及社会服务等产出，较难满足投入产出模型的基本假设；且各种投入系数如教职工投入系数、固定资产投入系数及费用的投入系数等存在分摊方法问题。③ 为了考察高等教育投入与产出间的数量关系，实践中可以综合其他统计方法如主成分分析等，将高等教育中的投入与产出分别进行综合，再进行对比，类似综合指数编制过程。即测算“产出/投入”。

投入产出法应用于绩效评价中主要表现在构造“投入产出比”指标，对项目投资效果进行评价。虽然在各种管理类著作中并不常见对“投入产出比”

---

① 董承章．投入产出分析［M］．北京：中国财政经济出版社，2000：2－3.

② 何其祥．投入产出分析［M］．北京：科学出版社，1999：3.

③ 阮陆宁，曹小秋，秦澎涛．地方普通公立高等教育投入产出模型分析［J］．南昌大学学报（理科版），2002，26（3）：235－238.

作为效率/效益评价指标的介绍，但是由于它的含义比较直观化、易于理解而得到广泛应用。如技术方案经济评价方法中常用的效益/费用分析，其实质就是求投入产出比。① 在管理实践中，“投入产出比”是个静态指标，是指项目全部投资与运行寿命期内产出的工业增加值总和之比，比值越大，表明项目经济性越好。

（三）典型特征

正如里昂惕夫在其所著《投入产出经济学》中所言，投入产出法的特点和优点是能够用来研究实际经济问题。它是从数量上系统地研究一个复杂经济实体的各个不同部门之间相互关系的方法。这个经济实体可以大到一个国家，甚至整个世界，小到一个省、市或企业部门的经济。

采用投入产出比评价项目效益具有直观、容易理解等优点，同样适用于对高校办学效益的评价，特别是对当前流行的单纯看产出或投入与产出割裂开来的大学排名方法是一种有益补充，可以约束高校不计成本地增加投入，使高校改革真正走向讲求办学效益的正确轨道上来。

投入产出法的局限性是，与其他经济数学模型或定量研究方法一样，需要做出某些前提假定，对复杂的经济现象进行一定的合理的简化和抽象，这将导致结论与实际现象存在一定差距。从技术方法层面看，现有的评价研究成果还无法将理论上缜密分析和论证的结果全部转化为有效的测量要素、手段和工具。

（四）适用范围

投入产出法在经济分析和计划工作中均有重要应用，投入产出比作为项目评价指标除广泛应用于科技项目、技术改造项目和设备更新项目的经济效果评价外，也被应用于高等教育绩效评价中，如从投入产出比看全国高校科技投入的产出效益②、以投入产出比重新审视高校重点学科建设绩效评估③等，有学者依据投入产出比方法，将高校的投入与产出指标进行量化，提出了一种实用

① 陶树人，等．技术经济学［M］．北京：经济管理出版社，2003：67－68．

② 王楚鸿．从投入产出比看全国高校科技投入的产出效益［J］．科技管理研究，2010（10）：28－31．

③ 薛玉香，黄文浩．以投入产出比重新审视高校重点学科建设绩效评估［J］．中国高教研究，2010（4）：38－40．

的高校办学效益评价方法。①

二、数据包络分析法（DEA）

（一）基本思想

数据包络分析（Data envelopment analysis，DEA）② 是美国运筹学家查恩斯（Charnes）、库珀（Cooper）和鲁德斯（Rhodes）于 1978 年提出的评价生产效率的非参数方法。

该方法的原理主要是以相对效率概念为基础，通过保持决策单元（Decision making units，DMU）的投入或产出不变，借助数学规划方法确定相对有效的生产前沿面，将各个决策单元投影到 DEA 的生产前沿面上，并通过比较决策单元偏离 DEA 前沿面的程度来评价它们的相对有效性。从而将有效决策单元与非有效决策单元分离，对于非有效决策单元，还可以通过计算相应的投入冗余和产出不足，提出合理的改进建议。

（二）计算方法

查恩斯、库珀、鲁德斯 1978 年提出的第一个 DEA 模型被命名为 C^2R 模型。这一模型从生产函数角度看，是用来研究多投入多产出生产部门同时为“规模有效”与“生产有效”的方法。此后，随着有关研究的不断深入，DEA 模型得到迅速扩充和完善，产生了许多具有代表性的经典模型。如 BC^2模型和 C^2GS^2模型是用来研究生产部门间的“技术有效性”的情况；C^2W 模型基于半无限规划理论能研究具有无穷多个决策单元的情况；称为锥比率的C^2WH模型能够用来解决具有多个投入与产出的问题，且选择什么样的锥能够反映决策者的“主观偏好”，该模型可以将 C^2R 模型中确定出的 DEA 有效决策单元进行分类或排序等。鉴于 C^2R 模型在 DEA 模型中提出最早、应用最广泛，本节主

① 袁洁．高校办学效益的一种计算方法探讨［J］．西南交通大学学报（社会科学版），2003，4（3）：112－115.

② 数据包络分析部分参考了如下文献：唐启义．DPS 数据处理系统—实验设计、统计分析及数据挖掘［M］．北京：科学出版社，2007：303；黄朝峰．高校办学效益模糊 DEA 评价［M］．北京：中国经济出版社，2009：18－22.

要介绍 C^2R 模型的计算方法，其他模型大都是在该模型基础上的拓展。

C^2R 模型建立在各决策单元相互比较的基础上，具有相对有效性，且各决策单元的效率评价指数依赖于它的产出综合与投入综合之比，记为 Z_j。由于投入指标与产出指标都不止一个，故通常采用加权的办法来综合投入指标值和产出指标值，即

$$Z_j = \frac{\sum_{r=1}^{S} u_r y_{rj}}{\sum_{i=1}^{M} v_i x_{ij}}, j = 1, 2, \cdots, M$$

式中 M 和 S 分别为投入指标的项数和产出指标的项数；

x_{ij} 为第 j 决策单元 i 项投入指标的投入量（$x_{ij} > 0$，$i = 1$，2，…，M；$j = 1$，2，…，N；N 为决策单元数量）；

v_i 为第 i 项投入指标的权重，$i = 1$，2，…，M；

y_{rj} 为第 j 决策单元 r 项产出指标的产出量（$y_{rj} > 0$，$r = 1$，2，…，S；$j = 1$，2，…，N）；

u_r 为第 r 项产出指标的权重，$r = 1$，2，…，S；

x_{ij} 和 y_{rj} 为样本已知数据，v_i 和 u_r 为待求未知参数。

式中分子是第 j 个决策单元产出的总和，分母是投入的总和，效率评价指数 Z_j 即是相对有效性评价值，实质为“投入产出比”，等价于常说的“综合评价”值。

对第 j_0（$1 \leqslant j_0 \leqslant N$）个决策单元进行有效性评价。评价模型是：以第 j_0 个决策单元的有效评价值为目标函数并求最大值（使有效评价值最优），并以所有决策单元的有效评价值（包括第 j_0 个决策单元）小于等于 1 为约束。为书写简便，将下标 j_0 记为 0，将 y_{rj0} 记为 y_{r0}，x_{ij0} 记为 x_{i0}，得到第 j_0 个决策单元的相对有效评价模型为：

$$max Z_0 = \frac{\sum_{r=1}^{S} u_r y_{r0}}{\sum_{i=1}^{M} v_i x_{i0}}$$

$$s.t.\ \frac{\sum_{r=1}^{S} u_r y_{rj}}{\sum_{i=1}^{M} v_i x_{ij}} \leqslant 1, \quad j = 1, 2, \cdots, M$$

$v_i, u_r \geqslant 0, i = 1,2,\cdots,M; \quad r = 1,2,\cdots,S$

如令

$x_j = (x_{1j}, x_{2j}, \cdots, x_{Mj})^T, \quad j = 1,2,\cdots,N$

$y_j = (y_{1j}, y_{2j}, \cdots, y_{Sj})^T, \quad j = 1,2,\cdots,N$

$v' = (v_1, v_2, \cdots, v_M)^T$

$u' = (u_1, u_2, \cdots, u_S)^T$

则用矩阵形式更为简洁：

$max_{u,v}(u'y_i/v'x_i)$

$s.t.\ u'y_j/v'x_j \leqslant 1, \quad j = 1,2,\cdots,M$

$u,v \geqslant 0$

找出u和v的值，使得第i个决策单元的效率测量值达到最大，限制条件是所有的效率测量值都小于或等于1。求这个特殊的比值公式的一个问题是在于它有无穷多个解。为了避免这个问题，可以限定$v'x_i = 1$，这时有

$max_{\mu,v}(\mu'y_i)$

$s.t.\ v'x_i = 1$

$\mu'y_j - v'x_j = 0, \quad j = 1,2,\cdots,N$

$\mu,v \geqslant 0$

其中从u和v到μ和v的符号变化反映了它的转变。这种形式通常称为线性规划问题的乘数形式。利用线性规划中对偶性质，可得到这个问题的一个相同的包络形式：

$min_{\theta,\lambda}\theta$

$s.t.\ -y_i + Y\lambda \geqslant 0$

$\theta x_i - X\lambda \geqslant 0$

$\lambda \geqslant 0$

其中θ是一个标量而λ是一个$N \times 1$常数向量。这种包络形式要比乘数形式的少许多约束条件（$M \times S < N \times 1$），所以它通常是首选的解题形式。获得的θ值就是第i个决策单元的效率值。根据法瑞尔（Farrell）（1957）的定义，它满足$\theta \leqslant 1$，当取值为1时表示该点在前沿面上，也就是说该决策单元是技术有效的。

（三）典型特征

从实践应用来看，由于DEA方法具有不需要预估权重、不需事先设定输

入输出间的显式函数关系、算法简单、评价结果丰富等优点，特别适合多投入多产出复杂系统的相对有效性评价。

DEA 方法的不足主要是：第一，DEA 只能用来进行相对评价，即必须先确定参考决策单元，对于只有一个被评价对象的情况，无法使用 DEA；第二，每个决策单元评价结果的好坏是相对于参考单元而言的，如果所有被评价对象都是低效率的，DEA 对这种情况无法鉴别，依然会从中筛选出若干有效的决策单元；第三，DEA 评价中，每个决策单元都从最有利于自身的角度确定指标权重，常出现较多甚至全部单元都是有效的情况，从而难以区分；第四，DEA 评价结果只表明评价单元的相对发展指标，无法表示实际发展水平，不允许投入产出数据是随机变量，不能反映决策者的偏好。

（四）适用范围

DEA 适用于多种方案间的有效性评价、技术进步评价、规模报酬评价及效益评价等，范围限于一类具有多投入多产出的系统。迄今为止，DEA 的应用领域遍及工业企业、金融、教育、医学、交通运输及军事等多个生产和非生产领域。既应用于事后评价，也用于未来经济预测、决策方案的事前评估等方面。

自第一篇 DEA 论文发表以来，相继有不少 DEA 在教育领域应用的研究。查恩斯和库珀等较早将 DEA 应用于教育中的成功案例，是对智障儿童开设公立学校项目的教学效果进行评价。在该案例中，产出指标包括“自尊”等无形的指标；投入指标包括父母的照料及父母受教育程度等内容。DEA 应用在高等教育绩效评价中，主要研究高校的资源配置和使用效率，既有关于学校层面的整体资源配置使用效率的比较①，又有高校内部院校部门的绩效评价②。

---

① N. K. Avkiran. Investigating Technical and Scale Efficiencies of Australian Universities through Data Envelopment Analysis [J]. Socioeconomic Planning Sciences, 2001, 35 (1): 57 –80.

② F. J. Arcelus and D. Coleman. An Efficiency in the Production of Economic Research [J]. International Journal of Systems Science, 1997, 28 (7): 721 –729.

三、层次分析法

（一）基本思想

层次分析法（Analytic hierarchy process，AHP）是美国运筹学家萨蒂（Saaty）于20世纪70年代初提出的一种定性与定量相结合的决策分析方法。决策者使用该方法能够将复杂问题分解为若干层次和若干因素，在各因素之间进行简单的比较和计算，得出不同方案的权重，可以为最佳决策方案的选择提供依据。

层次分析法的基本思想是：首先把问题条理化，将问题的总目标分解成不同层次，构成一个多层次的分析结构模型，一般包括目标层、准则层和方案层等几个基本层次。在模型中，决策者可以根据对客观事实的判断，通过两两比较判断的方式确定每个层次中元素的相对重要性，并用定量的形式呈现，形成判断矩阵，然后计算每个层次判断矩阵中各指标的相对重要性作为权重。最后综合各层次相对重要性权重，得到全部指标相对于目标的重要程度权重。①

（二）计算方法

运用AHP进行评价可按以下几个步骤进行：

第一，建立递阶层次结构

运用AHP分析决策问题时，首先要把问题条理和层次化，构造多层次的结构模型。在模型中，复杂问题被分解为若干元素。这些元素又按其属性及关系形成若干层次。上一层次的元素作为准则对下一层次有关元素起支配作用。层次一般分为3类：目标层（该层次只有一个元素，一般是分析问题的预定目标或理想结果）、准则层（包含为实现目标所涉及的中间环节，由若干层次组成，即准则、子准则）和方案层（实现目标可供选择的各种措施、决策方案等）。每一层次中各元素所支配的元素一般不超过9个。

第二，构造判断矩阵

建立两两比较的判断矩阵，判断矩阵表示针对上一层次某单元，本层次与

① 虞晓芬，傅玳．多指标综合评价方法综述［J］．统计与决策，2004（11）：119－121.

它有关单元之间相对重要性的比较。两两判断采用1－9标度方法，对不同情况的评比给出数量标度。

第三，层次单排序及一致性检验

判断矩阵C_s对应于最大特征值λ_{max}的特征向量W，经归一化后即为同一层次相应因素对于上一层次某因素相对重要性的排序权值，该过程称为层次单排序。对判断矩阵进行一致性检验的过程是：计算一致性指标CI，即$CI=(\lambda_{max}-n)/(n-1)$；查找相应的平均随机一致性指标$RI$，即$RI=(\lambda'_{max}-n)/(n-1)$；（注：$\lambda'_{max}$为$\lambda_{max}$平均值）；计算一致性比例$CR$，即$CR=CI/RI$，当$CR<0.10$时，认为判断矩阵的一致性是科研接收的，否则需要做适当修正。

第四，残缺判断矩阵的权值系数估计

当判断矩阵中有的比较单元缺失时，和完全信息下排序方法类似，可采用特征根方法获得不完全信息下的排序权值。

第五，层次总排序及一致性检验

上面得到一组元素对其上一层中某元素的权重向量，AHP分析最终要得到各元素，特别是最底层里各方案对于目标的排序权重，从而进行方案选择。将所有单准则下的权重进行和成就形成了总排序权重。层次总排序结果也需要进行一致性检验，检验顺序按照层次总排序那样由高到低逐层进行。

（三）典型特征

AHP的优点是：第一，AHP是一种把定性与定量分析有机结合的科学决策方法。通过两两比较标度值的方法，把人们依靠主观经验来判断的定性问题定量化，既有效吸收了定性分析的结果，又发挥了定量分析的优势；既包含了主观的逻辑判断和分析，又依靠客观精确地计算和推演，从而使决策过程具有很强的条理性和科学性，能处理许多传统最优化技术无法着手的实际问题，应用范围比较广泛。第二，AHP分析解决问题，是把问题看成一个系统，在研究系统各个组成部分关系及系统所处环境的基础上进行决策。解决复杂决策问题最有效的思维方式就是系统方式。AHP恰恰反映了这类系统的决策特点，充分体现了辩证的系统思维原则。

在应用AHP研究问题时，主要有两个难点需要解决：一是如何将研究问题条理化并抽象出较为贴切的层次结构；二是如何将某些定性因素进行两两比较进行定量处理。因此，AHP 也有其局限性，主要体现在：第一，决策者的主观经验、主观因素的影响较大，容易导致决策过程中的片面性。第二，两两比较、判定的量化过程较为粗糙，决策结果精度不高。AHP 方法至多只能算是一种半定量（或定性与定量结合）的方法。

（四）适用范围

AHP 自 1982 年被介绍到我国以来，以其定性与定量相结合地处理各种决策因素的特点，以及系统灵活简洁的优点，迅速地应用在我国社会经济各个领域内，如能源系统分析、城市规划、经济管理、科研评价等。依据其特征，AHP 主要适用于成本效益决策、资源分配次序、冲突分析等。[①] AHP 在高等教育绩效评价中主要用于确定科研绩效评价指标的权重系数[②]、构建高校教师绩效评价指标体系[③]及高校内部绩效评价等方面。

第三节　多元统计评价方法

多元统计方法是数理统计中近几十年发展迅猛的一个分支，应用范围广泛，包括的具体方法比较多。可用于综合评价的多元统计方法主要有主成分分析法（Principal component analysis，PCA）[④]、因子分析法（Factor analysis）、聚类分析法（Cluster analysis）和判别分析法（Discriminant analysis）四种。由于聚类分析法和判别分析法在高等学校绩效评价中使用较少，因此本节着重介绍前两种方法。

---

① K. S. Schen. Avoiding Rank Reversal in AHP Decision Support Models［J］. European Journal of Operational Research，1994（74）：4607－4619.

② 刘兴太，等. 层次分析法判断矩阵在确定科研绩效评价指标体系权重系数中的应用［J］. 中国科技信息，2008（19）：185－186.

③ 李雪贲. 层次分析法在高等职业技术学院绩效评价中的应用［J］. 广东交通职业技术学院学报，2010，9（3）：108－110.

④ 主成分分析部分参考了如下文献：邱东. 多指标综合评价方法的系统分析［M］. 北京：中国统计出版社，1991：124－158；唐启义. DPS 数据处理系统—实验设计、统计分析及数据挖掘［M］. 2 版. 北京：科学出版社，2007：761－765.

一、主成分分析法

（一）基本思想

评价中常采用多个指标对对象进行评价，多个评价指标就构成一个多维空间，被评对象成为多维空间中的样本点。若两个被评对象在某项指标上的变差越大，说明它们在这一指标维度上的距离越大。由多项指标进行综合评价时，需要用各项指标的总变差来说明被评对象在多维空间的相对地位。然而在将单项变差综合为总变差时存在如下问题：第一，由于评价指标量纲不同，不能将变差直接综合；第二，评价指标间往往存在相关关系，即使消除量纲影响后再综合也会有信息重复；第三，综合时如何确定各指标的权重。另外，如果评价指标过多，应在保证变差信息损失较少的前提下减少工作量，这就需要降维（即用较少的新变量代替较多的原变量）。主成分分析正是基于其能降维的特点而应用于综合评价的。

主成分分析通过适当的数学变换，使新变量—成分成为原变量的线性组合，通过成分来分析事物特征的方法。其主要思路是降维，找出少数几个综合因子来代表原来众多指标变量，使这些综合因子尽可能多地反映原来指标变量包含的信息，而且各成分间互不相关，从而实现简化的目的。

（二）计算方法

采用主成分分析进行综合评价的基本计算过程如下：

第一，先将原始数据进行标准化处理。

由于每个主成分依赖于测量初始变量所用的量纲，当量纲改变时，特征值也会发生变化。为了克服量纲的影响就需要对初始变量进行标准化处理，使其方差都为1。

第二，计算样本矩阵的相关系数矩阵。

第三，计算特征值和特征向量。

第四，选择主成分。

第五，计算主成分载荷。

第六，合成主成分得分获得综合评价值。

根据各主成分在每个指标上的标准化因子载荷量，可以确定各主成分所包含的实际意义。综合评价值可以用前 k 个主成分的加权平均值计算得到，权重取各主成分的方差贡献率，即综合评价值 $Z = \sum_{j=1}^{k} b_j Z_j$。

（三）典型特征

利用主成分分析进行多指标综合评价具有以下几个优点：第一，消除了评价指标间的相关关系对评价结果影响。第二，减少了指标选择的工作量。主成分分析在保留原评价指标大部分信息的基础上可以方便地选择评价指标。第三，主成分分析在将原始变量转换为主成分的过程中，同时形成了特征向量和因子载荷，因子载荷在计算综合评价值时可以作为权重，这比主观赋权更客观。

对多指标综合评价而言，主成分分析也不是尽善尽美的方法，其不足之处主要有：第一，在计算综合评价值时，没有充分考虑指标本身的相对重要程度。第二，转换结果受样本指标间的相关关系影响较大，若指标间的相关度不高，转换后可能存在较多主成分，得不到理想结果，降维的作用不明显。第三，若原始变量与主成分二者实际是非线性关系，获得的结果可能会与现实存在偏差。第四，在评价指标相同的条件下，同一被评对象在不同被评对象集合中得到的综合评价值可能不同。第五，采用主成分分析时，指标无量纲化处理必须用 Z 分数，而 Z 分数只有在数据个数较多时效果才较好。因此，选用主成分分析进行综合评价时除了要求评价指标间存在相关关系外，对被评对象数量也有一定要求（一般要求被评对象数量应大于评价指标数量的 2 倍，评价效果才比较理想）。

（四）适用范围

并不是所有多指标综合评价都可以采用主成分分析的，主要应根据评价指标数据间的关系来确定其适用场合。指标数据间关系按其相关程度，一般有以下几种情况：第一种是 n 个变量完全相关。此时将其他 $n-1$ 个变量删除，也可以对被评对象进行排序，此时就不需要进行主成分分析了。第二种是 n 个变量完全不相关。主成分分析的出发点是变量的相关矩阵，若变量间完全不相关，相关矩阵为对角阵，此时无法进行主成分分析去相关，进行降维。第三种

是 n 个变量有一定相关关系。此时可以进行主成分分析。主成分分析的效果一般与变量间的相关程度高低成正比。以上三种情况可以归纳成表 5－1。

表 5－1　变量不同相关程度下主成分分析效果

变量相关程度		能否主成分分析	主成分分析效果
完全相关		不必	—
不完全相关	高度相关	可以	效果较好
	中度相关		效果较好
	低度相关		效果不好
完全不相关		不必	—

主成分分析在社会经济研究中应用广泛，在高等教育绩效评价中应用也较为普遍。如分别对高等教育投入与产出进行主成分分析后再探讨二者的关系①，对高等教育资源利用效率进行主成分分析②等。

二、因子分析法

（一）基本思想

因子分析用于研究相关矩阵的内部依赖关系，它将多个变量综合为少数几个“因子”，但仍可再现原始变量与“因子”之间的相关关系。因子分析与主成分分析之间的区别是，主成分分析只是做常规的变量转换，而因子分析进行评价时首先需要构建因子模型；主成分分析的主成分数 m 和变量数 p 是相等的，它是将一组具有相关性的变量通过旋转，变换成相互独立的变量，而因子分析的目的是使 m 比 p 小，所以要求选取尽可能小的 m，构造尽可能简单的模型；主成分分析中的主成分是原有变量的线性组合，而因子分析中的原变量却是新因子的线性组合，即新因子的综合指标。

---

① 黄林芳. 高等教育投入产出主成分分析［J］. 财经研究，2005，31（7）：112－122.

② 熊莉. 高等教育资源利用效率的主成分分析［J］. 武汉工程大学学报，2009，31（11）：36－39.

（二）计算方法

用因子分析进行多指标综合评价，一般包括以下9个步骤：

1. 对原始变量数据进行标准化；

2. 求解标准化变量的相关矩阵；

3. 求解相关矩阵 R 的特征根、特征向量和贡献率；

4. 确定公因子个数；

上述4个步骤与主成分分析步骤完全相同；

5. 求解初始因子负荷矩阵。

6. 对初始因子的负荷矩阵进行旋转。因子旋转的目的是尽可能地使各个因子的负荷值向1或0两个端点值聚合，便于区分某个公共因子主要代表了哪些变量的变差信息，从而易于了解公因子的性质。

7. 因子的社会经济含义说明。

与主成分分析相类似，根据因子在变量上负荷值高低正负及这些变量的共性来说明该因子的社会经济含义。

8. 估计因子得分。常用的是汤姆森（Thompson）因子得分。

9. 求综合评价值。若每个被评对象有若干个因子得分，要进行综合评价排序，还得计算因子得分估计值的合成分数，即计算这些因子得分估计值的线性加权和。权重采用每个因子的方差贡献率。

（三）典型特征

由于因子分析与主成分分析在综合评价中有很多相似之处，因而，采用因子分析进行综合评价也就同时具有了主成分分析具备的一些优点和缺点。因子分析的特征参见主成分分析内容。

（四）适用范围

因子分析的适用范围与主成分分析基本相同。在高等教育绩效评价中主要采用因子分析进行高等教育发展水平评价①等。

---

① 吴彬，等. 基于因子分析的各地区高等教育发展水平研究［J］. 河北工业大学学报（社科版），2011，3（1）：52－57.

第四节　其他评价方法

前三节所述评价方法主要涉及三大类专业知识：常规数学、运筹学及系统工程、多元统计。还有一些评价方法，如模糊综合评判法、TOPSIS 评价法和灰色关联度分析法等，在高等学校绩效评价中也较常用，但却不能归入以上三类。本节主要介绍这三种方法。

一、模糊综合评判法

（一）基本思想

模糊综合评判，是指以模糊数学为基础，应用模糊关系合成的原理，将一些边界不清、不易定量的因素进行定量化，使其能够进行综合评价的一种方法。[①] 模糊综合评判包含六个基本要素：（1）评判因素论域 U。U 代表综合评判中各评判因素所组成的集合。（2）评语等级论域 V。V 代表综合评判中，评语所组成的集合。它实质是对被评事物变化区间的一个划分，如优、良、中、差。（3）模糊关系矩阵 R，R 是单因素评判结果，模糊综合评判所综合的对象正是 R。（4）评判因素权向量 A。A 代表评价因素在被评事物中的相对重要程度，它在综合评判中用来对 R 作加权处理。（5）合成算子。合成算子指合成 A 与 R 所用的计算方法。（6）评判结果向量 B，它是对每个被评对象综合状况分等级的程度描述。[②]

（二）计算方法

模糊综合评判是通过构造等级模糊子集把反映被评对象的模糊指标进行量化即确定隶属度，然后利用模糊变化原理对各指标进行综合，一般按照以下程

---

① 胡永宏，贺思辉．综合评价方法［M］．北京：科学出版社，2000：167.

② 模糊综合评判部分参考了如下文献：胡永宏，贺思辉．综合评价方法［M］．北京：科学出版社，2000：170－172；邱东．多指标综合评价方法的系统分析［M］．北京：中国统计出版社，1991：117－119.

序进行：

1. 确定评价对象的因素论域。

2. 确定评语等级论域。

即等级集合，每一个等级可对应一个模糊子集。

3. 进行单因素评价，建立模糊关系矩阵。

构造等级模糊子集后，需要逐个对被评对象从每个因素上进行量化，即确定从单因素来看被评对象对各等级模糊子集的隶属度，进而得到模糊关系矩阵。

4. 确定评价因素的模糊权向量。

5. 利用合适的合成算子将模糊权向量与各被评事物的矩阵合成得到各被评事物的模糊综合评价结果向量。

6. 对模糊综合评价结果向量进行分析。

上述步骤中，第 3 步和第 5 步是比较核心的步骤。第 3 步是模糊单因素评价，本质上是求隶属度，在实际应用中需要凭评价者的主观个人经验来确定合适的方法，需要较大的工作量。第 5 步的合成本质上是对模糊单因素评价结果的综合，真正反映了综合评价的内涵。

（三）典型特征

模糊综合评判的计算过程表明，该方法具有其他综合评价方法所不具备的优点：

第一，模糊综合评判结果以向量的形式表示，提供的评判信息比其他方法丰富。因为评判结果以向量而不是单个数值形式出现，包含的信息量更多；另外还可以对综合评判的结果进行再加工，这对其他方法来说是不可能的。

第二，模糊综合评判从层次分析的角度评价客观事物，一方面要尽量贴近事物的本身特征，便于最大限度地客观描述被评对象；另一方面还需要尽可能准确地确定权重。

第三，模糊综合评判具有较强的适用性，既可用于主观指标的综合评判，又可用于客观指标的综合评判，可以弥补其他方法的不足。

第四，模糊综合评判中的权重属于估计权重，可以进行调整。还可以同时采用几种不同的权重对同一对象进行评价，以便对结果进行比较。

模糊综合评判方法存在的局限性是：

第一，不能解决评价指标间由于具有相关关系造成的评价信息重复问题。这是模糊综合评判不如多元统计中的主成分分析和因子分析的地方。因而在进行评判前需要对指标进行预选处理。只有在预处理过程中把相关程度较大的指标尽可能剔除，才能更好地保证评判结果的准确性。

第二，主观确定权重具有较大灵活性，这取决于评价者对评价对象特征的熟悉程度。另外对被评对象的指标信息如果考虑不够，有可能影响评判结果的区分度。

第三，隶属度函数在某些情况下很难确定。如在多目标多属性评价模型中，需要对每一个目标、因素确定其隶属度函数，步骤过于繁琐，实用性不强。

（四）适用范围

模糊综合评判广泛应用于消费者偏好识别、决策中的专家系统、证券投资分析、银行项目贷款对象识别等领域。在高等教育绩效评价中，模糊综合评判常用来进行教学绩效评定①。

二、TOPSIS 评价法

（一）基本思想

TOPSIS 法②是"Technique for order preference by similarity to ideal solution"的缩写，意为依据理想方案相似性的顺序优选技术。该方法是有限方案多目标决策分析中常用的一种方法。基本思想是，基于归一化后的原始数据矩阵，将有限方案中的正理想解和负理想解构成一个空间，把待评价的方案看作空间上的某一点，由此可获得该点与正理想解和负理想解间的距离 D_i^+ 和 D_i^+（常用欧氏距离表示），根据待评价方案与正理想解的相对接近程度 C_i 值的大小来评价方案优劣。

---

① 腾居特，顾幸生．研究生教育评估的多级变权模糊综合评判［J］．华东理工大学学报（自然科学版），2006，32（9）：1121－1125．

② TOPSIS 评价法部分参考了如下文献：孙振球，王乐三．医学综合评价方法及其应用［M］．北京：化学工业出版社，2006：53－54．

（二）计算方法

采用 TOPSIS 进行综合评的基本步骤如下：

第一，收集指标的原始数据。若有 n 个评价对象，m 个评价指标，就得到一个 $n \times m$ 的原始数据矩阵。

第二，对指标进行同趋势化转换。即要求所有评价指标的变化方向一致。常用的转化方法有倒数法和差值法。

第三，对同趋势化后的原始数据矩阵进行归一化处理并建立归一化矩阵 Z。

第四，根据归一化矩阵 Z 得到最优向量和最劣向量（即正理想解和负理想解）。

第五，计算各评价对象指标值与正理想解和负理想解的距离 D_i^+ 和 D_i^-。

第六，计算各评价对象指标值与正理想解和负理想解的相对接近程度 C_i 值

$$C_i = \frac{D_i^-}{D_i^+ + D_i^-}$$

第七，依据相对接近程度系数 C_i 的大小对评价对象的优劣顺序进行排序。C_i 的取值范围［0，1］。C_i 值越接近 1，表明评价对象越接近正理想解；C_i 值越接近 0，表明评价对象越接近负理想解。

（三）典型特征

TOPSIS 评价法具有如下优点：

第一，TOPSIS 法对数据分布及样本量、指标多少无严格限制，数学计算也不复杂，既适用于小样本，也适用于大样本系统；评价对象既可以是空间上的，也可以是时间上的。具有直观的几何意义。

第二，对原始数据信息利用比较充分，信息损失少。

TOPSIS 评价法存在的局限性是：

第一，权重 w_j 通常是事先主观确定的，因而具有一定的随意性。

第二，最优点和最劣点一般是从无量纲化后的数据矩阵中挑选的。若评价环境及评价对象条件改变，指标值也改变，就可能引起最优点和最劣点改变，从而使排出的顺序随之变化，这就导致评价结果不具有唯一性。

第三，该方法同样不能解决由于评价指标间具有相关关系所造成的评价系信息重复的问题。

（四）适用范围

TOPSIS 评价法在工业经济效益、卫生决策、卫生事业管理等多个领域中广泛应用。在高等学校绩效评价中，TOPSIS 法主要用来进行学术绩效评价。①

三、灰色关联度分析法

（一）基本思想

采用灰色系统理论处理多指标综合评价问题是建立在灰色关联度分析方法②基础之上的。灰色关联度分析的基本思想是：若几个统计数列所构成的各条曲线几何形状越接近，即各条曲线越平行，则它们的变化趋势越接近，其关联度就越大。因此，可以利用各方案与最优方案之间关联度的大小对评价对象进行比较和排序。

（二）计算方法

设有 n 个被评对象，每个被评对象有 p 个评价指标。这样，第 i 个被评价对象可描述为 $x_i = \{x_{i1}, x_{i2}, \cdots, x_{ip}\}$ $(i = 1, 2, \cdots, n)$。用灰色关联度分析法进行综合评价的具体步骤如下：

第一，确定参照序列

根据各评价指标的经济含义，在 n 个被评对象中选出各项指标的最优值组成参照序列，即 $X_0 = \{X_{01}, X_{02}, \cdots, X_{0p}\}$。实际上，参照序列 X_0 构成一个理想化的最优样本，这是综合评价的标准。如果第 j 项指标是越大越好的正向指标，则 X_{0j} 就是 n 个被评对象第 j 项指标实际值的最大值；如果是负向指标，则是最小值；如果是适度指标，便是该指标的适度值。

第二，进行无量纲化处理

对各指标实际值进行无量纲化处理，一般采用阈值法直线型无量纲化

① 戚巍，等．基于 TOPSIS 的中国研究型大学学术绩效评价方法研究［J］．中国高教研究，2010（1）：15－19.

② 灰色关联度部分参考了如下文献：肖婷婷，等．统计学基础［M］．北京：清华大学出版社，2009：265－269；刘思峰，等．灰色系统理论及其应用［M］．北京：科学出版社，2010：62－63.

公式，即 $x'_{ij} = \frac{X_{ij}}{X_{0j}}(i = 1,2,\cdots,n;\quad j = 1,2,\cdots,p)$ 。这样各指标的最优值均为 1。

第三，计算关联系数

从几何的角度看，关联程度实质上是比较数列与参照数列曲线形状的相似程度。若曲线形状相近，则两者的关联程度较大；反之，则两者的关联程度较小。因此，可用曲线间差值大小作为关联度的衡量标准。做如下处理：

（1）计算各评价对象与最优参考序列间的绝对差序列，公式为

$$\Delta_{ij} = |x_{ij} - x_{0j}| = |x_{ij} - 1|(i = 1,2,\cdots,n;\quad j = 1,2,\cdots,p)$$

（2）计算第 k 个比较数列差值的最大值 Δ_{0k}（max）与最小值 Δ_{0k}（min）。然后求出 Δ_{0k}（max）中的最大值，记为 Δ（max），再求出 Δ_{0k}（min）中的最小值，记为 Δ（min）。

（3）计算关联系数。关联系数的计算公式为

$$R_{ij} = \frac{\Delta(\min) + \rho\Delta(\max)}{\Delta_{ij} + \rho\Delta(\max)}$$

式中，ρ 为分辨系数（$0 < \rho < 1$），主要用来削弱 Δ（max）过大而使关联系数失真的影响。人为引入这个系数是为了提高关联系数间的差异显著性，大多数情况下 ρ 取 0.1－0.5 为宜。关联系数反映了两个数列在某一时期的紧密程度。R_{ij}越大关系越紧密，反之越疏远。

第四，计算关联度

由于每个比较数列与参照数列的关联程度是通过 p 个关联系数来反映的，关联信息分散，不便于从整体上进行比较。因此，有必要对关联信息作集中处理，而求平均值便是一种信息集中方式。计算公式为

$$R_i = \frac{1}{P}\sum_{j=1}^{p} R_{ij}$$

式中，R_i 为第 i 个比较数列与参照数列的关联度。习惯上，设 $E_i = R_i \times 100$，称之为综合评价系数，意义与 R_i 一致。

第五，进行比较并排序

由于 E_i 反映的是第 i 个被评对象与评价标准序列 X_0 相互关联的程度，因此，若 E_i 大于 E_j，则表明第 i 个被评对象比第 j 个对象好。所以，根据 E_i 就可以对被评对象作出排序和比较。

（三）典型特征

灰色关联度分析的优点主要有：第一，计算简单，通俗易懂，数据不必进行归一化处理，可用原始数据直接计算，不仅能进行横向评价，也能作为时序资料进行纵向评价。第二，无需大样本，也不需要经典的分布函数要求，只要有代表性的少量样本即可，计算简便，并能使用样本所提供的全部信息。

其缺点主要有：第一，该方法没有考虑到各评价指标的相对重要性程度存在差别，将各指标等同看待。第二，所求出的关联度总为正值，不能全面反映事物间的关系。若对存在负相关的数列仍采用关联度模型，必会得出错误的结论。第三，目前建立各种灰色关联度量化模型的理论基础很狭隘，单纯从比较曲线形状的角度来确定因素间的关联度是不合适的。第四，该方法同样不能解决评价指标间由于具有相关关系所造成的评价信息重复问题，因而指标的选择对评价结果影响很大。

（四）适用范围

作为我国本土发明的评价方法，灰色关联度分析一直受到国内学者的青睐。应用领域包括企业的经济效益评价、农业发展水平评估、国防竞争力测算及工程领域等。在高等教育绩效评价中，灰色关联度分析主要用于科技期刊学术水平评价①和满意度测评②等方面。

综上，评价涉及评价对象、评价指标、评价方法及评价者等多方面要素，评价结果由以上诸要素特定组合所决定。前面几节分别从基本思想、计算方法、典型特征及适用范围四个方面对高等教育绩效评价常用的十几种评价方法进行了概括介绍。通过前面的分析可知，每种评价方法都既有优点又有局限性。

面对高等教育绩效评价中的一个实际问题，如何从众多评价方法中选出一个合适的方法并得到客观合理的结果，这仍是综合评价方法研究尚未完全解决的问题。有学者提出“三位一体”的基本思想，可作为在高等教育绩效评价中选择评价方法时应把握的原则。③“三位”是指评价目的、被评对象和评价

---

① 吕淑仪．灰色关联度综合评价法在科技期刊评价中的应用［J］．情报科学，2004，22（3）：327－331．

② 卢致杰，等．基于灰色关联的顾客满意度评测分析［J］．软科学，2004，18（4）：18－22．

③ 胡永宏，贺思辉．综合评价方法［M］．北京：科学出版社，2000：247－249．

方法；一体的目的是寻找合适的评价方法，主要包含三层含义：一是评价者决定评价目的和被评对象，目的与对象间具有一致性；二是评价者的评价目的决定评价方法，选取何种评价方法关键要与评价目的相一致；三是被评对象的特点制约着选择何种评价方法。

在实际评价中，符合“三位一体”思想的评价方法可能不止一个，此时应选择哪种方法？较为简便的方法是计算等级相关系数。即根据不同评价方法所得评价排序结果，计算不同方法两两间的等级相关系数，一般采用斯皮尔曼等级相关系数并进行检验，如果某方法的结果与其他方法结果之间的等级相关系数都较大，则认为该方法最优，就以该方法结果作为最终评价结果。[①] 若最优方法不止一个，也可采用组合评价法，即对同样的被评对象由不同方法所得的不同评价结果再次进行综合，得到一个综合评价结果，作为最终的评价结果。[②]

---

① 韩秩，唐小我．一种新的多指标综合评价方法的优化选择思路［J］．电子科技大学学报，1999，28（3）：316－319.

② 郭显光．一种新的综合评价方法—组合评价法［J］．统计研究，1995（5）：56－59.

第二部分　国别篇

高等教育绩效评价不仅是学界研究的重要领域和内容，而且备受各国政府的高度重视，被纳入其高等教育发展政策并付诸实践。不少社会组织机构也积极开展高等教育绩效评价。本部分选取美国、英国、澳大利亚这三个国家，对其高等教育绩效评价的实施背景、方式、内容和特点进行分析，旨在为我国高等教育绩效评价的研究与实践提供借鉴。

第六章

美国高等教育绩效评价

美国是较早对高等教育开展绩效评价的国家之一。美国的高等教育绩效评价持续性强，覆盖面广，类型多样。

从广义来看，可以将高等教育领域的各类评估活动都视为绩效评价活动，包括各类大学排行、高等教育认证机构对高等学校进行的认证评估以及其他组织开展的质量保障等。[①] 基于这一观点，《美国新闻与世界报道》的美国大学排名、区域高等教育认证机构开展的高校认证评估活动、一些研究机构如全美公共政策与高等教育研究中心（The National Center for Public Policy and Higher Education）和美国研究型大学绩效评价中心（The Center for Measuring University Performance）进行的大学评价和排名，以及州政府对高校开展的各类绩效问责活动等，都可视为广义上的高等教育绩效评价。而狭义上的绩效评价，总是与问责制和拨款政策联系在一起的，与具体时间和环境背景密切相关，是某项目标活动中的一个环节，[②] 其中所蕴涵的绩效指标与普通意义上的指标（如观点、调查发现或普通数据）有严格区分。例如，美国各州实施的绩效报告、绩效拨款（Performance funding，亦译为“绩效资助”）和绩效预算政策中的绩效评价环节等都属于狭义的绩效评价。

第一节　美国高等教育绩效评价的背景和目的

美国的高等教育绩效评价与美国社会对高等教育的绩效问责需求和高等教

① V. M. Borden and K. V. Bottrill. Performance Indicators: History, Definitions, and Methods [J]. New Directions for Institutional Research, 1994, 82: 5 – 18.

② 同①.

育质量保障体系的建设等背景有密切联系。

一、美国高等教育绩效评价的背景

美国各种形式的高等教育绩效评价活动，是伴随着问责制的兴起和高等教育国际化与全球化竞争的出现而出现的。

（一）问责制的兴起

20 世纪 70 年代以来，市场需求日益成为美国高等教育发展的强大动力，高质量的高等教育才能满足外界希望大学带来直接经济效益的诉求。政府也同样要求大学用绩效来证明政府投资的价值。这在某种程度上是由于高等教育的大众化，以及政府的财政压力所致。当学生数越来越多时，社会各界对效率和效果的呼声也随之高涨。家长和纳税人开始质疑高等教育质量。正如美国《国家处于危险之中》报告所言，此种危机波及大学校园。全美约三分之二的州通过立法要求大学采取措施制订计划来评价学生的学习效果，由政府制定政策，而具体的评估方式方法由专业人士来决定。评价的焦点由加强政府的管理转为对大学的教育过程的评价，其核心指标为大学毕业生对于知识和技能的掌握程度，其结果用于改进大学的办学行为。

在过去的几十年里，问责制有了新的含义，公立高等教育领域里的“新问责制”（New accountability）运动，呼吁关注学校活动的结果（Outcomes），而不再像过去那样只关注“投入”。在这种“新问责制”时代，美国各州政策制定者的主要关注点不再是结构安排或资源投入，而是要求公立大学和学院提高绩效表现。于是，在 20 世纪 70 年代末至 20 世纪 90 年代，一些州尝试使用新的激励制度，把对学校的资源投入与政府期望学校实现的绩效结果联系起来，根据学校在某些特定领域，例如，学生保持率、毕业率、本科生入学率、学校效率量分、学生在资格证书考试中的成绩、毕业生就业情况、教师科研产出、校园的族群多元化情况等方面的绩效表现提供财政资源。

（二）高等教育国际化与全球化的挑战

随着信息社会的到来和世界经济的全球化，各国政府愈发关注人力资本的投资和国家经济的迅速发展。高等教育已被视为国家经济增长的发动机，提升世界经济市场竞争地位的工具，高校也被视为未来社会开发和培养人力资本的基地。政府作为公共利益的代表在高等教育发展中的管理职能渐趋弱化，州政府更多地把高等教育的投资向市场转移和引导。高等学校不仅仍然需要强调效益和压缩资源，还得面临“生源竞争”的挑战，同时还要向外界进行有效“述职”。

美国高等教育领域之所以出现这种新的绩效问责运动，伯克（Burke）等认为原因主要在于：第一，美国经济的结构变化（如全球化）把商业领域中要求实现效率和产出最大化的压力带到了学校；第二，美国公共管理理论和实践发生了变化，新公共管理理论和实践以“重建政府”之名，强调权力下放、创业家精神，更加重视市场、竞争和绩效测量；第三，20 世纪 90 年代以来，州政府面临极大的财政压力，这加剧了高等教育同其他领域竞争日益有限的财政预算；第四，基础教育领域（K－12）中的改革运动逐渐波及所有教育领域，高等教育也难逃绩效问责的压力；第五，州政府的政治领导发生了变化，新当选的领导群体带来了新鲜血液，他们积极响应提高高等教育问责的呼声；第六，早先高等教育领域里“自愿评估”运动的失败，使得新上任的官员认为，单靠公立大学自己是不能满足问责需求的。①

二、美国高等教育绩效评价的目的

在美国，对高等教育开展绩效评价的组织机构非常多，但不同的组织机构开展绩效评价的服务对象各有侧重。各州高等教育管理与协调委员会开展绩效评价主要是为州政府制定政策和公立高校的自我改进提供参考。《美国新闻与世界报道》对美国各类学校进行评价排名，主要是为学生及家长提供择校参考信息。全美公共政策与高等教育研究中心每隔两年出版的《高等教育评价报告》（*Measuring Up*）主要是为了在全国范围内对各州高等教育的绩效表现进行评估和比较，各个州为此所提交的报告卡主要是用来推动政策改进及提高高等教育的绩效表现。美国研究型大学绩效评价中心主要是对研究型大学的绩效表现进行衡量与评价。区域高等教育认证机构则是针对美国各个地区各种类

① J. C. Burke（Ed）. Achieving Accountability in Higher Education：Balancing Public，Academic and Market Demands［M］. San Francisco：Jossey-Bass，2004：1－24.

型高校的评价机构，其评价形式更多是一种合格认证。

尽管不同组织对大学的评价方法和评价对象各有侧重，但是开展绩效评价的主要目的是：评估教育质量与效率；为教育消费者和提供者提供有用的信息及指导；帮助收集众多消费者的需求；帮助解决不同层次教育消费者之间及教育消费者与提供者之间的分歧；领导整个系统的规划工作；激励教育提供者提高质量，进行变革。

本章主要选取了在全美范围内对高校开展绩效评价的全美公共政策与高等教育研究中心、美国研究型大学绩效评价中心，以及在州层面上开展绩效评价的州高等教育委员会为案例，分别对其绩效评价指标体系进行分析。

第二节 美国高等教育绩效评价组织及其评价活动①

一、全美公共政策与高等教育研究中心及《高等教育评价报告》

全美公共政策与高等教育研究中心是一个独立的、非营利性的、非党派的组织。它与任何政府机关、政治团体或大学与学院都无关联。该中心开展政策研究是为了促使公众关心和关注与高中后教育及培训有关的公共政策问题。该中心的研究与报告，旨在促进公共政策的完善，以提高高等教育的效果和人们上大学的机会。该中心关注的高校既包括二年制院校，也包括四年制高校；既包括公立高校，也包括私立高校；既包括非营利性高校，也包括营利性高校。该中心通过发布《高等教育评价报告》，就各州乃至全美的高等教育的表现与社会、公众、商界、高等教育相关领导以及州与联邦的政策制定者进行交流，为其提供信息和建议。

（一）《高等教育评价报告》的概况

从 2000 年开始，全美公共政策与高等教育研究中心开始通过《高等教育

① 高等教育领域中所运用的绩效评价理论源于新公共管理理论，我们很难对其进行一个严格意义上的界定。从较为宽泛的意义来看，可以将美国高等教育领域中涉及关注投入或产出或效益的一些评价都视为绩效评价活动。

评价报告》来衡量美国在教育和培训国民方面的整体表现以及50个州的高等教育绩效表现。该报告自2000年起每两年发行一次，已被广泛接受。自2006年起，评价报告引进了国际视野来看待美国高等教育的绩效表现，以增强其改进的动力。《高等教育评价报告》主要是对各州在一些关键维度上的表现进行比较和评价，例如，大学的入学机会和高等教育的有效性等，并在此基础上对全国的情况加以评估。报告卡对所有私立和公立院校、两年制和四年制院校、营利性和非营利性的大学和学院在几类关键指标上的贡献都进行了分析。

高等教育评价报告卡以及中心的其他活动和项目都是为了鼓励各个州在各自的基础之上，通过效仿那些在某一领域做得比较好的州而有所提高，例如，帮助年轻人做好上大学的准备，让高中毕业生和一些在职人员注册接受大学水平的教育或培训，提高大学学位学历的完成率，使学生及家庭能够负担得起大学费用，等等。

（二）《高等教育评价报告》的指标体系

全美公共政策与高等教育研究中心发布的《高等教育评价报告》共使用了6项一级指标和35项二级指标。6项一级指标分别是：高中生入学准备情况、注册入学比例、学费负担能力、学业完成率、学历收益率、学习效果。35项二级指标如表6－1所示。

表6－1　美国《高等教育评价报告》指标

1. 高中生入学准备情况： 各个州为学生继续接受中学后教育的准备情况如何？	（1）高中获得的学分
	（2）数学课
	（3）科学课
	（4）八年级代数课
	（5）数学水平
	（6）阅读水平
	（7）科学水平
	（8）写作水平
	（9）在低收入者中的数学水平
	（10）大学入学考试
	（11）大学预科课程考试
	（12）教师质量

表 6－1 （续）

2. 注册入学比例： 各个州的居民是否有足够多的机会去注册接受高中后教育及培训？	（13）大学的入学机会
	（14）18～24 岁成年人的注册率
	（15）22 岁以上的在职成年人的注册率
3. 学费负担能力： 学生及其家庭是否能够负担得起高等教育所需要的费用？	（16）家庭负担学生上社区学院的能力
	（17）家庭负担学生上公立四年制学院或大学的能力
	（18）家庭负担子女上私立四年制学院或大学的能力
	（19）州提供的基于学生需求的财政资助
	（20）低学费的大学
	（21）学生贷款多少
4. 学业完成率： 学生是否能在尽可能短的时间里获得毕业证或学位？	（22）两年制学院学生的保持率
	（23）四年制学院学生的保持率
	（24）六年内获得学士学位的学生比例
	（25）获得学位的情况
5. 学历收益率： 接受过较高层次教育的群体为各州带来了哪些好处？	（26）拥有学士学位或更高学位的成年人所占比例
	（27）因有学士学位而增加的收入
	（28）因某些大学而增加的收入
	（29）投票
	（30）慈善捐赠
6. 学习效果： 学生在高中后的教育和培训中学到了什么？	由于学习效果难以测量，各个州的情况参差不齐，有的州采取了一些办法对学生的学习效果加以衡量，有的州则没有提供数据，因此，在给各州打分的时候，这一指标并没有计算在内。

资料来源：该表根据美国 2006 年《高等教育评价报告》（Measuring Up，2006）编制，http：//measuringup. highereducation. org/nationalpicture/nationalpdfspresentations. cfm.

美国各州在上述五方面的得分是建立在与其他州比较之基础上的。《高等教育评价报告》给各州评价打分的步骤如下：

第一步，确定指标。每类绩效表现下面都有一些指标或衡量标准，评价报告中使用的所有指标都具备以下特点：1. 有助于衡量各州的高等教育表现；2. 由可靠的公共机构定期收集，遵循公认的数据收集方法；3. 具有可比性，能够对 50 个州进行比较；4. 可以衡量绩效表现结果。

第二步，为指标赋权重。每个指标都应根据其所在一级指标中的重要性而被赋予一定的权重。每组指标的权重之和都为 100%。

第三步，确定每一个指标里表现最好的那些州。将排在前五名的州作为基准，并将各个州在每项指标上的得分转化为百分制分数。这样做会形成一个比较高但同时也可以达到的绩效标准。从 2004 年的《高等教育评价报告》开始，“高等教育支付能力”这一组指标的基准都是根据 20 世纪 90 年代初期排在前五名的那些州来确定的。除此之外，其他类别里的指标都继续依据近期的结果来确立基准。

第四步，确定每个一级指标中表现最好的州。根据州在二级指标上的得分及其权重，计算出各州在每个一级指标上的得分。确定在每一类指标中做得最好的几个州，根据它们的表现，确立基准，并据此将各州在每一类指标中的得分转化为百分制分数。

第五步，确定分数。根据每一类指标的得分，运用许多高中和大学班级里常用的计分制为各个州打分。值得注意的是，各州的分数不是呈曲线分布的，而是通过比较各个州与在每个指标上表现得最好的州的结果来打分。

《高等教育评价报告》对各个州在高等教育方面的整体表现进行评价，而不是针对学生、个别学院或大学打分。各个州要负责通过成熟的基础教育体系为学生接受高等教育做好准备，还应该为学院和大学提供绝大部分的公共财政支持。通过对公立学院和大学的监管，州领导可对本州已有教育项目的类型和数量施加影响。州领导还可以限定财政资助的力度，这通常会影响到公立学院和大学的学杂费水平。他们能够决定为本州学生及其家庭提供多少财政资助，而这对公立和私立大学及学院的学生都会产生影响。而且，州经济发展政策会对那些有大学学历者的收益产生影响。

《高等教育评价报告》使用的所有数据资料都来自可靠的全国性数据库，包括美国国家统计局和美国教育部的数据库。用于进行州际比较的所有资料，目前都可以在公开领域获得，收集资料的方式也便于开展州与州之间的比较。用于进行国际比较的评价指标都是根据可获得的最新资料确定的，都来源于经贸合作组织（OECD）。国际比较是为了衡量美国以及各个州与 OECD 各个国家的相对位置，主要是为了在大学入学率和教育成就方面进行比较。

(三)《高等教育评价报告》的影响及意义

《高等教育评价报告》为美国普通公众和政策制定者提供了客观信息，用以评估和改进高等教育。《2000年高等教育评价报告》的出版，首次使各个州得以在全国范围内就高等教育的绩效表现进行评估和比较。各个州所提交的报告卡主要是用来推动政策改进及高等教育的绩效表现。

《高等教育评价报告》受到了广泛关注。例如，在美国州长峰会上，该报告使人们认识到，每一个高中毕业生都必须做好接受大学教育或培训的准备。高等教育未来发展委员会的秘书也拟提出一些建议，以解决《高等教育评价报告》中指出的主要问题。各州提交的《高等教育评价》报告卡也成为美国高等教育问责体系中的重要组成部分。

二、美国研究型大学绩效评价中心与《美国顶尖研究型大学年度报告》

美国研究型大学绩效评价中心①的前身是佛罗里达大学的一个高等教育研究机构。中心主任是佛罗里达大学前校长、现任马萨诸塞大学校长伦巴迪(Lombardi)。中心最早的出版物是《佛罗里达大学十年来的绩效表现》(1990—1999)（A Decade of Performance at the University of Florida）和《大学绩效评估》(1995—1999)（*Measuring University Performance*)。该高等教育机构最初是佛罗里达大学为改进工作而设立的。当时伦巴迪希望能有一个以客观数据为基础的评估学校工作表现的测量系统，为大学的工作改进提供系统而持续的帮助。中心在伦巴迪领导下设计了一个大学评估系统。该中心的关键术语“衡量大学绩效”（measuring university performance）清楚地反映出了这个系统的主要目的。

《大学绩效评估》系列报告对大学工作的改进发挥了巨大的促进作用。这项评估引起了其他一些大学的注意，他们也采用该体系对本校工作进行评估。这一现象极大地鼓舞了该中心的研究人员，于是他们决定把评估范围扩大，对

① 鉴于该中心以研究美国研究型大学为己任，其主要年度研究报告为《美国顶尖研究型大学年度报告》，因此本书将该机构译为“美国研究型大学绩效评价中心”。

所有美国研究型大学进行评估。于是从2000年起，《大学绩效评估》改名为《美国顶尖研究型大学年度报告》（*The Top American Research Universities Report*），仍然保持每年出版一个研究报告。报告收集所有研究型大学的数据，然后对年度联邦研究经费超过4000万美元，以及在中心选定的9项指标中有一项进入前25名的研究型大学进行排名。这个专门以研究型大学作为研究对象的排名迅速被美国研究型大学作为基本参考资料，不仅用来了解全国研究型大学的变化趋势，还用于了解本校在全国的位置，以及本校的相对优势与劣势，甚至把它作为学校战略规划制定的主要参考。

中心的另一位主要人物是卡帕尔迪（Capaldi）。卡帕尔迪原是佛罗里达大学的教务长，后来到亚利桑那州立大学（ASU）任副校长兼教务长。2007年年初，这个研究中心也离开了佛罗里达大学的基地而变成了亚利桑那大学的一个研究机构。从2000年至今，该中心连续发布的美国顶尖研究型大学排行榜影响越来越大。①

（一）《美国顶尖研究型大学年度报告》概况

《美国顶尖研究型大学年度报告》通过一些数据和分析，帮助人们了解美国研究型大学的绩效表现。该中心所定义的“顶尖研究型大学”指的是，向国家科学基金会（NSF）报告拥有联邦研究经费在4000万美元及以上的大学，以及在9项指标中至少有一项位于前25名的大学。这9项指标分别是研究经费总量、联邦资助经费、捐赠基金资产、年度接受的捐赠、院士人数、教师获得的奖励、授予的博士学位数、在岗博士后数量、SAT的中位数。《美国顶尖研究型大学年度报告》提供的一套综合数据，涵盖了美国600多所院校，有时还会对研究型大学的绩效表现问题展开分析和讨论。

（二）《美国顶尖研究型大学年度报告》的评价指标

美国研究型大学绩效评价中心2008年年度报告中使用的5类共计9项指标分别如下：研究经费（含研究经费总量和联邦政府资助经费），私人资助（含学校捐赠基金和学校获得的年度捐赠），教师质量（含三大国家学院院士

---

① J. V. Lombardi，E. D. Capaldi，K. R. Reeves and D. S. Gater. Measuring and Improving Research Universities：The Center at Five Years [EB/OL]. http：//mup. asu. edu，2004：4.

数和教授获奖数），高级训练（含授予的博士学位数和博士后人数），本科新生质量（为 SAT 成绩或 ACT 成绩），见表 6－2。

表 6－2　美国研究型大学绩效评价研究中心的绩效评价指标

类　别	指　标	数据来源
研究经费	研究经费总量	国家科学基金会
	联邦资助经费	
私人资助	学校捐赠基金	资助教育审议会志愿资助教育年度普查
	学校获得的年度捐赠	
教师质量	三大国家学院院士人数	各相应机构
	教授获奖数	
高级训练	每年授予的博士学位数	教育部中学后教育年度普查（IPEDS）
	在岗的博士后人数	国家科学基金会
本科新生质量	SAT 成绩或 ACT 成绩	IPEDS

资料来源：本表根据美国研究型大学绩效评价研究中心网站上提供的资料制作而成，详见 http：//mup. asu. edu/research. html。

该中心认为研究型大学的主要工作是研究，因此评估的重点也应当是研究，主要从研究经费、教师质量和研究生数量三个方面进行评估。此外，私人捐赠对了解研究型大学也很重要。私人捐助一方面反映了学校的经济实力，另一方面也反映了学校的社会信誉。最后是本科新生入学质量。每个研究型大学大都花巨资争取优秀本科新生，这个竞争对学校的本科教育质量至关重要。

该中心之所以选择这 9 个指标，是因为，学校总的研究经费反映的是一个学校学术研究的规模；联邦研究经费是高度竞争性的，反映的是学校研究的竞争力。这两个指标共同反映了学校在经费方面的规模和竞争力，数据都可以直接从国家科学基金会处获得。但是国家科学基金会的数据只包括科学与工程领域的研究，不包括其他方面如教育、新闻、法律、工商管理、艺术等人文学科领域的研究。不过，人文社会科学方面的经费数量较小，因此不会对由经费反映的学校科研竞争实力有重大影响。

反映教师质量的一个指标是一个学校的教师在国家科学院（National Acadamy of Sciences，简称 NAS）、国家工程学院（National Acadamy of Engineering，简称 NAE）以及国家医学科学院（The Institute of Medicine，简称 IOM）这三大组织中的成员的数量。这三个机构相当于我国的科学院和工程院，其成员是高度选择性的，并且享有很高的荣誉和地位。成员身份是对研究人员的终身学术成就的认可，这个身份会给学校带来很大的荣誉。另一个指标是教师获全国奖如普利策奖的数量，奖项一共有二十多种。这种奖项反映的是学校教师群体当下的杰出程度。这个指标还可以弥补研究经费中不包括人文社会科学经费的不足，因为这类奖项覆盖了所有学科，可以显示出学校在这些学科的杰出程度。这个评估体系没有考虑学校的教师数量，无论是全日制教师还是终身职教师。主要理由是：这类数据没有统一的口径，也没有明确的职责划分，因此不可靠。

另一个对学校研究力量有重大影响的是学校博士生和博士后研究人员的数量。博士生人数用学校当年授予的博士学位数来表示。研究经费、教师质量和研究生这三类指标反映的是学校的研究能力，私人资助和本科新生质量这两项指标反映的是学校得到的社会支持和学生质量。

私人捐助在美国高校运行中至关重要。私立高校中大约三分之一的经费来自私人捐赠。1980 年以后政府经费减少，公立高校也开始大规模争取私人捐赠。但在总体上，私立高校在这个方面有更大的优势。因为美国传统上认为，公立高校由政府资助，因此私立高校更加需要私人捐赠的帮助。私人捐赠包括两个指标：一个是学校私人捐赠基金的总量。这个指标反映的是长期以来学校积累的私人基金规模。这个基金通常用于投资，投资收入用来补贴学校运行，如教师工资等，因此对学校的财政状况有一定影响。另一个指标是学校当年获得的捐赠收入，反映的是当下的捐赠收入情况。私人捐赠收入不仅对学校财务有影响，更重要的是它反映了社会（尤其是校友）对学校的支持程度。

最后一个是用于反映新生质量的指标 SAT。美国有两类大学入学考试：ACT 和 SAT，但是参加 SAT 的人数比 ACT 多，因此各高校通常是用本校新生的 SAT 成绩的中位数作为本校新生入学质量的标志。“中心排名”也采用了这个指标，这个指标越高，说明新生的学术准备越好。①

该“中心排名”体系有以下几个特点：第一，指标体系比较简单；第二，所有数据都是公开的，有比较可靠的来源；第三，如果把办学所需资源如经费、教师、学生入学质量等称为投入类要素，把颁发的学位、发表的论文、获得的奖励等称为产出类要素，把班级规模、师生比等称为过程类要素，那么可以看出，“中心排名”更关注投入类要素。

最后应当注意的是，“中心排名”研究的只是美国顶级研究型大学。这个特点是很多其他排名体系所不具备的，这会对指标体系设计有很大影响。

（三）《美国顶尖研究型大学年度报告》的应用及影响

美国研究型大学绩效评价中心的数据与分析已经引起了全美范围的重视，该中心已与美国国内外众多院校和团体共同讨论一些促进大学绩效表现的激励制度和奖励制度等问题。在最近的一个研究项目中，该中心重点关注大学是如何形成其预算分析方法和数据的，以了解那些促使研究型大学取得成功和改进的重大投资决定是如何形成的。

第三节　美国地方高等教育绩效评价

美国许多州都设有州高等教育委员会，作为州政府和高校之间的协调机构对高校开展绩效评价。州高等教育委员会在州长和议会的领导下开展工作，以确保中学后教育机构的整体运行与州优先发展目标相一致并为公共利益服务。州高等教育委员会包括管理委员会和协调委员会，两者的区别在于它们的责任、影响力和权力级别不相同。大部分委员会创设了问责系统来测量和保障其所辖范围内学校的质量。目前比较流行的问责方式包括绩效预算、绩效报告和绩效拨款。尽管问责是这些系统的首要目的，但大多数州也鼓励院校运用这些数据和资料进行自我改进。

---

① 参见：J. V. Lombardi，D. D. Craige，E. D. Capaldi and D. S. Gater. The Myth of Number One：Indicators of Research University Performance，2000；D. D. Craige. Top American Research Universities：An Overview，2002. J. V. Lombardi，E. D. Capaldi，K. R. Reeves and D. S. Gater. Measuring and Improving Research Universities：The Center at Five Years，2004. http：//mup. asu. edu.

问责系统根据利益相关者、大学和中介组织之间合作层次的高低而有所差异。有些高等教育委员会指导性强，而有些则比较弱。州高等教育委员会决定的评估目标、标准以及评估程序，在没有大学广泛参与的情况下，通常会引起一些矛盾和抱怨。学校领导可能会认为州政府这样做是将一些不能反映学校实际质量状况的评估标准强加于他们。另外有一些州高等教育委员会更具合作精神，要求高校在确立评估目标和方法的过程中发挥实质性作用，这种方法更易于被大学接受，但是这样既耗时又耗资。

通过问责系统收集到的信息至少用于以下四个方面：第一，拨款。一些州把拨款的比例与学校绩效挂钩。例如，田纳西州高校2%~5%的预算是基于评估结果来分配的。第二，课程计划的编制与取消。评估结果可能有助于学术计划的决策。例如，除了其他改革措施外，美国伊利诺伊州高等教育委员会基于对评估数据的分析，在1992年提出建议对公立大学190个课程计划进行取消、合并或削减，涉及整个本科课程计划的7%。第三，促使高校改进质量。很多州都鼓励各高校运用评估结果来达到自我改进的目的，但实际上改进程度如何目前尚不清楚。第四，提供公共信息。评估结果也为公众了解州内高等教育系统状况提供了一种途径。因此，一些州发行报告卡供本州整个高等教育系统或各高校参考。然而，州问责系统的有效性还不稳定。一方面，这一做法可能带来质量的改进并促使高校教育目标与州政策目标更加一致。另一方面，这一做法也可能会造成一些分歧和争论，使得高校重新调整资源分配。

下面分别以明尼苏达州和田纳西州高等教育委员会为例，分析州高等教育委员会主导的公立高校绩效评价体系及特点。

一、明尼苏达州高等教育评价报告

（一）概述

2005年，明尼苏达州立法委员会要求明尼苏达高等教育委员会办公室“制定并执行一套程序对本州的中学后教育的有效性进行评价和报告”，于是《明尼苏达州高等教育评价报告》（*Minnesota Measures*）应运而生。该报告主要是用来辅助明尼苏达州的政策制定者制定愿景，确定优先发展目标，制定指标，以推动明尼苏达州在信息时代发挥引领作用。该报告每年发布一次，自2005年以来，所使用的指标体系保持了相对的稳定性。

明尼苏达州的学生和纳税人很重视也很支持高等教育的发展，该州纳税人每年要为本州的公立学院、大学和财政资助项目提供13亿多美元的资金。在过去10年里，州立法者已经批准了上百万美元的经费用于州属高等教育设施的基建、重建和维修。而且，明尼苏达的学生及其家庭向高校支付了学费和杂费，也希望学校能够提供较高的学术质量。

在这种背景下，2005年和2006年，明尼苏达州的广大教育者、政策制定者、雇主以及一些领导者广泛参与，共同制定了一套评价目标和相应的指标。《明尼苏达州高等教育评价报告》不仅提供了一个新的视角，使人们能够对该州的中学后教育质量及效果有一个整体的了解，还便于明尼苏达州与其他州甚至其他国家进行横向比较，从而有助于找出本州的优势和尚需改进的地方。

（二）指标体系

该报告共确立了五大目标，每个目标下面设有相应的指标，见表6-3。

表6-3　《明尼苏达州高等教育评价报告》的指标体系

目标	一级指标	二级指标
目标1：促进所有学生的成功，尤其是要促进那些在高等教育里代表不足的群体的成功	大学入学情况	1A：明尼苏达州的高中毕业生在毕业后的一年里，接受中学后教育的比例有多高？
	保持率	1B：第一次在大学注册的学生第二年是否继续在该校读书？
	毕业率	1C：明尼苏达州各院校在大学毕业率方面的对比情况如何？
	达成度差距	1D：不同种族和民族的本科生注册接受高等教育的比率是否相同？
		1E：不同种族和民族的本科生是否以类似的学业水平完成中学后教育？

表6-3（续）

目标	一级指标	二级指标
目标2：建立一个能够培养各种层次毕业生的应激性系统，为本州经济服务	注册率	2A：明尼苏达州的中学后教育项目的不同年龄段人口的注册率
	网络在线学习	2B：明尼苏达州的大学和学院是否能够满足人们对于网络在线学习的需求？
	获得学位情况	2C：在明尼苏达州处于工作年龄段（working-age）的人口里，具有中学后教育学历的比例是多少？
	学习项目	2D：全日制学生获得本科学位的比例是多少？
	职业需求	2E：明尼苏达州的学生是否选择了一些与社会紧缺职业相关的专业或学科？
		2F：是否所有种族和民族的学生都选择了那些与社会急需职业相关的专业或学科？
		2G：明尼苏达州的大学培养的毕业生是否能满足那些需求量大且收入高的工作？
目标3：促进学生的学习，提高学生的技能，使之能够在全球化市场中有效竞争	学习结果评估	3A：明尼苏达州中学后教育机构是如何通过标准化测试衡量学生的学习情况的？
	学生参与情况	3B：明尼苏达州的学生是否充分投入到教育过程中？
	为攻读研究生做准备	3C：明尼苏达州的中学后教育机构是如何为其毕业生的继续学习做准备的？
	为获得证书与执照做准备	3D：明尼苏达州的毕业生的证书和执照考试通过率，与全国平均水平以及其他州相比，处在什么位置？
	就业准备	3E：明尼苏达州的雇主对明尼苏达州中学后教育机构毕业生的满意率如何？

表6-3（续）

目标	一级指标	二级指标
目标4：为州经济发展做贡献，使之能够通过研究、劳动力培训和其他合适的方式在全球化市场中富有竞争力	研究与发现	4A. 明尼苏达州的学术研究在全国的相对位置如何？
		4B. 明尼苏达大学与其他旗舰研究型院校相比处于什么位置？
		4C. 研发经费占 GDP 的比例是多少？
	劳动力发展	4D. 明尼苏达州立大学和学院在传统培训和合同培训中开展了什么活动？
		4E. 明尼苏达中学后教育机构是如何满足州内雇主对劳动力培训的需求的？
目标5：为所有学生提供入学机会，让所有学生上得起学，并且有选择的机会	学生的选择	5A. 低收入家庭的学生主要在哪类学校注册？
	净价格	5B. 明尼苏达州院校的学费和杂费与全国其他大学的学费和杂费相比情况如何？
	经济承受能力	5C. 根据学生及其家庭的收入，明尼苏达州的高等教育净价格是多少？
	借贷模式	5D. 明尼苏达州的本科生在多大程度上贷款资助自己的教育？

资料来源：http：//www. cpec. ca. gov/CompleteReports/ExternalDocuments/MinnesotaMeasures2009. pdf

二、田纳西州公立高校绩效评价及应用

田纳西州是美国最早制定和实施绩效资助政策的州，被各界人士视为比较成功的案例。1975 年田纳西州的 21 所公立高校中有 12 所在政府的号召下自愿参与了绩效资助试验计划。1979 年田纳西州高等教育委员会与高校协商制定了绩效资助政策，并建立了 10 项绩效指标。该政策的主要设计人指出，他们的目标是通过绩效评价提高高校公共负责程度和推动质量改进，并视该政策为

提高田纳西州高等教育的投资收益率的重要工具。①

对于绩效表现出色的公立高校，政府将给予超出该校财政拨款总额比例的“奖励”。1980—1981 学年，田纳西州的公立高校可以凭借绩效指标的优异表现获得占高校总财政拨款 2% 的最高奖金；目前用于奖励绩效表现出色的高校的最高奖金已经提高到高校总财政拨款的 5.45%。在所有将一部分财政经费按绩效表现分配的州中，田纳西州绩效资助占高等教育拨款总额的比例是最高的。从 1982—1983 学年开始，田纳西州资助每 5 年进行一次绩效资助，在 5 年内根据高校年度绩效表现进行微调。

（一）州高等教育绩效评价组织者：州高等教育委员会

田纳西州的高等教育系统是由两个管理委员会和田纳西州高等教育委员会（Tennessee Higher Education Commission，简称 THEC）组成，其中两个管理委员会负责监督指导 9 所大学、13 所社区学院和 26 个技术中心。THEC 是一个协调委员会，它起到“缓冲器”的作用。该委员会创建于 1967 年，承担有关规划、控制和提出建议等方面的责任，包括学校的预算和课程的协调。一方面，它是高等教育的代言人，在与政府协商、沟通时，反映大学的要求；另一方面，它又是政府的助手，帮助政府把适当形式的责任施加给高等学校。在某种程度上，THEC 的作用主要在影响高等教育政策方面，与其他高等教育部门一起协商、制定和促进全州的高等教育政策。这一特点有利于在保证高等教育学术自主权的同时确保政府拨款得到有效利用，促使高校恰如其分地履行社会赋予它们的责任。

（二）州高等教育绩效评价体系：发展历程及指标变化

从 1974 年开始规划设计，到 1978 年试运行，再到现在，田纳西州的绩效拨款政策已经运行了 30 多年，正式开展了七轮，见表 6－4。

① T. W. Banta, et al. Performance Funding Comes of Age in Tennessee [J]. The Journal of Higher Education, 1996, 67 (1): 23－45.

表 6-4　田纳西州绩效拨款周期①

序号	拨款周期	起止年限
1	规划设计阶段	1974—1975 年至 1977—1978 年
2	试运行阶段	1978—1979 年至 1981—1982 年
3	第一轮拨款周期	1982—1983 年至 1986—1987 年
4	第二轮拨款周期	1987—1988 年至 1991—1992 年
5	第三轮拨款周期	1992—1993 年至 1996—1997 年
6	第四轮拨款周期	1997—1998 年至 1999—2000 年
7	第五轮拨款周期	2000—2001 年至 2004—2005 年
8	第六轮拨款周期	2005—2006 年至 2009—2010 年
9	第七轮拨款周期	2010—2011 年至 2014—2015 年

从 1974 年起，田纳西州高等教育委员会就开始研究绩效资助政策的原理及其在技术上的可行性，目的是使这项工作能够成为针对所有层次教育的绩效评价工具。

田纳西州每 5 年对绩效资助政策进行一次修订。这些修订包括了绩效指标性质及数目的变化、部分绩效指标评测手段及评估标准的变化以及基于绩效资助的固定拨款比例的变化。例如，田纳西州从 1979—1980 年到 2000—2005 年，绩效评价指标性质及标准发生了以下变化：第一，绩效指标的数目从最初的 5 个增加到 10 个。第二，指标从最初对所有学校通用的 5 个指标变为能够识别不同学校任务、目标差异的一套指标。绩效指标的评估性质或评分调查方式由原来的以自我参考为主变为与其他州同类院校的比较。第三，对州高等教育绩效资助的拨款追加幅度从 2% 增长到 5.45%。第四，绩效指标或标准从原来对所有高校都适用转变为承认院校目标的不同（如两年制和四年制），并让学校对自己的战略目标达成度或对州战略目标贡献进行评估。这些标准及政策

① Tennessee Higher Education Commission. PF History by Institutions [EB/OL]. http://www.state.tn.us/thec/Divisions/AcademicAffairs/performance_ funding/PF History by Institution. pdf, 2011-02-02.

的变化体现了高等教育评议会、董事会、协调委员会的价值取向和利益。①

表 6－5　1979—1980 年田纳西州绩效评价指标

绩效指标	最大值	赋值得分
认证	20	10
综合教育产出	20	15
专业领域的产出	20	0
同行评价	20	10
选择变量	20	5
总计	100	40

资料来源：E. 格威狄·博格，金伯利·宾汉·霍尔. 高等教育中的质量与问责［M］. 毛亚庆，刘冷馨，译. 北京：北京师范大学出版社，2008：188.

从表 6－5 可以看出政策最初阶段的重点是利用财政政策使学校进行独立的绩效评价活动，州政府并未具体指定或颁布评估工具。在最初阶段的 3 年里，州内 21 所高校全部自主选择了美国大学入学考试（ACT COMP）作为普通教育成果的评估依据。到 2000—2005 年，用于评测普通教育成果的指标，数目减少到了 15 个（表 6－6），更重要的是规定了一些可接受的评测方法：加利福尼亚批判性思维技能测试（California Critical Thinking Skills Test，简称 CCTST）、大学基本学术性学科测验（College Basic Academic Subjects Examination，简称 College BASE）、大学学术能力评估（Collegiate Assessment of Academic Proficiency，简称 CAAP）。

2000—2005 年评价标准的另外一个特点是注重评估结果对学校的系科专业及学生的发展产生的实际影响。这个特点不仅要求学校从各种评估中有所收获，而且要求评估结果对培养项目及学生产生影响。这种政策改进能够减少高校对各种绩效指标敷衍了事的情况并鼓励绩效指标数据在教育实践中的应用。以前一些学校期望通过实施前面提及的评估来满足通识教育标准的要求，但评估结果往往对一般的教育项目和学生进步及学校的绩效几乎没有或只有很小的效果。

① E. 格威狄·博格，等. 高等教育中的质量与问责［M］. 毛亚庆，等，译. 北京：北京师范大学出版社，2008：187.

表 6－6 2000—2005 年第五周期的绩效评价标准及指标

绩效标准	2 年制学院	大学
标准 1——学术测评和项目评估		
A. 对于总体教育结果的基础测评	15	15
B. 对于其他教育结果的引导性测评	5	5
C. 学科专业问责		
学科专业评价	5	10
学科专业认证	10	15
D. 主要领域的测评	15	15
标准 2——满意度研究		
A. 学生、男毕业生、雇主的调查	10	10
B. 转化和表达		
标准 3——计划和合作		
A. 独特的学校目标	5	5
B. 州的战略目标	5	5
标准 4——学生结果和实施		
A. 目标产出		
1. 保持率	5	5
2. 就业	15	
B. 实施评价	10	10
总分	100	100

资料来源：E. 格威狄·博格，等. 高等教育中的质量与问责［M］. 毛亚庆，等，译. 北京：北京师范大学出版社，2008：189.

表 6－7 是田纳西州 2005—2010 年使用的五条绩效评价标准：第一，学生的学习环境及学习效果，具体通过通识教育、专业领域测评和认证/项目评审/学术审查三个方面来衡量。第二，学生满意度。第三，学生保持率。第四，州总体计划中的优先发展项目，具体包括院校战略规划目标、州战略规划目标、转学和就业率四个方面。第五，评估结果，具体通过预评估和实施评估两个方面体现。从中可以看到该州绩效评价指标的新变化。

表 6－7 田纳西州 2005—2010 年绩效评价标准及指标

标准及指标	社区学院	大学
标准 1——学生的学习环境及学习效果		
学生的学习—通识教育	15	15
学生的学习—主攻领域测评	10	10
认证/项目评审/学术审查	10	15
标准 2——学生满意度	10	10
标准 3——学生保持率	15	15
标准 4——州总体计划中的优先发展项目		
院校战略规划目标	5	5
州战略规划目标	10	10
转学及其他	－	5
就业安置情况	10	－
标准 5——评估结果		
预评估	5	5
实施评估	10	10
总分	100	100

资料来源：http：//tn. gov/thec/Divisions/AcademicAffairs/PerformanceFunding/performance_ pdfs/PF_ 2005－10_ Cycle_ Standards. pdf.

2010 年 7 月，田纳西州高等教育委员会公布了最新一轮绩效评价标准。与 2005—2010 年相比，2010—2015 年的评价标准由 5 条简化为 2 条，分别是：学生的学习和参与情况以及学生入学质量和取得的学业成就，见表 6－8。

表 6-8 田纳西州 2010—2015 年第七轮绩效评价标准及指标

标准及指标	社区学院	大学
标准 1——学生的学习和参与情况		
通识教育测评	15	15
专业领域测评	15	15
学术项目：认证与评估	15	25
满意度调查	10	10
就业安置率	10	无
测评实施情况	10	10
小计	75	75
标准 2——学生入学质量和取得的学业成就	25	25
对下列群体中的 5 组人群的关注情况。 1. 成人；2. 低收入家庭；3. 非洲裔美国人；4. 西班牙裔；5. 男性；6. 高需求的地理区域；7. 科学、技术、工程及教学领域；8. 健康；9. 高需求；10. 择校；11. 从社区学院转到大学里的学生；12. AA/AS/AST 转学生；13. 获得学士学位的田纳西州社区学院毕业生。		
总分	100	100

资料来源：Performance Funding 2010 - 2015 Approved Standards［EB/OL］. http：//tennessee. gov/moa/documents/perf _ fund _ task _ force/THEC% 20PF% 202010 - 15% 20Guidebook. pdf

对比 2005—2010 年和 2010—2015 年的评价标准可以发现，最新的绩效评价标准较之以往大大简化，更加鲜明地聚焦于学术整合性（Academic integrity）和院校教育质量；而且这些标准所需要的指标都可利用学校现有的数据资料获得，无须学校另行采集信息。另外，评价结果将被用于州政府高等教育拨款公式计算，同时，这些年度报告将被公开，将与拨款公式计算的结果一道，构成比较统一的问责体系，服务于田纳西州的总体规划。

（三）州高等教育绩效评价特点

田纳西州的绩效评价体系主要有以下几个特点：

第一，是建立在自我评价基础之上的第三方评价。田纳西州高等教育委员会是高校绩效评价的组织实施者。州高等教育委员会协调政府部门和高校的相关人员，以政府的政策目标为导向，共同制定绩效评价指标、权重和达标标准等评价要素，以高校提供数据进行自我评价为基础，同时利用全国或专业组织统一的测验结果或调查结果对高校的绩效表现进行评价。作为高校的代言人和政府的助手，田纳西州高等教育委员会所承担的角色有利于在保证高校办学自主权的同时，确保政府拨款的有效利用，促使高校恰如其分地履行其责任。

第二，评价指标强调效率与公平。绩效指标是绩效评价中不可或缺的一部分。绩效指标的选择体现了评价的目的和政策导向。1979 年以来，田纳西州的绩效评价指标随着周期的推移和环境的改变而不断改进，随着政府、院校、学生、家长、商业人士的需求的改变而改变。① 虽然该州绩效评价指标在数量上经历了由简到繁，又由繁到简的过程，具体指标权重也有所调整，但其总的导向仍然是关注州政府的相关政策目标，评价指标在内容上越来越重视教育效果和学生的学习结果，强调教育公平和效率，在具体数据的采集上则主要是利用已有的考试、调查或认证结果，以减轻高校的负担。

2010—2015 年的绩效评价明确指出要以质量保障为导向，对各公立高校的具体评价指标包括学科专业评估和认证的结果、学生在通识教育和主修专业领域的测验中的分数、学生的满意度调查结果、用人单位满意度调查结果，以及各校组织实施绩效评价的情况。对于两年制学院而言，评价指标中还包括学生的就业情况。田纳西州新一轮的绩效资助政策新增加了“学生入学质量及取得的成功”这一指标，并赋予其 25% 的权重，在一定程度上体现了该州对教育公平的追求。

第三，坚持分类评价的原则。田纳西州高等教育委员会大体上遵循的是分类评价的原则。首先，田纳西州的绩效评价主要是针对本州的公立高校，而非所有高校。其次，在评价过程中，将公立高校区分为大学和两年制学院两大类，通过指标和权重的不同来体现学校类型之间的差异。

在田纳西州的公立高校绩效评价中，四年制大学和两年制学院共享一些核心指标，分别是“通识教育测评（15%）”、“专业领域测评（15%）”、“满意度调查（10%）”、“评估实施情况（10%）”以及“学生入学质量和取得的学

① 郑晓凤．美国高等教育绩效拨款特征——以田纳西州为例［J］．中国高等教育评估，2006（2）：43－46．

业成就（25%）”。此外，为了体现出四年制大学与两年制学院的差异，田纳西州高等教育委员会专门针对两年制学院设置了“就业率”这一指标，其权重为10%，而对于四年制大学，该指标的权重则为0，这主要是为了激励社区学院继续改进其职业教育类毕业生的就业情况。与此同时，为了强调四年制大学的学术性，同时激励其提高学术水平，田纳西州高等教育委员会规定“学科专业质量”这一指标在这类学校所占权重为25%，在两年制学院则为15%。①

在分类评价过程中，田纳西州高等教育委员会规定，社区学院的每个主要的职业领域都须根据毕业生的就业率接受评价。与大学相当的、专业性职业（professional）学习以及学术性证书项目的就业率则不必接受评估。

第四，借助外力获得评价依据，减轻高校负担，增加评价结果的客观性。为减少各院校提交报告的负担，田纳西州高等教育委员会的绩效评价较为广泛地利用了美国一些广为认可的考试评价机构或专业认证机构的测试结果，这样，高校就不必疲于应付各级各类的评估和认证。

例如，在衡量高校的“通识教育”这一指标时，田纳西州高等教育委员会要求各校必须在“加利福尼亚批判性思维技能测试”、大学基本学术性学科测验、大学学术能力评估或者美国教育考试服务中心（Educational Testing Service，简称ETS）的能力测试中选择一项，让不少于400名学生参加测试，并将本校学生的测验结果与全国的平均成绩做比较。在“学术性系科专业质量”这一指标上，主要衡量依据是学校通过的各类专业认证机构认证的专业所占百分比。“满意度调查”这一指标则包括在校生的满意度调查、校友满意度调查和用人单位满意度调查。其中，对在校生的满意度调查结果主要是通过“全美大学生学习性投入情况调查”（National Survey of Student Engagement，简称NSSE）体现出来，两年制学院的在校生满意度调查则是通过“社区学院大学生学习性投入情况调查”（Community College Survey of Student Engagement，简称CCSSE）来反映。

NSSE在全美具有深远而广泛的影响力，很多高校都积极参加这一调查。

① Tennessee Higher Education Commission. 2010 – 2015 Performance Funding Quality Assurance [EB/OL]. http://tennessee.gov/moa/documents/perf_fund_task_force/THEC%20PF%202010% – 15%20Guidebook.pdf，2011 – 04 – 24.

每年春季入学时，NSSE 对拥有学士学位授予权的高校一到四年级学生进行随机抽样和调查，从而对学生在各种有效教育实践中的参与情况作出评定，这些活动包括协作学习、及时反馈、强调高级思维技能的课程作业等。高校可将参与 NSSE 调查的结果作为评价依据提交给不同的问责机构。

以类似 NSSE 这样的专业调查结果作为评价依据，不仅大大减少评价主体和评价对象的工作量，而且有助于保证评价结果的客观性和公正性，还有助于州政府对本州的公立高等教育情况进行州际比较。

第五，周密规划的评价过程。田纳西州公立高校绩效资助政策以 5 年为一个周期，在每一个周期内开展绩效评价的计划性非常强。就 2010—2015 年的绩效评价而言，高校须在 2010 年就做好 5 年的整体规划，此后的每一年重点围绕某一项指标开展评估，同时为下一年要开展的评估做好计划。

例如，2010 年 6 月、10 月，各校须分别提交通识教育评估计划和学术系科专业评估以及主修领域评估的规划文件；2010 年 11 月，各校须确定参加各种评估项目的学生群体；2010 年 12 月，各校须提交实施各项评估的时间安排。

从 2011 年开始，各高校就要陆续开始实施评估计划。例如 2011 年春季各校须实施大学生学习性投入调查（NSSE/CCSSE），还应于 2011 年 3 月提交校友满意度调查项目计划和用人单位满意度调查计划，并于 2011—2012 年实施校友满意度调查，于 2012—2013 年实施用人单位满意度调查。2014 年春季，各校应再次开展大学生学习性投入调查（NSSE/CCSSE）。此外从 2011 年开始，各校每年 8 月都须提交一项年度绩效资助报告。

田纳西州高等教育委员会规定各公立高校都须严格遵守这一评估日程安排。规划周密的评价过程有助于分散高校应对评估的任务和压力，使之有条不紊地收集数据，为该委员会提供可靠的绩效评价证据提供了时间保障。

第六，确保评价质量。为确保绩效评价工作质量，保证评价结果的有效性，田纳西州高等教育委员会不仅制定了周密的评价时间表和严格的评审程序以及相关规定，并且对各校参与评价活动过程中的表现进行评分。

例如，田纳西州高等教育委员会规定学校所有项目调查者的回应率都不应低于 95%；学校必须分专业报告免予调查者的人数和就业率。院校参与评价活动的过程本身也要接受评价，评价结果占 10% 的权重。此举意在对院校评估过程的成熟度和有效度进行评价。在对“评估实施情况”进行评价时，高校须回答以下问题：学校确定努力实现的目标是什么？确定使用什么评价方法？选择这些方法的理由是什么？学校打算如何开展评价或如何收集和阐释证据？学校发生了什么？有哪些值得学习之处？学校确定如何利用这些信息？高校应如何借助这些信息提高系科专业质量？

此外，田纳西州高等教育委员会还在评估周期开始之前的一年就对评估人员进行培训。这些评估人员都是由校长提名或由治理委员会的工作人员挑选出来的。培训的目的是为了确保评估人员在年度报告评审的过程中运用的标准一致。此外，院校在评估周期中每年都要提交一份报告，就其在开展评估过程中的表现接受同行评价打分。

综上所述，从评价主体来看，田纳西州公立高校绩效评价是一种建立在自我评价基础之上的第三方评价；从评价过程来看，强调计划性和周期性，目标明确，重点突出；从评价内容来看，教育质量和学生的学习成效备受关注，评价指标尤其体现出了大学教育的整体性（从学生入学到毕业就业整个过程都有相应的评价指标）；从评价方法来看，田纳西州高等教育委员会主要是借助美国国内现有的、影响较大的各类测评机构的测评结果；从对评价结果的处理来看，他们更加关注院校的改善程度、强调高校日后的改进策略，并将其改善情况纳入下一周期的评估过程中；从对评价过程本身的质量保障来看，州高等教育委员会不仅制定了严格的评审条件，并且对各校自身的评价活动本身进行评价打分。

（四）田纳西州高等教育绩效评价结果的应用：绩效资助

田纳西州对公立高校开展的绩效评价结果，主要是为实现绩效资助提供依据。田纳西州高等教育委员会是绩效资助政策发展的最初推动者，它领导了最初的政策设计，参与者还包括州大学教职员工及董事会成员、政府官员（包括两名立法委员会及财政委员会成员），以及国家高等教育专门评审小组的专家学者。在该政策执行的最初两年（1974—1976 年），高校大约获得了 50 万美元的拨款，来源有凯洛格资助、福特基金资助等。这些资助保证了 1974—1979 年绩效资助政策起步及发展工作。

总之，绩效资助政策旨在激励各高校在实现各自使命的同时提高教学水平和学生的学习效果，旨在对学校的优异表现加以奖励，同时也提供了一种方式来衡量和评价公立高等教育所取得的进步。

第四节　美国高等教育绩效评价的特点

综观上述几种绩效评价组织从不同层面对美国高等教育的绩效评价活动，可发现以下几个特点。

一、坚持分类评价

分类评价是美国高等教育绩效评价的一个重要指导思想。无论是全国性的还是区域性的评估组织，抑或是州一级的评估组织，都遵循了分类评价的原则。如美国研究型大学绩效评价中心，就是专门针对研究型大学开展的评价与测量活动，并对研究型大学做了清晰的界定。在州一级的评价中，如田纳西州高等教育委员会主要是对本州的公立大学和学院进行评价，在评价指标的设计上，则充分考虑到了不同类别高校的性质与目的。

二、注重绩效评价指标的导向作用

几乎上述所有评估组织都非常明确自己的评价目的，这在州高等教育委员会和美国研究型大学绩效评价中心制定的绩效评价指标中表现得尤其突出。前者特别强调教育公平，后者特别强调研究型大学的特质。这对于我们的启示是，要随时保持对意图（我们的目的是什么）和对绩效（我们能把工作干到什么程度，我们如何知晓）的质询，尤其在大学的组织中，这是非常必要的。因为，如果绩效评价指标设计不合理或绩效评价结果运用不恰当，就可能会偏离甚至破坏高等教育的目的。另外值得注意的是，田纳西州的绩效资助政策之所以开展得最持久最成功，与其绩效评价指标的确定过程不无联系。在高等教育委员会的协调下，学术界和政府官员都参与设计和指导绩效资助政策，这在一定程度上确保了其绩效指标和绩效资助政策体系的有效性。

三、不断调整和改进绩效评价指标

美国不同机构开展高等教育绩效评价时，选用的指标种类繁多，但拉伯特（Ruppert）通过对美国10个州在公共系统中使用的绩效指标进行调查，发现下列指标最为常见：通常的招生标准以及新生与这些标准进行的比较；补习活动以及补习效果的指标；不同性别和种族以及不同系科的学生的注册率、保持率以及毕业率；学校及学科领域总共提供的学分学时数；转学率以及从两年制学校和四年制学院转来的学生的比例；学校总共授予的学位数以及获得学位的时间；专业性职业资格证书考试的通过率；毕业生就业数据；对校友、学生、家长以及雇主的满意度调查结果；教师工作量和研究成果数据；通过认证的和合格的系科专业的数量；外来或接受资助的研究经费。①

针对绩效指标繁多的现象，博格（Bogue）警告说，第一，绩效指标政策系统包含了太多的指标，以至于它们太过于庞大臃肿，甚至自相矛盾，最终都不会十分有效。第二，高等教育领导者最好能够理解教育事业的本质及其复杂性，并要提醒自已不是所有有关教育事业的美好现实都能通过绩效数字找到。第三，所有的绩效指标都可能会受到不道德的操纵，从而让一切看上去都很“完美”。第四，不具有决策效用的内容广泛的绩效指标体系没有任何价值。②

研究表明，上述所有绩效评价组织，所运用的绩效指标都有一个发展变化、不断改进的过程，这种变化与社会的经济、政治、文化背景以及大众的要求有密切联系。田纳西州的高等教育绩效评价指标的变化发展历程就是一个明证。综观各类绩效评价活动几乎都可以发现，这些不同评价机构都更加注重对结果/产出的测量，而不再局限于对过程和投入的关注，尤其更加重视对学生的学习效果的评价。

---

① S. S. Ruppert. Roots and Realities of State-level Performance Indicator Systems［A］// Caither，Gerald（eds）. Assessing Performance in an Age of Accountability：Case Studies［M］. San Francisco：Jossey-Bass 1995：11－23.

② E. 格威狄·博格，等. 高等教育中的质量与问责［M］. 毛亚庆，等，译. 北京：北京师范大学出版社，2008：195.

四、将绩效评价结果与相应政策结合

将绩效评价结果与相应的政策结合，促使绩效评价发挥应有的作用。例如，美国高等教育区域认证的评估结果将影响到学校能否通过认证，进而影响到学校的办学资质，因此学校必须加以重视。再如田纳西州的州高等教育绩效评价是绩效资助政策中的一个核心环节，评价结果与学校可获得的州拨款紧密相关，在财政资助日益紧缩的情况下，高校须十分重视评价活动。绩效报告政策在很多州最终流于形式，其原因都在于它未能将绩效评价与预算或拨款行为联系起来。仅仅将信息公开很难刺激高校采取实质性的行动。

五、利用被广泛认可的已有评价结果

上述评估组织在衡量学生的质量（包括新生质量、通识教育情况等）时，大多利用了学生的 ACT/SAT 成绩，在评价一所学校的教育质量时，还利用了其他在美国有广泛影响力的机构对学生的满意度调查、大学生学习性投入调查等数据。通过这种途径采集数据，不仅可以减少被评高校的负担，而且有助于对评估结果进行校际间比较。

六、采取持续性和周期性的评估

周期性的评估有助于解决教育效果滞后性的问题。而持续性的评估有利于对学校和学生的发展变化情况加以对比。例如，区域认证每 10 年对高校进行一次认证，田纳西州则是每 5 年为一个评估周期。他们在评价过程中都注重结合学校自身的基础和发展目标以及阶段性发展成效。

第七章

英国高等教育绩效评价

英国是实施高等教育绩效评价最具典型意义的国家之一。在英国高等教育绩效评价实施30年后的今天，以一个旁观者的视角重新审视英国为什么在高等教育领域引入绩效评价？绩效评价在政策上是如何发展的？在实践中又究竟是如何运作的？产生了哪些积极的和消极的影响？思考这些问题无疑是必要而有益的。正如伦敦大学教育学院鲍尔（Ball）教授所指出的，“教育改革犹如‘政策流行病’席卷全球…… 虽然具体细节各有差别，但各国改革的总体效应却存在惊人的相似之处。虽然具体形式各异，但教育改革整体的要素却同样适用于中小学、学院和大学。这些要素包括市场、管理主义和强调绩效。……当将这些要素综合起来考虑的时候，我们就可以从政治的角度，对教育供给的以国家为中心和公共福利性质的传统做出富有吸引力和卓有成效的抉择”。①

第一节　英国高等教育绩效评价的背景与政策

20世纪80年代以来，发达国家的公共部门管理已发生了转变，长期居于支配地位的传统公共行政管理科层官僚体制形式逐步为一种以市场为基础的灵活的新公共管理形式所取代。在此浪潮中，英国保守党政府推行了西欧最激进的政府改革计划。② 在整个20世纪80年代，以撒切尔为首的保守党政府认为，

① 斯蒂芬·鲍尔．教育改革——批评和后结构主义的视角［M］．侯定凯，译．华东师范大学出版社，2002：1．

② 陈振明．政府再造——公共部门管理改革的战略与战术［J］．东南学术，2002（5）：19.

通过市场机制私营部门的确得到了有效的管理，并认为私营部门为公共部门提供了理想的模式。[①] 由此，高等教育绩效评价开始进入英国政府的政策议程之中，并得到不断推进和发展。

一、经济危机与治理变革：高等教育绩效评价的兴起

20 世纪 70 年代后期，随着经济形势的恶化以及保守党政府的上台，货币主义成为一种居主导地位的意识形态。在货币主义思想的指导下，撒切尔政府经济政策的内容发生了转折性的变化。这种变化突出表现在实行紧缩银根的货币政策、严格控制政府的支出以及大规模推行私有化。这不仅导致政府公共支出的紧缩，也致使高等教育经历了从“需求导向”到“支出导向”的转变。在这种形势下，高等教育不再被政府视为一种投资，而被看做是重要的成本中心，一项费钱的事业。在 20 世纪 80 年代，英国政府的高等教育政策制定主要是出于两个方面的考虑：一是如何有助于减少公共开支；二是通过鼓励高校从政府和非政府渠道获得更多的经费收入，明确赋予其相应的责任从而提高经费的使用效率。“新政府将高等教育支出仅仅看做是政府整个支出的组成部分，并要求高等教育要在可获得财力的范围内适当地开展活动。”[②] 绩效评价由此开始成为政府改革包括高等教育在内的整个公共部门改革的一剂“良方”。

由于传统的官僚政治体制按一贯的投入而非行动的绩效进行拨款，对行动效果的忽视导致了机构臃肿、效率低下、资源浪费等种种问题。随着这些问题的日益累积，政府面临严重的管理危机和公共信任危机。因此，到了 20 世纪 70 年代末期，以管理主义的策略和方法改革公共部门受到撒切尔新政府的极大重视。撒切尔夫人把公共部门的绩效评价作为克服官僚主义和提高行政效率的一个重要手段，并逐步使之系统化、规范化和经常化。1979 年，撒切尔夫人一上任就立即任命英国最大零售企业玛莎百货（Marks & Spencer）的老板雷纳爵士（Sir Rayner）为她的效率顾问，同时在首相办公室专门设立了一个效率小组并由其对政府部门的运作情况展开全面而深入的调查（著名的“雷纳

---

① C. Shore and S. Wright. Audit Culture and Anthropology: Neo-Liberalism in British Higher Education [J]. Journal of Royal Anthropological Institute, 1999, 5 (4).

② M. Shattock. British Higher Education under Pressure: Politics, Budges and Demography and the Acceleration of Ideas for Change [J]. European Journal of Education, 1984, 19 (2).

效率评审”)。此后，撒切尔政府紧锣密鼓地采取了一系列的举措。

按照美国学者特罗（Trow）的分析①，管理主义以两种迥然不同的形式应用到英国高等教育领域之中，即“柔性概念”（Soft concept）和“刚性概念”（Hard concept）。“柔性概念”将管理的有效性视为低成本高质量地提供高等教育服务的一个重要的要素，并强调要提高现有高等教育机构的“效率”。持此观点的人多为大学高级行政管理人员和学者，尽管他们也对过去英国大学和学术界的自满和保守、低效管理以及忽视与工商业界建立联系进行过批评，但是他们仍将高等教育看做是自治的活动，而且要按照既有规则和传统以及学术共同体自己采取的更有效、更合理的措施来进行管理。与之相反，“刚性概念”则将高等教育机构和体系的管理提升到高等教育的支配地位，提出通过引入推动高等教育服务不断改善的管理制度，对高等教育进行重组和改革。在这种概念中，持续改进质量和效率的管理主要是建立一整套对教育活动成果进行持续评价的标准和机制，并通过连接这些评价与拨款的规则对高校和主要教育单位进行奖惩来实现。持此观点的人大多为政府官员和工商业界人士，他们不再相信高等教育的学术共同体，而是决意通过从外部引入公式化拨款、其他绩效责任机制以及大型商业企业创造并广泛应用的各种管理机制来重组和引导学术共同体的活动。商业模式是刚性管理主义概念的核心所在。在当时的情况下，刚性管理主义概念占据着主导地位。一方面，政府对学术界已失去了信任，不再信任其严格评价和改进自身活动的能力。另一方面，政府认为必须为有效竞争的市场寻求和创设一种替代信任作用的“底线”②。

二、强化效率与注重质量：高等教育绩效评价的政策推进

20 世纪 70 年代末和 80 年代初，当货币主义和管理主义上升为英国强势的国家治理理念，当医疗、警察、地方政府等诸多公共部门纷纷开始实行绩效评价以后，高等教育的绩效评价也突出地成为财政部、教育和科学部（Department of Education and Science，简称 DES）等政府部门以及大学拨款委员会、

① Martin Trow. Managerialism and the Academic Profession：The Case of England［A］// Quality Support Centre. Managerialism and the Academic Profession：Quality and Control［M］. London：The Open University，1994：13－16.

② 在商业企业中，这种“底线”主要表现在对质量和成本的控制。

大学副校长和校长委员会等非政府机构议事日程中的重要内容。

1979 年，保守党政府上台后为改善国内经济状况，根据货币主义思想提出降低通货膨胀、否定福利国家集体主义等五大目标。同时，撒切尔政府的教育和科学部长卡利斯尔（Carlisle）也开始按照货币主义思想制定高等教育收缩计划。由于高等教育被视为是重要的成本中心，削减对大学的经常性拨款不可避免的发生了，因而效率、经济和标准成为这一时期高等教育改革的中心议题。

20 世纪 80 年代初，迫于政府的压力，高等教育界开始对自身的问题展开调查和研究。其中最有代表性的为大学副校长和校长委员会发布的《大学效率研究指导委员会报告》，即著名的《贾勒特报告》（Jarratt Report）。报告针对大学领域的资源分配和使用效率问题，对政府、大学拨款委员会、大学副校长和校长委员会以及大学本身提出了很多重要的建议。①《贾勒特报告》的发表是 20 世纪 80 年代以来一个重要的政策信号。其主旨就是要对大学的管理结构进行全面检讨，每一所大学都应制定出自己的战略规划。报告提出大学要进行更有效率和效益的管理，实现这一目标的重要途径便是研制可靠而稳定的绩效指标并借此开展各种评价活动。

1985 年 5 月，英国教育与科学部在绿皮书《20 世纪 90 年代高等教育的发展》中，对《贾勒特报告》作出正式、积极而迅速的回应。英国政府对《贾特勒报告》中提出的将绩效测量方法作为改善大学管理的方法给予了相当正面的肯定。此外，在绿皮书中的附录部分，政府再次阐述了绩效测评的目的和重要意义，并表明了政府将致力实施这种措施的坚定态度。至此，政府利用《贾勒特报告》中的有关建议，开始将绩效指标作为改善大学管理、提高有限资源的使用效率和效益、促进高等教育对国家经济贡献的重要举措。②

1987 年 4 月，英国教育与科学大臣和苏格兰、威尔士及北爱尔兰事务大臣联合向议会提交白皮书《高等教育：迎接挑战》。值得注意的是，白皮书中政府对高等教育作用的期待，并不是希望通过资金投入和规模扩张来实现。政

---

① CVCP. Report of the Steering Committee for Efficiency Studies in the Universities [R]. London: CVCP, 1985.

② DES. The Development of Higher Education into the 1990s [R]. London: HMSO, 1985.

府明确指出，高等教育应主要以提升效率、削减单位成本的方式对国家发展作出贡献。在这种基调下，政府高等教育政策的重点方面和主要变革自然而然地转移到提高高等教育系统的效益上来。白皮书高度强调高等教育的效率及效率指标的作用。白皮书最后提出要进行高等教育规划和结构的变革，主要体现在大学部门及多科技术学院和其他学院部门拨款机构的改革。①

根据《1988 年教育改革法》的建议，英国政府于 1988 年 11 月设立大学基金委员会，取代了此前已存在 70 年的大学拨款委员会，同时创立多科技术学院和其他学院基金委员会。在新的基金委员会成立之际，时任教育与科学大臣贝克（Baker）曾分别致信两个委员会的主席，并在信中以近乎相同的措辞强调了绩效指标问题。贝克的两份信函对绩效评价政策的形成与发展起到了重要的作用。有学者认为，贝克的指示使得绩效责任和绩效指标的运用如同在大学拨款委员会中一样继续成为大学基金委员会绩效程序中的重要议题。② 甚至有学者指出，贝克在信中所强调的绩效措施得到了政府的认同，并成为政府政策的核心工具。③

如果说效率是 20 世纪 80 年代高等教育的关键词，质量则是 90 年代的试金石。④ 由于使用公共资金绩效责任的加大，连同高等教育结构和拨款体制的变革，这些压力导致学生和资源竞争加剧，也使得质量比以往具有更高的地位。政府承诺扩大高等教育的入学率以及公开表示将质量评价与拨款相联系也更加凸显了质量的意义。因此，20 世纪 90 年代以后在英国高等教育中“质量”开始从边缘地位上升成为与拨款和扩张问题并重的重要议题。⑤

1991 年英国教育与科学部发表白皮书《高等教育：一个新的框架》。1991 年政府白皮书试图着力解决两方面的问题：其一是废除 20 世纪 60 年代以来的高等教育双轨制，建立一个统一的高等教育框架，使高校之间（尤其

---

① DES. Higher Education：Meeting the Challenge [R]. London：HMSO，1987.

② H. R. Kell (eds). The Development of Performance Indicators for Higher Education：A Compendium of Eleven Countries [M]. Paris：OECD，1990：98.

③ M. Cave，S. Hanney，M. Henkel and M. Kogan. The Use of Performance Indicators in Higher Education：The Challenge of the Quality Movement [M]. London：Jessica Kingsley Publishers Ltd，1997：7.

④ D. Green. What is Quality in Higher Education [M]. Buckingham：The Society for Research into Higher Education & Open University Press，1994：ii.

⑤ L. Harvey. A history and critique of quality evaluation in the UK [J]. Quality Assurance in Education，2005，13 (4)：268.

是传统大学与多科技术学院和其他学院）开展有效的竞争；其二是加强高等教育的质量保证，避免由于高等教育规模扩大而造成质量问题。白皮书对质量问题给予了超乎寻常的关注，在总共 31 页的篇幅中有 8 页涉及质量问题。①

此后不久颁布的《1992 年继续与高等教育法》对绩效评价作出新的规定。其中有关绩效评价的法律规定主要体现在三个方面。首先是在拨款机构上，新法采纳了 1991 年白皮书中的建议，以新的地区性高等教育基金委员会（Higher Education Funding Council，简称 HEFC）取代原来的大学基金委员会及多科技术学院和其他学院基金委员会。其次是在高等教育基金委员会的功能上，高等教育法明确赋予其开展质量评价的新的使命。再次是在高等教育系统的架构上，新法同样采取了 1991 年白皮书的建议，允许多科技术学院和其他学院升格为大学并可以使用大学的称谓。②

第二节　英国高等教育绩效评价的实践

纵观 20 世纪 80 年代以来英国高等教育绩效评价的发展，政府政策及外部压力一直在努力促使高校在提高效率、保持和提升质量的同时实现学术和管理领域生产率的最大化，而伴随这个过程的是各种各样的评价措施。这些措施可主要归纳为两个方面：其一是运用一系列统计和技术手段，使政府对高等教育、高校对自身进行绩效监控；其二是根据各种标准和预期实施外部的评价活动。本章主要选取绩效报告、科研评价和教学评价加以分析。

一、绩效报告

英国高等教育绩效报告的发展经历了三个重要的阶段：在最初 10 年（1985—1995 年），对此问题的探讨、研究和实践主要是受大学副校长和校长委员会和大学拨款委员会的主导在大学部门展开；而后，随着《1992 年继续

① DES. Higher Education：A New Framework［R］. London：HMSO，1991.

② Further and Higher Education Act 1992［R］. London：HMSO，1992.

和高等教育法》的颁布实施，由于多科技术学院升格为大学造成高等教育系统结构的变革，英格兰高等教育基金委员会等机构于1997开始接管年度绩效报告工作并一直持续到2003年，绩效报告的应用范围也由此扩展到整个高等教育部门；2003年以后，高等教育统计局①（Higher Education Statistics Agency，简称HESA）成为年度绩效报告工作新的主管机构并使其得到了进一步的发展。

（一）绩效报告的目的

绩效报告的核心内容是绩效指标，而起初对绩效指标的关注纯粹是学者们的学术行为。1979年英国高等教育研究会（Society for Research into Higher Education，简称SRHE）召开了以“绩效指标”为主要议题的第15届年会。在这次会议上，绩效指标显然也触动了政治人物的神经，当时与会的教育和科学部的一位主题讲演者就表示，要确定那些国家指标，在未来几年绩效指标很可能成为政府所关心的一个问题。

1984年大学副校长和校长委员会在其“自救式”的《贾勒特报告》中初步提出了实行绩效报告的主要目的。该报告提出，“对可靠和稳定的绩效指标的需求已成为一种共识。因此，大学部门及每所大学应尽快制定出绩效指标，并将其作为计划和资源分配过程的一个必要的组成部分”，②并且“应制定一套涵盖投入和产出的绩效指标，以供大学内部使用和大学间比较”。③ 其后，教育和科学部在绿皮书《20世纪90年代高等教育的发展》中进一步表达了对绩效报告的态度：“政府认为，定期公布高校和院系的单位成本和其他一些绩效指标是有益的。因此，我们欢迎《贾勒特报告》中有关开发可靠而稳定的绩效指标以用于各个大学及彼此间比较的建议。开发这类指标对高校的内部管理以及更广泛的资源分配政策的发展都将具有重要

① 高等教育统计局是根据1991年《高等教育白皮书》和《1992年继续和高等教育法》的相关要求，并经政府有关部门、各地区高等教育基金委员会及各大学和学院的同意于1993年成立的。该机构是是负责收集、分析和公布高等教育数量化信息的正式机构。1995年高等教育统计局正式取代此前的大学统计档案局（USR）.

② CVCP. Report of the Steering Committee for Efficiency Studies in the Universities［R］. London：CVCP，1985：22.

③ 同②，1985：36.

的意义”。[①] 应该说，《贾勒特报告》和绿皮书《20 世纪 90 年代高等教育的发展》这两份文件奠定了绩效报告的基调，也就是通过绩效信息的公开和比较来促进资源的合理配置和有效使用。在此基础上，20 世纪 90 年代后期，英格兰高等教育基金委员会在其文件中再次对制定绩效指标和公布绩效信息的目的作出完整的表述：（1）提供有关英国高等教育部门绩效和品质的更好、更可靠的信息；（2）进行高校间比较；（3）使高校能够据此来衡量其绩效表现；（4）为政策发展提供参考；（5）促进高等教育部门实现其公共绩效责任。[②]

（二）绩效报告的指标体系

对于绩效报告来说，绩效指标体系的构建是一个核心性的工作。随着绩效报告的实施和发展，指标体系的设计和构建在前一个阶段与后两个阶段呈现出显著的差异。前一阶段更多突出大学管理色彩，而后两个阶段则有所淡化。

1985 年，大学副校长和校长委员会和大学拨款委员会成立“绩效指标联合工作组”，展开绩效报告指标体系的研究工作，并在 1987 年提出初步方案。1988 年，绩效指标联合指导组针对绩效指标体系设计上欠缺的一些问题对绩效指标进行了一些新的改进和完善。1988 年版的指标体系在前 39 项指标上与 1987 年完全相同，只不过是将这些指标按照类别整合在 8 个栏目之中。新版指标主要是增添了有关毕业与入学方面的 15 项指标，并从 4 个方面加以整合，指标的数量由此增加到 54 项，另外部分新增指标的应用也扩大至学科组的范围。具体指标如表 7 - 1 所示。经过此次调整之后，这些绩效指标基本上被确定下来，直到 1995 年版《大学管理统计与绩效指标》中的绩效指标体系都没有新的改变。

① DES. The Development of Higher Education into the 1990s [R]. London: HMSO, 1985: 31.

② HEFCE. Performance Indicators in Higher Education: Overview [R]. Reference HEFCE 99/66. Bristol: HEFCE, 1999: 1.

表 7－1　1988 年版《大学管理统计与绩效指标》中的绩效指标体系

序号	绩效指标	使用范围		
		成本中心	院校	学科组
表格 1				
1	全日制学生的生均开支	*		
2	全职教师的人均开支	*		
3	全职教师辅助人员的人均开支	*		
4	全职教师设备设施的人均开支	*		
5	全职教师的人均科研收入	*		
表格 2				
6	研究型研究生占全日制学生的比例	*		
7	教学型研究生占全日制学生的比例	*		
8	所有研究生占全日制学生的比例	*		
9a	全日制学生与全职教师的比例	*		
表格 2a				
9a	全日制学生与全职教师的比例 （时间范围：1984/85 年—1986/87 年）	*		
表格 3				
10	学校行政开支占整个开支的比例		*	
11	学校行政人员工资开支占学校行政开支比例		*	
12	全日制学生的生均学校行政开支		*	
13	全职教师的人均学校行政开支		*	
表格 4				
14	图书馆开支占整个开支的比例		*	
15	出版物开支占图书馆开支的比例		*	
16	员工工资开支占图书馆开支的比例		*	
17	全日制学生的生均图书馆开支		*	
18	全职教师的人均图书馆开支		*	
19	全日制学生的生均图书开支		*	
20	全日制学生的生均期刊开支		*	

表7-1（续）

序号	绩效指标	使用范围		
		成本中心	院校	学科组
表格5				
21	计算机服务开支占整个开支的比例		*	
22	计算机服务人员开支占计算机服务开支比例		*	
23	全日制学生的生均计算机服务开支		*	
24	全职教师的人均计算机服务开支		*	
表格6				
25	整个预计开支占整个一般性开支的比例		*	
26	预计工资开支占整个预计开支的比例		*	
27	取暖、水、电开支占整个一般性开支的比例		*	
28	卫生、保安服务开支占整个一般性开支的比例		*	
29	设备维修、维护开支占整个一般性开支的比例		*	
30	电话开支占整个一般性开支的比例		*	
31	全日制学生的生均整个预计开支		*	
32	全日制学生的生均预计工资开支		*	
33	全日制学生的生均取暖、水、电开支		*	
34	全日制学生的生均卫生、保安开支		*	
35	全日制学生的生均设备维修、维护开支		*	
36	全日制学生的生均电话开支		*	
表格7				
37	全日制学生的生均职业指导开支		*	
38	全日制学生的生均学生会和社团活动开支		*	
表格8				
39	本科毕业生6个月后的就业情况		*	
表格9				
40	已知去向的毕业生数		*	*
41	没就业或短期没就业的毕业生数		*	*

表 7－1（续）

序号	绩效指标	使用范围		
		成本中心	院校	学科组
表格 9				
42	第 41 项预期的数目		*	*
43	第 42 和 41 项数字的差额		*	*
44	差额的百分比		*	*
表格 9a				
44a	本科毕业生就业为未就业的比例		*	
表格 10				
45	成功完成学业的毕业生数		*	
46	完成学业者的百分比	*	*	
47	修课的时间长度	*	*	
48	成功完成学业者的学期平均出席率	*	*	
49	课程占整个学制时间的比例	*	*	
表格 11				
50	入学资格：中学高级水平考试（A Level）人数	*	*	
51	入学资格：中学高级水平考试（A Level）分数	*	*	
52	入学资格：苏格兰高中证书人数	*	*	
53	入学资格：苏格兰高中证书分数	*	*	
54	入学资格：其他入学资格	*	*	

资料来源：F. Dochy, M. Megers and W. Wijnen（eds）. Management Information and Performance Indicators in Higher Education：An International Issue［M］. Assen/ Maastricht：Van Gorcum, 1990：16－17.

进入第二阶段之后，随着整个高等教育形势的变迁以及政策重心的调整，绩效指标体系的构建发生了重大的变化。1999 年 2 月，绩效指标指导工作组在组建一年后发表《高等教育绩效指标：绩效指标指导工作组的第一份报告》。在这份报告中，工作组按照既定的原则设计出一套全新的指标体系。与以往相比，指标虽然在数量上尤其是高校日常管理方面指标的数量被大幅度削减，但却比较全面地考虑到了教学、科研和社会服务以及投入、过程和产出等各个维度的因素。同年5月，这份新的指标体系以咨询报告的形式交由所有高校征求意见。根据高校的意见，指标体系被进一步简化，其中社会服务部分完全取消。修改后的指标体系主要围绕弱势群体入学、学生辍学与复学、学业成果与学习效率以及科研成果这几方面展开。1999年底，新的指标体系投入使用，在此后的年度中除陆续增添了3项新的指标外，该指标体系一直沿用至今，详见表7-2。

表7-2 1999年后实际运用中的绩效指标体系

序号	绩效指标
T1	弱势群体入学指标（全日制青年高等教育入学情况）
T2	弱势群体入学指标（全日制成人和所有非全日制学生入学情况）
T3	入学后第一年的辍学率
T4	辍学后的复读率
T5	预期的学业成果和学习效率
T6	模块课程完成率①
T7	获得残疾补助金的学生入学情况②
E1	毕业生就业指标②
R1	科研成果（经成本中心加权统计后的年度科研投入与产出，包括培养的博士生数、获得的科研经费和合同等）

注：① 该指标从1998/99年度增添。

② 这两项指标从2000/02年度增添。

资料来源：HEFCE. Performance Indicators in Higher Education [EB/OL]. http://www.hefce.ac.uk/Learning/Perf-Ind/, 2008-02-26.

（三）绩效报告的发布

绩效指标体系确立后，相关数据和信息的收集、整理和分析由专门的机构来进行。在1987—1995年间，这项工作由大学统计档案局承担。1995年后，新成立的高等教育统计局取代大学统计档案局履行这项职责。高等教育统计局是一个私立的有限责任公司，它通过与政府各部门达成协议向其提供所需的数据资料，而它的运作资金来源于全英各大学和学院缴纳的费用。

1987 年秋，大学副校长和校长委员会推出了第一份年度绩效报告，并将其命名为《大学管理统计与绩效指标》。报告主要采取表格的形式，按照指标的顺序将每所大学的数据逐一公布出来。截至 1995 年，大学副校长和校长委员会共出版 9 份年度报告。1996—2003 年的年度绩效报告由英格兰高等教育基金委员会发布。报告通常分为三个部分：第一部分对报告的背景、目的、所包含的绩效指标以及指标的运用等问题进行简单的叙述；第二部分由各项指标的表格和数据组成；第三部分为附录，主要对各项指标作出定义并就基准等技术性问题作出说明。同时，报告的全部内容和数据也会在其官方网站上发布。2003 年以后，高等教育统计局也基本上延续使用了这样的方法。

二、科研评价

20 世纪 80 年代以来，英国政府越来越认识到质量评价的重要性，并开始向高等教育强加一系列的市场规则。同时，政府也期望高校改善内部管理，在必要的情况下建立有效的决策结构和透明的绩效策略方法并根据绩效来分配资源，从而实现资源的效益和绩效责任最大化。科研评价正是在围绕绩效指标的广泛争论中而展开的。外部拨款机构不断要求所有的高校证明其绩效并说明资源使用的情况。①

（一）科研评价的基本立意

20 世纪 80 年代中期，英国高等教育处在一个保守党政府执意要削减高等教育的公共支出而接受高等教育的学生人数却不断攀升的形势之中，当时大学拨款委员会面临着如何在高等教育大众化的新环境下维护科研质量的难题。大学拨款委员会经过权衡最终选择在整个高等教育部门引入由学科专家执行的周期性的科研评价活动。

按照大学拨款委员会的设想，开展科研评价主要是希望在大学科研经费的分配上采取一种更具选择性的方法，以确保所投入的科研资源取得最佳的效益。对此很多学者认为，大学拨款委员会开展科研评价并非是出于教育改进上

① V. Bence and C. Oppenheim. The Evolution of the UK's Research Assessment Exercise：Publications, Performance and Perceptions［J］. Journal of Educational Administration and History, 2005, 37（2）：141.

的考虑，而只是针对政府削减高等教育公共拨款的应对之策。① 而在此后的实际开展过程中，科研评价的基本目的——为每个参评单位（通常是以系为单位）评定出科研质量的等级，从而向拨款机构提供可靠的绩效信息并据此分配科研经费——也不断得到了贯彻。但是，随着评价的逐步推进，除了出于质量等级信息的需要之外，科研评价还被赋予了其他一些更广泛的目的。这些目的包括：（1）通过提供经费（包括科研基础设施）来维护和发展英国高校的科研能力；（2）激励高校取得更高水平的科研质量；（3）确保把有限的科研经费分配到那些具有最佳科研质量的高校和学科领域；（4）维护国家研究性大学的国际竞争力；（5）激励并帮助开展高质量的科研培训。②

对于高校来说，它们对科研评价也打着自己的算盘。由于科研评价成为政府高等教育科研拨款的一个主要依据，因此它们希望通过自身的绩效表现使政府追加对高等教育的投入。但是这种意图从未出现在科研评价的“官方”目的表述中。③

（二）科研评价的操作程序

科研评价是一项在较长时段内开展的评价活动，但所涉及的操作程序并不是很复杂，在具体操作上包括以下几个程序：（1）确定评价单元：评价单元是科研评价的基本单位，一般以学科门类为单位进行划分。例如，在2001 年的科研评价中共划定 68 个评价单元。（2）组建评价专家组：一般来说，每个评价专家组对应一个评价单元，只有个别专家组对应多个评价单元。同时，有近一半的专家组还建立了由非专家组成员组成的子专家组，其职责是就某一学科分支领域中的科研评价问题提出意见和建议。（3）上报科研信息：所有接受公共拨款资助的大学和高等教育机构都要按要求在规定日期前上报其科研活动情况的信息，其中包括教师信息、科研成果、文本描

---

① C. S. Jones. Universities, on Becoming What They Are Not [J]. Financial Accountability and Management, 1986, 2 (2): 107 – 119; C. S. Jones. Changes in Organizational Structures and Procedures for Resource Planning in Three British Universities: 1985 – 92 [J]. Financial Accountability and Management, 1994, 10 (3): 237 – 251; J. Sizer. British Universities Responses to Events Leading to Grant Reductions Announced in July 1981 [J]. Financial Accountability and Management, 1988, 4 (2): 79 – 97.

② J. Boston. The Purpose of the Research Assessment Exercises in Britain and Hong Kong [EB/OL]. http//: www. minedu. govt. nz/web/downloadable/dl7503_ v1/purpose-of-rae-in-uk-and-hk. doc, 2008 – 01 – 21.

③ 同②.

述和其他相关信息等。（4）专家组评审：评价专家主要通过高校递交的全部证据并通过其专业性的判断，在各自评价单元内来形成对每项科研成果质量的总体观点。

（三）科研评价的等级评定

科研评价一直是采取等级评定的方法。1986 年开展的首轮科研评价是采用优秀、良好、一般和较差四个等级的评审标准对科研成果的质量加以衡量。但是第二轮科研评价以后改用了等级评分的方法对科研成果进行评价，而且每次评价都对等级评分的标准进行不断的修改和调整。例如，1989 年和 1992 年的评价使用了从 1 到 5 的 5 级评分制；1996 年和 2001 年的评价则进一步细化为从 1 到 5＊的 7 级评分制；而 2008 年进行的新一轮评价再次把评定方法简化为从 1＊到 4＊的 4 级评分制（另外还有一个无等级的分类）。

表 7－3　科研评价等级标准

2001 年科研评价		2008 年科研评价	
5＊	一多半科研成果的质量达到国际先进水平，其余的达到国内先进水平	4＊	科研成果的质量在原创性、重要性和精确性达到世界领先水平
5	有一半科研成果的质量达到国际先进水平，其余的基本上达到国内先进水平	3＊	科研成果的质量在原创性、重要性和精确性方面达到国际先进水平，但是距最卓越的标准还有所欠缺
4	几乎所有科研成果的质量都达到国内先进水平，其中有些已达到国际先进的水平	2＊	科研成果的质量在原创性、重要性和精确性方面达到国际水平
3a	2/3 以上科研成果的质量达到国内先进水平，其中有些接近达到国际先进水平	1＊	科研成果的质量在原创性、重要性和精确性方面达到国内水平
3b	有一半以上科研成果的质量达到国内先进水平	无等级	科研成果的质量尚未达到国内水平或科研成果不符合本评价中对科研的定义
2	有一半科研成果的质量达到国内先进水平		
1	所提交科研成果中没有一项质量达到国内先进水平		

改革后的2008年科研评价采取了质量等级标准和质量状况描述配套的方式。质量等级标准与原来一样规定了科研成果须达到的层次和程度，而质量状况描述则是以数值和比例的形式对评价的结果加以呈现，具体情况如表7－4所示。

表7－4　2008年科研评价中科研质量描述范例

评价单元A	参评科研人员占全体教职员工的比例	科研成果达到各等级的比例				
		4＊	3＊	2＊	1＊	无等级
大学甲	50	15	25	40	15	5
大学乙	20	0	5	40	45	10

资料来源：HEFCE，SFC，HEFCW and DEL. RAE 2008：Quality Profiles［EB/OL］. http：//www. rae. ac. uk/ aboutus/quality. asp，2008－02－25.

（四）科研评价与科研拨款

科研评价的结果与高等教育拨款机构的科研拨款有着直接的联系，而且这种联系一直处在不断深化的发展趋势之中。1986年第一次科研评价的结果决定了大学拨款委员会近一半的科研拨款流向。[①] 在1992年的科研评价中，如果一个系的评价结果位居5个等级中最低的一个级别便无法得到拨款。1996年的评价则改为在7个等级中取得1级和2级的系会被取消拨款。而2001年评价进一步将这个拨款门槛提高到3b等级。

以英格兰高等教育基金委员会的年度科研拨款为例，科研评价的结果对科研拨款起着重要的影响作用。在该委员会2008/2009年度总额为14.6亿英镑科研拨款中，“科研质量拨款”和“科研能力拨款”这两类拨款途径都是以科研评价的结果为主要依据的。科研质量拨款是科研拨款的重心，其经费总额达14.36亿英镑，占到整个科研拨款总额的98%之多。而该项拨款的8个使用方向上，科研质量主渠道拨款和“最佳5＊级系科”拨款（Best 5＊ allocation）金额分别为9.198亿英镑和2450万英镑，这两个项目的总额在科研质量拨款中所占的比重达66%。[②]

① M. Kogan and S. Hanney. Reforming Higher Education［M］. London：Jessica Kingsley，1999：98.

② HEFCE. Funding Higher Education in England：How HEFCE Allocates Its Funds［M］. Bristol：HEFCE，2008：22－23.

科研质量主渠道拨款在经费分配上通过两个步骤来进行。首先是确定分配到各学科（即科研评价中的评价单元）的科研经费总额，其方法是根据每个学科的科研成本以及每个学科的科研人员总数这两个权重指标中不同类别下的权重系数计算而得，详见表7－5。其次是将各学科（评价单位）的科研经费分配到各高校。在这个分配过程中，各校所能获得的科研拨款与其在科研评价中取得的等级密切相关。如表7－6所示，如果科研评价的等级为1、2、3a或3b，那么相应的拨款权重系数为0，这意味着高校将得不到拨款；而等级为5＊级的高校获得拨款将比等级为4级的高校高出3倍多。科研拨款的高度选择性从中可见一斑。

表7－5　科研质量主渠道拨款的权重指标及系数

分类	类别	权重系数
权重指标1：科研成本	高成本的实验室和临床学科	1.6
	中等成本的学科	1.3
	其他学科	1.0
权重指标2：科研人员	科研活动活跃的科研人员	1.0
	科研助手	0.067
	一般科研人员	0.06

资料来源：HEFCE. Funding Higher Education in England：How HEFCE Allocates Its Funds [M]. Bristol：HEFCE，2008：22－23.

表7－6　科研评价结果与拨款的权重系数

2001年科研评价等级	科研质量拨款模型中的拨款权重系数
3a，3b，2，1	0
4	1
5	3.180
5＊	4.036

资料来源：HEFCE. Funding Higher Education in England：How HEFCE Allocates Its Funds [M]. Bristol：HEFCE，2008：23.

而"最佳5＊级系科"拨款是根据政府白皮书《高等教育的未来》中"对'最佳5＊级系科'提供额外资源"的要求而推出的。在2003/2004年度，英格兰高等教育基金委员会为在1996年和2001年科研评价中均获得5＊级的系科提供了2000万英镑的额外拨款。2004/2005年度以后，这一拨款放宽到在2001年第一次获得5＊级的系科。2008/2009年度该项拨款总额增加到2450万英镑。

三、教学评价

1993—2001年期间，英格兰和北爱尔兰的高等教育领域进行了历时9年总共7轮的教学质量评价。它是英国有史以来规模最大、最全面的外部教学评价活动。[①] 教学质量评价在发展过程中三易其名：1993年的开始阶段被称为"教学质量评价"，1995年起改称为"质量评价"，1998年以后又改称为"学科评价"[②]。期间，教学评价主管机构也发生了变化，1998年以前主要是由各高等教育基金委员会下属的质量评价委员会负责，1998年后随着统一的高等教育质量保证署的成立，高等教育基金委员会与之签订协议将教学评价的工作移交给质量保证署来进行。

（一）教学评价的基本立意

开展教学评价的直接原因在于《1992年继续和高等教育法》中关于教育质量的有关规定。该法第70条要求，"各基金委员会应确保对高校教育质量的评价作出安排，以便根据本法本部分的规定为高校开展或打算开展的活动提供财政支持"。在该法颁布实施不久，英国教育大臣便致信给英格兰高等教育基金委员会的主席，就实施教学评价提出指导意见。教育大臣在信中指出，"高等教育基金委员会尤其应确保将评价的结果以某种形式应用于经费分配。访问报告要公开发布。高等教育基金委员会要确保高校重视报告中发现的严重问题并监督高校的改进情况"。[③]

根据《1992年继续和高等教育法》的法律规定以及教育大臣的指示精神，1993年2月英格兰高等教育基金委员会在第3号公函（C 3/93）《教育质量评

---

① QAA. Learning from Subject Review 1993－2001［R］. Gloucester：QAA，2003：55.

② 鉴于前后行文的一致性本文以"教学评价"来统称这几个称呼.

③ HEFCE. The Quality Assessment Method from April 1995［R］. Circular 39/94. Bristol：HEFCE. December，1994.

价》中提出要在当年4月启动教学质量评价活动。公函指出，开展教学评价的目的在于：（1）确保接受英格兰高等教育基金委员会拨款的所有教育都具有令人满意的或更优秀的质量，同时也确保低质量的情况得到及时的纠正；（2）鼓励通过发布评价报告和年度报告来提升教育质量；（3）将评价结果作为拨款的参考并对优秀的情况给予奖励。公函还提出，教学评价要根据各高校各学科既定的培养目标来检查学生的学习学业情况和学业成就，其中包括在每所学校每个学科中影响学生学业情况的一系列具体因素，如教学和学习活动的时限、学生评定、学生成绩、课程、教师发展、资源使用（图书馆、设备、实验室等）以及学生支持与指导等。①

1994年12月英格兰高等教育基金委员会在第39号公函（C 39/94）《1995年4月后的质量评价方法》中对教学评价的目的作出了新的调整，教学评价的目的为：（1）保证公共投资的价值，即确保接受英格兰高等教育基金委员会拨款的所有教育都具有令人满意的或更优秀的质量，并确保低质量的情况得到及时的纠正；将质量评价结果用于拨款；（2）鼓励通过发布评价报告和学科评价报告以及交流最佳实践来提升教育质量；（3）通过发布报告，为高等教育基金委员会根据教育质量情况拨款，提供有效的、可获得的公开信息。② 此后，这种目的陈述得到固定没有再做修改。1997年质量保证署成立后，这种目的陈述在其出版的《学科评价手册（1998年5月—2000年10月）》③ 以及《学科评价手册（2000年10月—2001年12月）》④ 中一直得到沿用。

（二）教学评价的实施程序

教学评价主要是对各学科领域的教育质量进行评价，其所关注的是学科层面上学生学习过程的质量以及学生的学业成就。为保证教学评价的顺利开展，英国有关方面对评价方法给予了很大的重视，在开展评价的9年时间内对评价

---

① HEFCE. Assessment of the Quality of Education [R]. Circular 3/93. Bristol: HEFCE, 1993.

② HEFCE. The Quality Assessment Method from April 1995 [R]. Circular 39/94. Bristol: HEFCE, 1994.

③ QAA. Subject Review Handbook (October 1998 – September 2000) [R]. Gloucester: QAA, 1997: 2.

④ QAA. Subject Review Handbook-England and N. Ireland (September 2000 – December 2001) [R]. Gloucester: QAA, 2000: 2.

方法进行了一次大的和两次小的调整。以 2000/2001 年度开展教学评价为例，评价主要分为准备阶段、实地访问和发布报告 3 个阶段。①

教学评价在初始阶段的准备工作包括：（1）制定计划与自我评价；（2）分析自评；（3）组建评价组；（4）召开预备会议。实地访问的主要任务是收集相关信息。信息的收集主要通过以下几个途径：（1）考察学业成果；（2）观察教学和学习活动；（3）查看学习资源；（4）与教师会谈；（5）与在校生、毕业生及雇主会谈；（6）审查文件。实地访问的另一项任务是对教学质量情况作出判断。评价人员要利用所获得的所有信息对教学每个方面的质量情况形成集体的意见。一般来说，这种意见要根据目的适切性原则以及既定目标实现的程度而作出。评价意见的形成通常要经过以下几个步骤：（1）评价组每日例会；（2）书面总结；（3）评分；（4）意见反馈会。在实地访问结束后的一周内，评价组组长要根据此前的书面总结拟定评价报告的初稿，经评价组成员的反复修改后形成最后的报告，并由质量保证署公开发布。

（三）教学评价的指标体系

教学评价的指标体系共包含有 6 项主要内容：课程设计与组织、教学/学习与评价、学生学业进展及成绩、学生支持与指导、学习资源以及质量保证与提升。这 6 项指标的具体指示意义如表 7－7 所示。按照英格兰高等教育基金委员会的说法，上述指标及其包含的具体意义并不是教学评价的全部内容也并非强制性内容，而是设定了评价中可能会涉及的一些主要问题。除上述内容外，高校各学科在评价中还可囊括其他比较突出的方面，以对其教学质量作出准确的描述和评价。

---

① QAA. Subject Review Handbook-England and N. Ireland（September 2000 – December 2001）［R］. Gloucester：QAA，2000.

表 7－7　教学评价的 6 项指标及其指示意义

指　　标	主要内容	与其他方面的关联
课程设计、内容与组织	•课程内容与结构（广度、深度、一致性及组织安排）；学习方式；层次（文凭证书、本科生、研究生） •预期的教学和学习结果 •发展机会： －进入研究生阶段学习 －学生个人的继续发展 －形成专业技能 －就业	•学科的目的与目标 •教师及教学辅助人员 •教师的专业研究领域 •教师的研究、学术和咨询服务活动 •学生情况 •教学、学习与评价策略 •其他学科领域（包括跨学科和多学科项目等） •学生学业成绩 •工作世界 •质量保证
教学、学习与评价	•教学、学习与评价的策略与方法 •教学与学习活动的结构和培训项目安排 •下列事项的机会与评价： －知识的发展 －理解和智力能力的发展 －学科专业技能的发展 －一般迁移能力的发展 －独立学习能力的发展 －学习态度、价值和动机的发展	•学科的目的与目标 •课程 •学生情况 •教师及教师发展项目 •教学辅助人员资源 •质量保证 •学生学业成绩 •教师的研究、学术和咨询服务活动
学生学业进展及学业成绩	•对学生每年的学业进展情况以及完成或未完成培养计划的检查 •授予学位学历的情况	•学科的目的与目标 •课程 •教学、学习与评价项目 •学生情况 •学科专业技能、一般迁移技能和智力能力 •学生出路—就业、深造及其他方面 •质量保证

表 7-7（续）

指　标	主要内容	与其他方面的关联
学生支持与指导	• 支持与指导的总体策略 • 学生入学安排 • 学术辅导支持 • 补救性支持 • 生活和福利支持 • 就业信息与指导	• 学科的目的与目标 • 课程 • 学生情况 • 教学与学习策略 • 学生实习、就业 • 学生的需求 • 师生关系 • 教师发展
学习资源	• 学习资源的总体策略 • 图书馆 • 仪器设备 • 信息技术 • 教学和社团活动场所技术支持人员	• 学科的目的与目标 • 课程 • 学生情况 • 教学、学习与评价策略 • 学业进展与学业成绩
质量保证与提升	• 高等教育质量委员会的审计 • 学科层面的内部质量保证 • 与教学和学习相关的教师发展 • 教学技能评价 • 教师资格的比较 • 学生学习的效果	• 学科的目的与目标 • 课程 • 学生情况 • 学业进展与学业成绩 • 未来计划 • 成效检测与指标

资料来源：HEFCE. The Quality Assessment Method from April 1995［R］. Circular 39/94. Bristol：HEFCE，December 1994.

英格兰高等教育基金委员会在设计上述指标体系的同时也配套制定了相应的评分标准。该评分标准主要是想检验出学生在知识获取及学业成绩上实际达到的程度，并以此反映学科预期目的和目标的实现情况。评分标准采用 4 级评分制（1、2、3、4）按从低到高的顺序对每项评价指标进行赋值。1 分意味着学生在知识获取及学业成绩上没有达到该学科预期的目的和目标；2 分及以上的分数则表明学生在知识获取及学业成绩上达到了学科预期的目的和目标。评分标准的具体内容请参见表 7-8。

表 7-8　教学评价各项指标的评分标准

<table>
<tr><th rowspan="2">指　　标</th><th rowspan="2">评价依据</th><th colspan="4">评分标准</th></tr>
<tr><th>1</th><th>2</th><th>3</th><th>4</th></tr>
<tr><td>课程设计、内容与组织</td><td rowspan="6">学生的知识获取和学业成绩达到什么样的程度，这种情况对实现本学科的预期目的或目标起到什么作用？
设定的目标及其达成的程度是否使该学科实现了预期目的？</td><td rowspan="6">该学科的预期目的或目标没有实现；该学科存在严重的不足，必须加以整改。</td><td rowspan="6">该方面为实现预期目标取得了可接受的成绩，但仍需进行重大的改进。
学科的预期目的广泛实现。</td><td rowspan="6">该方面为实现预期目标取得了实质性的成绩，但仍有进一步改进的空间。
学科的预期目的充分实现。</td><td rowspan="6">该方面为实现预期目标取得了充分的成绩。
学科的预期目的实现。</td></tr>
<tr><td>教学、学习与评价</td></tr>
<tr><td>学生学业进展及成绩</td></tr>
<tr><td>学生支持与指导</td></tr>
<tr><td>学习资源</td></tr>
<tr><td>质量保证与提升</td></tr>
</table>

资料来源：HEFCE. The Quality Assessment Method from April 1995［R］. Circular 39/94. Bristol：HEFCE，December 1994.

（四）教学评价与教学拨款

按照最初的设计，教学评价最后取得的分数与财政拨款有着密切的联系。英格兰高等教育基金委员会规定：如果高校在某一学科的评价中，所有的指标都取得 2 分或以上的分数，便会通过评价。如果有一项或多项指标只得到 1 分，那么这个结果将被记录在评价报告中并公开发布，而且将对该校的这个学科在一年内进行再评价。在初次评价和再次评价之间的这段时间内，高等教育基金委员会仍按原来的安排进行拨款。如果再评价后，还有一项或更多的指标得到 1 分，那么该校该学科将被认定为质量不合格，高等教育基金委员会将全部或部分取消拨款并且也可能停止其他额外的拨款。

但从实际情况来看，由于各高校在教学评价上的得分普遍较高且区分度不大，这使得分数在很大程度上失去了在拨款上的意义。在第一轮评价后，英格兰地区只有 16 所高校未通过评价，而经过改进之后，在再评价中仍未通过的只有1所高校。于是，英格兰高等教育基金委员会取而代之以“教学与学习发展基金”，通过竞标的形式向高校提供项目支持。而苏格兰高等教育基金委员会提出的变通性拨款措施是对在评价中被认定质量卓越的高校，该委员会向相关的学科提供5%的额外资助学额。但是，在整个质量评价过程中，英格兰高等教育基金委员会并没有实施这种措施，也并没有建立起评价结果与拨款的直接联系。英格兰高等教育基金委员会直到1999年启动竞争性的“教学质量促进基金”时，才将教学评价作为鼓励质量改进的措施之一与拨款建立起间接的联系。①

第三节　英国高等教育绩效评价的反思

其实教育系统的绩效责任并非是一个新的概念。正如企业的经理人要向股东们负责，政府要向议会负责一样，所有的教育系统都有某种形式的绩效责任。② 但是，英国高等教育绩效评价政策发展和实践行进的每一步都充满着学界和政府间的持续不休的斗争。正如比彻（Betcher）和柯根（Kogan）所说，英国高等教育界对评价一直抱有抵触情绪，对评价方法普遍不信任，因而也不相信评价结果的有效性和适切性，反对开展这些“既无必要也没价值”的评价活动。③ 而究其原因，大抵是由于“高等教育结构和制度的产生，大都是为了保护研究者和教师的正当利益……然而，一旦这些结构和制度得以确立，它们可能会变得很难驾驭”。④ 但是，随着市场竞争机制的加强，对绩效责任的强调以及评价活动的开展，这种状况已经发生了变化。在面临政府和社会不断质疑高等教育绩效的环境下，在没有更好的替代方案之前，高校不得不接受这种现实，并努力作出改变。

---

① HEFCE. Learning and Teaching: Strategy and Funding [R]. Bristol: HEFCE, 1999.

② G. Neave. Accountability in Education [A] //T. Husen and T. Neville Postlethwaite. The International Encyclopedia of Education: Research and Studies (Vol. 1) [M]. Oxford: Pergamon Press, 1985: 19 - 20.

③ T. Betcher and M. Kogan. Process and Structure in Higher Education [M]. London: Heinemann, 1980: 152 - 153.

④ 伯顿·克拉克．高等教育系统——学术组织的跨国研究［M］．王承绪，等，译．杭州：杭州大学出版社，1994：205.

一、绩效评价政策的积极意义

绩效评价政策的积极意义在于，它使得政府找到管理和控制高等教育的新途径，同时也迫使高校对内部管理进行改革和调整，其结果是使得高等教育的效率和质量不断改善，高等教育的整体效益得到提升。

（一）加强了政府对高等教育的调控

英国的大学一向是享有高度自治的。正如柯根所指出的，英国相对于其他国家来说，赋予它的大学更多的自治。从几乎所有的大学自治准则来衡量，英国大学的得分很高。① 院校的自治固然重要，但是自治权失去必要的控制和制约，便会形成散漫、偏执保守、排斥改革等弊端，甚至成为滋生腐败的温床和权力滥用的渊薮。20 世纪 70 年代末，英国经济陷入空间危机。当强调“自由市场”的经济自由主义与强调“强大国家”的新保守主义相结合的“撒切尔主义”成为整治经济良方的时候，当管理主义盛行，追求“经济、效率和效益”的管理改革席卷整个公共部门的时候，以及当知识创新和知识生产成为提升国家综合国力和竞争力的一种主导性因素的时候，政府显然开始以一种政治论的方法来重新审视高等教育的价值问题。政府认为，既然大学有使用公共资金的权力，那么必须要履行好相应的责任和义务。这就是一种交易，也是保证大学自治得以维持的唯一办法。

那么要想在更大程度发挥政府的影响力的同时减少来自高校方面的抵触情绪，就需要一种新的平衡术。在这一点上，绩效评价成为一种有效的“政治技术”。在高等教育领域，运用使命陈述、战略规划、教师考核、竞争性的排行榜、绩效指标和其他有关“生产率”的统计数据等来对“产出”和“效益”进行测评的方式，其关键在于从外部调整机制中引入新的规范和价值，通过其“自动作用”的能力转变组织和个人的行为，从而以“远距离控制”的方式实现政府的政治目标。②

① M. Kogan and S. Hanney. Reforming Higher Education [M]. London: Jessica Kingsley Publishers, 2000: 29 – 30.

② P. Miller and N. Rose. Governing Economic Life [J]. Economy and Society, 1990, 19 (1): 1.

“政治技术”的高明之处在于它不使用政治话语而是转化为中立性的科学语言来表述所要处理的政治问题。在整个20世纪80年代，政府一直批评教育系统特别是高等教育系统在经济问题上的失败。政府用这种批评为引入新的具有管理主义色彩的、能够提高效率和产出的方法提供正当性。正因如此，绩效评价基于有效管理的原则呈现出理性、客观和中立的特性。而实际上，这些评价程序是围绕规范化的陈述和测量展开的，而且构建出诸如竞争性的排行榜和绩效图表等可用于评价的条条框框，以此对高校和教师进行测评。外部自上而下的控制和新规范的内化，促使个体得以持续改进，同时实现个体化和整体化。

同时在这种“政治技术”的运用上，政府主要通过高等教育的拨款机构以及后来的质量保证署和高等教育统计局等中介组织来进行。由于根深蒂固的学术自由的观点，英国政府对高等教育系统的驾驭和控制很大程度上有赖于大批院校和它们的缓冲机构。[①] 尤其是中介组织的建立开创了政府与高校关系的一种独特模式，而且这种富有创意和特色的模式后来被很多英联邦国家所采用。

（二）改善了高校内部的管理

有学者认为，自战后英国高等教育扩张以来，在重塑大学学术工作与思考环境方面，没有任何其他措施能比绩效评价更能发挥如此深远的影响。[②] 虽然这种观点似乎有些夸大其词，但从中却可以反映出绩效评价给高校内部所带来的深刻变革。长久以来，英国的大学一直沉湎于一种以评议会管理和学者学术自治为特色共同掌权（collegium）的两头政治（diarchy）的政治生态之中，辅之以副校长、院长和系主任这样的校内权力等级格局。而校外力量因素则体现在大学董事会之中，所起到的也仅仅是参考和支持性的作用。但是，从《贾勒特报告》开始，这种局面被打破。《贾勒特报告》提出，大学董事会应发挥学校管理的职能。在引入一系列诸如“战略规划”、“计划”、“资源分配与绩效责任”等管理术语之后，贾勒特委员会还提出要建立法人实体的运作程序。正所谓“领略了自由之后，便要品尝责任的滋味，这种责任以绩效和深入、

① J. 布伦南，T. 夏赫．英国的高等教育政策［A］．刘力译 //弗兰斯·F. 范富格特．国际高等教育政策比较研究［M］．王承绪，等，译．杭州：浙江教育出版社，2001：364.

② C. Shore and S. Wright. Coercive Accountability：The Rise of Audit Culture in Higher Education［A］// M. Straithen. Audit Culture：Anthropological Studies in Accountability，Ethics and the Academy［M］. London：Routledge，2000：57.

定期的评价形式出现”。[①] 而各种绩效措施的实施则促进了高校内部机构的重组和权力的集中，使其更具有绩效责任，运作得更透明。[②]

为适应环境的压力而产生的加速学校体制改革的需要，不仅影响了学校的管理结构也影响了学术结构。以前根据学术目的来界定的院系结构，正越来越根据财政和管理的需要而重新组合。高等教育机构实际上已被塑造成知识产业中的商业企业，副校长被重新命名为“首席执行官”，系成为“成本中心”，大学的行政管理人员成为“经理”。这些语词的变化很贴切地反映了驱动大学改革的精神特质和思维方式。[③] 以副校长这个职位为例，以往只是强调学术领导和研究声誉，而现在则增加了在管理方面以及与广泛的个人和公共团体接触的要求。目标和途径之间的关系、内部成就与外部成就之间的关系是高校绩效评价过程的一部分。20 世纪末期以来，各种不同的高校管理和行政模式被应用到高校的组织、行政和管理中，近年来更引入了战略规划、项目评价、目标管理、技能管理、全面质量和院校评价等很多来源于服务行业的商业组织的管理方法。由于采用了上述方法，加上信息和管理技术，高校的学术和行政工作都得到了不同程度的改进。

（三）提升了高等教育的整体效益

绩效评价的实施无疑使高等教育的整体效益得到提升。对高等教育的效率而言，从统计数据来看，英国高等教育在经历战后初期扩充的基础上，1987 年适龄人群的入学率进一步上升到 17%，这一趋势在 20 世纪 90 年代后继续得到快速发展，1997 年的适龄人群入学率已超过 30%，比 60 年代增长了 6 倍。[④] 高等教育入学人数迅猛发展，但 20 世纪 80 年代以来政府的公共高等教育支出却在不断地削减，20 年间高等教育拨款指数降低了一半左右。其结果是生均

① 戴维·奥斯本，彼得·普拉斯特里克．摒弃官僚制：政府再造的五项战略［M］．谭功荣，等，译．北京：中国人民大学出版社，2002：218．

② C. Shore and S. Wright. Audit Culture and Anthropology：Neo-liberalism in British Higher Education［J］．Journal of the Royal Anthropological Institute，1999，5（4）：557－579.

③ C. Shore and S. Wright. Whose Accountability？Governmentality and the Auditing of Universities. Parallax［J］．2004（10）：104.

④ D. Greenaway and M. Haynes. Funding Universities to Meet National and International Challenges［M］．Nottingham：Nottingham University，2000.

资源（公共高等教育的拨款总额除以全日制学生总数的值）逐年下降。[①] 1985年，大学的生均教学开支为8500英镑，多科技术学院为4250英镑，而1997年整个大学（包括老大学和新大学）的平均教学支出已降低到4790英镑。[②]

同时有研究显示，英国的高等教育系统在相对较短的时间内高效率地培养出大量成功的毕业生和其他文凭、证书的持有者。[③] 英国的高校成为公共部门中更加具有成本效益和更有效率使用资源的典范。正如有些学者所做的研究，在20世纪90年代高等教育部门的劳动生产率增长了6%，而整个服务部门只增长了2%。[④] 从经合组织国家范围内的比较来看也同样如此，在1995年到2004年间英国的高等教育生产率不仅高于经合组织的平均值，而且处于比较领先的水平。[⑤]

对高校教师的学术工作而言，在相当长的时期内，人们更多地关注学术自由问题却很少谈论学术责任问题。学术工作大都靠自觉，与关注资源有效使用的绩效责任基本无涉。学术职业获准自由地安排工作时间，自主地决定工作的范围和重点，自由度之大对于其他职业是难以想象的。高校不仅对教授的教学工作很少评价，而且对他们的研究和其他学术职责的绩效评价也不甚严格，为数不多的学术评价工作主要通过同行评议来完成。而绩效评价的实施则深刻地改变了这种状况，如今教师们不得不对教学和科研工作投入更多的时间和精力，以更好的学术工作成绩来争取更大程度的自由和权力。实践证明，绩效评价的实施的确取得了不菲的成绩，英国高校的教学和科研工作在数量和质量上都不断得到提高。例如在科研方面，英国人口仅占世界的1%，而其科技出版物的数量则占世界总数的8%。世界上引用率最高的出版物中13%是英国的。在科技出版物的引用数量方面，英国在美国之后位居第2。美国因为具有难以超越的研究基础在20个主要的科学研究领域处于领先地位，而英国在15个领

① D. Greenaway and M. Haynes. Funding Universities to Meet National and International Challenges [R]. Nottingham: Nottingham University, 2000; DFES. Higher Education Statistics for the United Kingdom [R]. London: HMSO, 2002.

② UUK. New Directions for Higher Education Funding: Funding Options Review Group Final Report [R]. London: UUK, 2001.

③ D. Greenaway and M. Haynes. Funding Universities to Meet National and International Challenges [R]. Nottingham: University of Nottingham, 2000: 13-17.

④ A. Travers, et al. Higher Education Productivity [R]. London: CVCP, 1996.

⑤ Universities Scotland. Making Every Penny Count: Efficiency and Effectiveness in Scottish Higher Education [R]. Edinburgh: Universities Scotland, 2006: 1.

域的引用数量居第 2 位，在任何一个学科都不低于第 5 名。在教学方面，有 93% 的全日制第一级学位获得者在毕业 6 个月后找到工作或继续深造。学生获得学位的数量在过去的 20 年里增加了两倍，毕业率位居世界前列，第一级学位的未完成率仅为 17%，在经合组织国家中几乎是最低的比率。在高度竞争的海外学生市场上英国正成为一个吸引力与日俱增的国家。①

二、绩效评价造成的消极影响

当然，绩效评价在实施过程中也造成了诸多消极的影响，高等教育市场化趋势的加剧、学术环境的恶化以及教师工作负担的加大都成为高校教师和学者持续而集中攻击的议题。

（一）市场化趋势的加剧

20 世纪 80 年代末，英国政府从它已经开始取得的一个彻底国有化的控制模式继续前进，同时有力地推动了各大学进入被以“市场”这个概念混乱地归并起来的一系列全新关系。② 而绩效评价以其不可忽视的导向功能对市场化的趋势起到推波助澜的作用。从政府的观点来看，学校向不同的买方出售服务的制度就是学校自治增强的表现。按照这个观点，只要存在一个单个或占主导地位的买主即国家，那么学校自治及学术自由就会受到威胁。但是像已经指出的很多“买主”实际上都是乔装的国家，实际上发生的事情是政府用财政上的激励作为影响高校活动模式的手段。因此，有学者得出结论，市场的“自治”已经取代了大学中渐进的年度拨款的学院式的管理制度以及多科技术学院和其他学院的一条线预算的官僚式的管理制度。许多大学正采取内部市场机制，各系之间相互买卖服务或各系和学校中心管理机构进行服务交易。③ 绩效评价连同市场的力量也使很多高校掀起一股裁撤和改组经营不善或市场前景不好系科的风潮。很多基础性学科、缺乏经费来源以及难以与工商业界开展合作

① DFES. The Future of Higher Education [R]. London: DFES, 2003: 10 – 11.

② 伯顿·克拉克. 探究的场所——现代大学的科研和研究生教育 [M]. 王承绪，译. 杭州：浙江教育出版社，2001：79.

③ J. 布伦南，T. 夏赫. 英国的高等教育政策 [A]. 刘力，译 //弗兰斯·F. 范富格特. 国际高等教育政策比较研究 [M]. 王承绪，等，译. 杭州：浙江教育出版社，2001：389.

的系科遭受到严重威胁。例如，2001 年布拉福德大学[①]；2002 年 7 月，伯明翰大学[②]；2003 年 4 月，肯特大学；8 月，伦敦大学国王学院[③]；10 月，达勒姆大学；[④] 2004 年 11 月，埃克塞特大学；[⑤] 皇家化学学会惊呼裁撤化学系的举措在高校间引发了“多米诺骨牌效应”。

（二）学术环境的恶化

绩效评价“以测量代替信任，用管理控制代替学术自治，故意制造的竞争和不安全的氛围”[⑥] 深刻地改变着高校内部的组织文化。大学教师协会的高级研究员考特（Court）更是将这种“顽固、冷漠而专制的评价体制”比喻为狄更斯小说《艰难时世》中主人公托马斯·格莱恩精神的死灰复燃。[⑦] 一些人类学的学者抱怨，在 20 世纪 90 年代初期人类学系科先后经受了一系列的绩效评价活动，第一年是学术审计（Academic Audit），第二年是对科研成果进行竞争性排名的科研评价，第三年则是教学评价。他们切身感受到各种评价给他们权力形成的威胁以及给他们职业生活造成的破碎。[⑧] 而受这种组织文化影响最大的还是教师的教学工作。学者戈德曼（Gudeman）不无遗憾地指出，“在对学术工作进行检测以前的年代里，我认为好的教学可能会发生在办公室或大厅里，或在课余喝咖啡或吃饭的时候，可能只需寥寥几分钟也可能会畅谈数小

---

① A. Utley. Bradford May Lose Its 5 Departments [N]. Times Higher Education Supplement, 2001 - 12 - 21.

② H. Carby. Savage Closure [N]. Times Higher Education Supplement, 2002 - 07 - 19.

③ A. Fazackerley. Mass Exodus Leaves King's Chemistry Department Facing Axe [N]. Times Higher Education Supplement, 2003 - 08 - 08.

④ A. Utley. Protests Fail to Save East Asian studies [N]. Times Higher Education Supplement, 2003 - 10 - 03.

⑤ T. Halpin. Chemistry Suffers New Setback [N]. Times Higher Education Supplement, 2004 - 11 - 23.

⑥ C. Shore and S. Wright. Coercive accountability: The Rise of Audit Culture in Higher Education [A] //M. Straithen. Audit Culture: Anthropological Studies in Accountability, Ethics and the Academy [M]. London: Routledge, 2000: 78.

⑦ S. Court. A Tale of Hard Times That is Worthy of Dickens [N]. Times Higher Education Supplement, 2000 - 11 - 17.

⑧ C. Shore and S. Wright. Audit Culture and Anthropology: Neo-liberalism in British Higher Education [A]. The paper presented to the session ‘Auditing Anthropology: The New Accountabilities’ at the Fifth EASA Conference, Frankfurt, September 4 - 7, 1998: 565.

时。但是，这种场景和情况很难测量而且在经费分配中也绝不会被考虑。”①

（三）教师负担的加大

外部绩效评价的形式多种多样，包括重复的审计、评价、认证和检查。而高校实际上也都实行着内部的绩效程序，例如，年度的模块课程或培养项目报告、科研活动及论文发表报告、定期的培养项目审查、不定期的院系评价、内部的教学评价、内部审计、学生意见反馈等。这些名目繁多的评价不可避免地给高校教师造成沉重的负担。《泰晤士高等教育副刊》的社论将这些繁复的程序归结为工作过度的文化。② 据大学教师协会 1994 年对 2670 位学者进行的一项调查显示，他们每周平均工作时间达到 53.5 小时，其中行政事务每周平均耗去 18 小时，这个时间比他们所有形式的教学时间还长 1 个小时，比他们的个人科研时间更是多出 7 小时之多。1998 年大学教师协会对其成员所做的一项调查也表明，三分之二的受访者称他们的工作负担很重，有四分之一的受访者因压力造成疾病而请病假。③ 2000 年进行的一项调查再次表明，绝大部分学者在学期中每周的工作时间达到 55 小时，而假期中的工作时间也有 53 小时之多，其中最高的达到 70 小时，而且这还不包括“思考时间”。④ 1999 年，剑桥大学商业研究中心所作的一个报告总结到，对不断加码的效率和利润的追求正在给工人施加无法承受的负担，这主要反映在：日益增加的工作不安全性、身体不健康和生活不幸福。报告称，迄今为止，职业不安全性最大限度地增加，并已经发生在专业人员中间。在 1986 年，专业人员是工人中最安全的群体，而到 1997 年却成为最不安全的群体。⑤

---

① S. Gudeman. The New Captains of Information [J]. Anthropology Today, 1998, 14 (1): 2.

② THES Editorial. The Academics' Life of "Grunge" is a Threat to Future [N]. Times Higher Education Supplement, 2000 - 05 - 12.

③ C. Shore and S. Wright. Audit Culture and Anthropology: Neo-liberalism in British Higher Education [A]. The paper presented to the session "Auditing Anthropology: The New Accountabilities" at the Fifth EASA Conference, Frankfurt, September 4 - 7, 1998: 569.

④ A. Goddard. Unpaid Slog Sustains Research [N]. Times Higher Education Supplement, 2000 - 05 - 12.

⑤ C. Shore and S. Wright. Coercive accountability: The Rise of Audit Culture in Higher Education [A] // M. Strathern. Audit Culture: Anthropological Studies in Accountability, Ethics and the Academy [M]. London: Roultedge, 2000: 83.

第八章

澳大利亚高等教育绩效评价

澳大利亚是个联邦制国家，其高等教育的发展已有一百多年的历史。澳大利亚第一所大学悉尼大学建于1850年，但一直发展缓慢。直到第二次世界大战结束以后，澳大利亚高等教育才有了较快的发展。这一时期的高等教育亦从本科生教育扩展到研究生教育，从单纯的重视教学到教学与科研并重，从依靠州政府资助、学生学杂费、私人捐助办学发展到主要依靠联邦政府资助办学，从而形成了较为完善的高等教育体制。① 20世纪80年代末，澳大利亚开始实施高等教育绩效评价。

第一节　澳大利亚高等教育绩效评价的开展

自20世纪70年代中期以来，澳大利亚高等教育开始完全由联邦政府资助。20世纪80年代，澳大利亚高等教育已经从精英化阶段进入大众化阶段。随着高等教育规模的扩大以及国际化和市场化的影响，澳大利亚政府对自身与大学和市场的关系也在进行新的思考。为使有限的投入产生更大的收益，在追求效率的压力驱使下，澳大利亚政府开始在拨款体制中逐渐引入竞争机制，在高等教育领域实施绩效评价。

① 王斌华．澳大利亚高等教育（上）[J]．外国教育资料，1993（2）：16.

一、澳大利亚高等教育绩效评价的发展

（一）无具体绩效指标的抽象绩效评价

1976 年 9 月，澳大利亚政府委任布鲁斯·威廉姆斯（Bruce Williams）爵士和其他九位成员开展国家教育、培训与就业调查活动，并于 1979 年发布了调查报告。该调查报告提出一套开展定期评价高等教育的方法，希望借此来评价高等教育中的突出问题，但是该报告并没有建立起可付诸实施的具体指标。

20 世纪 80 年代以来，澳大利亚高等教育已建立起大学、高等教育学院、技术进修学院三位一体的高等教育体系。为确保不同类型高等教育机构的办学质量，当时的联邦第三级教育委员会（Commonwealth Tertiary Education Commission）在 20 世纪 80 年代初发表了关于衡量高校效率与效益的调查报告。该报告提出了确定一些可能指标开展院校绩效评价的建议，但同样未建立全面的、可以用于高等教育绩效评价的机制。

（二）开展量化的绩效评价

为了对澳大利亚各高校和院系的工程学科进行比较，1988 年 6 月，澳大利亚联邦第三级教育委员会在高等教育系统层面首次尝试使用了绩效指标。这套绩效指标被用于评价 28 个工程院系的绩效，主要包括学生的入学成绩、毕业率和就业率、学生对教学质量的态度和意见、教职员工的著作出版和咨询服务情况以及提供继续教育项目情况等信息。

1987 年 12 月，澳大利亚就业、教育与培训部部长约翰·道金斯（John Dawkins）公布了有关高等教育政策的绿皮书——《高等教育：政策咨询文件》（*Higher Education*：*A Policy Discussion Paper*）。这份绿皮书着重强调了绩效评价（Performance assessment）问题。绿皮书第一次明确提出应在量化的基础上对高校绩效进行评价，并通过某种形式使这种绩效在政府拨款中得以体现。为回应这份政策咨询文件，澳大利亚大学副校长委员会（Australian Vice-Chancellors Committee，简称 AVCC）专门成立了绩效指标工作组，开展绩效指标体系的制定工作，以使绩效指标能够覆盖教学和科研等高等教育的主要功能，并切实用于高等教育机构的绩效评价。此举受到了澳大利亚政府的认同。

1988 年 7 月，澳大利亚政府在高等教育政策白皮书《高等教育：政策声明》（*Higher Education*：*A Policy Statement*）中表示要鼓励绩效指标的进一步发展。

1988 年 12 月，澳大利亚大学校长委员会和高等教育学院院长委员会（Australian Committee of Directors and Principals in Advanced Education，简称 ACDP）联合工作组（以下简称“联合工作组”）发表报告，确定了 30 多个可适用于整个高等教育系统以及单个院系的绩效指标，同时还确定了一系列在考察绩效评价结果时须考虑到的“院校背景”（Institutional context）指标。1989 年，澳大利亚联邦政府任命以林克（Linke）教授为首的研究组制定绩效指标的实施细则，并对联合工作组报告中确定的绩效指标开展试点，以了解广泛应用这些绩效指标的可行性。研究组于 1991 年发表报告确定了 28 项具体指标，涉及院校背景、院校绩效（包括教学与学习、科研与专业服务两大类）、入学与社会平等三方面内容。研究组还制定了应用这些指标的实施细则。

（三）纳入质量保障体系的绩效评价

1991 年以后，澳大利亚政府将有关使用高等教育绩效指标的政策纳入更广泛的高等教育质量保障体系中。1991 年 6 月，澳大利亚高等教育和就业服务部部长特别强调，高等教育委员会（Higher Education Council）要研究高等教育质量的特性及其多样性，要分析政府为鼓励、维护和改善高等教育质量所制定的各种策略，要重视影响高等教育质量的各种因素，以及厘清高等教育资源和质量之间关系的本质。此后，澳大利亚政府发起了很多具体行动以履行其在高等教育质量保障方面的承诺。

为回应部长，高等教育委员会在随后的研究报告中提议设立一个国家委员会，以监督高校质量保障程序的效力，并对质量改善的高校给予额外拨款。虽然高等教育委员会提出的这种质量保障方法并没有涉及具体的绩效指标，但却暗示了对高校间和院系间进行比较判断的量化绩效评价的高度信赖。而且，有关部门在一些特定目的的拨款中已经使用了一些绩效指标，如澳大利亚研究委员会（Australian Research Council）将竞争性研究拨款的数量作为其决定高校总项拨款（The block grant）的基础，而且很多高校也已逐步采用并实施了一些绩效指标以满足自身的信息需求。

1992 年，澳大利亚政府成立了专门的“高等教育教学质量咨询委员会”（Advisory Committee on Teaching Quality in Higher Education）。该委员会每年提

供约500万澳元的资金，用于支持那些旨在改善教学和学习质量的研究项目。从1994年起，澳大利亚政府每年拨出7500万澳元的额外资金分配给那些教学和科研成绩突出、质量明显改善的高校。2000年，澳大利亚大学质量署（Australia University Quality Agency）成立。该署主要负责澳大利亚高等教育质量的提升、汇报大学的绩效和产出、实施质量保障等工作。2002年，澳大利亚联邦政府和州政府一致同意建立高等教育质量保证框架，同年3～10月，澳大利亚政府对高等教育系统进行了全面评价。

2004年，澳大利亚在废除年度报告的基础上确立了新的高等教育问责框架（A New Accountability Framework）。该框架指出政府有义务确保高等教育经费的有效使用并要求那些接受拨款者对其负责。同时，该框架主张实施机构评估框架（Institutional Assessment Framework），该框架要求接受拨款的大学提供相对应的高质量产品并履行他们的法律义务。评估机构根据来自大学和外部反映质和量两方面的数据，对高等教育机构绩效进行全面的评价。①

二、澳大利亚高等教育绩效评价的主体

目前澳大利亚高等教育已形成了较为完善的质量保障体系，包括：大学、联邦政府、澳大利亚大学质量署、州政府。② 作为实体机构，它们是澳大利亚高等教育绩效评价的重要主体。

（一）大学

澳大利亚每所大学每年都需要公布自己的质量保障情况及改进计划，而且大学在招生、教学等方面都有质量保障内部机制，由大学内部的学术委员会和管理委员会负责，具体内容包括：对新课程和研究项目的评价和定期审查；对各系、院、所和研究中心的审查；学生对教学的评估；高级学位论文和荣誉学位论文要有校外督察员审查；对毕业生和雇主进行调查，以了解毕业生的满意率及其在应聘时是否达成了所需要的知识技能和对工作中的适应性。大学在管

① 陈欣．澳大利亚高等教育问责：政策和实践［J］．外国教育研究，2009（10）：79.

② Department of Education, Training and Youth Affairs. The Australian Higher Education Quality Assurance Framework [J]. Occasional Paper Series, 2000.

理和资金分配上要有考察指标，要有改进教学的计划及对教学优异者的特殊奖励。[①] 这里提到的大学对于教学、学位、毕业生技能等的管理和审查也是大学自我评价的主要内容，大学积极参与高等教育标杆管理，也是其重视质量和绩效的体现。大学对于其运行效率和办学质量的高度重视，是澳大利亚高等教育的显著特征。

（二）联邦政府

澳大利亚实行的混合经济要求政府对国家经济进行干预，让国家的权威与私人的主动性互相合作，借以医治资本主义社会存在的大量失业和经济危机问题。[②] 为此，澳大利亚联邦政府在高等教育质量保障体系中扮演着重要角色，它通过联邦高等教育基金资助大学，提供拨款，监督和公布高等教育状态数据，并提供一系列管理工具促进高等教育质量的提升。按照 1988 年颁布的《高等教育经费法》，联邦政府用于评价大学发展规划（要求包含教育质量保证计划）的经费预算，实行三年一度的经费划拨。从 1998 年起，在拨款前联邦政府要求大学提交保证教育质量目标达成的策略和评估指标以及毕业生的跟踪调查资料。联邦政府每年公布各大学质量保障与改进计划、教学改革实践和用于提高教学质量的项目经费等有关资料，以提高大学的社会透明度。同时，组织广泛的社会、行业、毕业生等方面的调研活动，及时搜集有关信息，指导大学按社会需求办学。[③]

联邦政府通过拨款体制来实现其对高等教育的干预。自 20 世纪 90 年代以来，联邦政府所提供的高等教育资金在所有高等教育资金中的比例越来越少，这意味着大学之间的竞争将越来越激烈，大学必须努力提升自己的绩效，使有限的资金投入产生更大的收益。

（三）澳大利亚大学质量署

澳大利亚大学质量署是一个独立的、非营利的、全国性中介组织。其工作任务共有四项，分别对大学、自我认证院校和州与地区高等教育认证团体进行

① 侯威，许明．澳大利亚高等教育质量保障机制概述［J］．比较教育研究，2002（3）：23.

② 殷汝祥，衣维明．澳大利亚市场经济体制［M］．兰州：兰州大学出版社，1994：4.

③ 李胜元，等．澳大利亚高等教育质量保障体制略论［J］．西南师范大学学报（人文社会科学版），2006（1）：143.

周期性系统性审计和管理；对自我认证院校的质量保障进程进行监控、回顾、分析及公布质量保障报告，并对相关质量项目的影响进行分析；基于对院校审计和地方认证机构获得的信息，对新大学、非大学类的高等教育课程和各州与地方认证机构的认证标准进行报告；对澳大利亚高等教育体系及其质量保障进程的相关标准进行报告，内容包括澳大利亚本国高等教育质量的国际地位等。[①] 该机构中的成员三分之一来自高等教育机构，三分之一由联邦政府提名，三分之一由州政府提名。其成员涵盖了高等教育所有利益相关群体，他们都有着各自的分工。

澳大利亚鼓励大学自治、自主、多样化发展，大学基于自身的特色及发展情况等进行自身定位并确立发展目标、制定战略发展规划是大学质量署开展工作的起点。[②] 因此，被审计大学需提交自我评价报告。大学质量署进行质量审计的第一步便是根据大学的自我评价进行调研，考察其战略规划的制定和落实情况，建议其建立符合自身发展需求的质量保障体系。为确保国内外高等教育有同样的质量标准，大学质量署还对跨境高等教育进行质量审计。院校需配合大学质量署对相关信息进行汇总，包括受审计方的工作目标、发展规划、发展战略、实践活动和相关效果等；以及一些附加材料，设计关键绩效指标、毕业去向调查、课程体验调查、研究生研究体验调查等基本数据；向联邦、州政府提交的相关材料、年度报告、发展规划等。同时，审计组工作人员还会与院校相关人员进行座谈。最后，完成一定格式的质量审计报告并在网上公布大学的改进情况。

在接受审计后，优秀的质量保障策略或形式会以“优秀实践数据库”为平台向社会尤其是受审计单位和利益相关方进行展示。在审计周期结束时，大学质量署需发布客观、公正、详细的高等教育质量保障报告。

大学质量署对于澳大利亚大学的质量评价，融合了大学的自我评价和第三方中介组织的外部评价，其所收集的数据部分来自澳大利亚高等教育绩效评价指标，其所采用的方法及产生的评价结果对澳大利亚高等教育质量保障和提升，具有重要的作用。需要说明的是，大学质量署的评审不与联邦政府对高等教育的拨款挂钩，也不进行大学排名。

---

① AUQA. Constitution of AUQA [EB/OL]. http://www.auqa.edu.au, 2006 - 10 - 24.

② 刘辉. 澳大利亚大学质量署研究 [D]. 杭州：浙江大学，2008：93.

（四）州/地区政府

2000年4月，澳大利亚教育、培训与青年事务部[①]签署了《联邦高等教育审批程序协议》，为澳大利亚的大学设立、课程设置等建立了统一的标准。州政府对高等教育的责任主要反映在《联邦高等教育审批程序协议》中。该协议包含大学设置的条件和标准、对大学和无自主审批权院校有关课程的认证，协调大学与专业设置所涉及的外部团体之间的关系，负责国际合作办学的审批和国外学历鉴定等事项。协议对这些事项的要求和操作程序，都作出了明确而具体的规定。[②] 该协议为澳大利亚大学构建了一个全国性的质量标准。州政府通过对大学及其课程等的质量认证保障高等教育质量。

三、澳大利亚高等教育绩效评价的标杆管理模式

为确定高等教育机构的绩效发展趋势并对不同机构的绩效状况进行比较，澳大利亚高等教育管理采用了标杆管理模式。从严格意义上说，标杆管理是一种与绩效评价相平行的高等教育管理模式，可以将标杆看做是标准、参照点或标尺，依据它可以对事物的质量进行测量、判断和评估，因此，这里我们将标杆管理归为高等教育绩效评价的模式之一。

（一）标杆管理模式概述

标杆管理通过一种开放、合作的评价方式对大学的绩效进行比较，帮助大学发现自己的优势和劣势，并进行最优的改进实践以提升组织绩效。

1. 标杆管理的目的

标杆管理的主要目的在于发现并诊断大学可能存在的问题及问题产生的背景，为大学管理者提供一个评价高等教育质量及组织机构内部运行成本的参照点或标准，进而提出可能的解决方案。它试图回答以下问题：某大学与其他高等教育机构相比做得如何？该大学在哪些领域做得好？就整个大学而言，哪部

① 注：1987年联邦高等教育委员会被取消，取而代之的是全国就业、教育与培训委员会，后又历次改名为教育就业培训与青年事务部、教育就业与工作关系部，高等教育部分由它负责.

② 金同康，顾志跃．澳大利亚高等教育质量保障体系及其启示［J］．云南教育，2002（4）：77.

分最好，它是如何做到的？大学如何将自己的实践经验向其他单位推广？一个机构应如何既保持自身的特色又提升自己的绩效？在相当长的一段时期，大学应如何在坚持自己理念的基础上做得更好？这些问题对于传统的大学内部决策机制而言具有一定的挑战性。

2. 标杆管理的方法

第一，文献阅读。标杆管理一开始，往往需要确定并了解合作伙伴的情况，通过各种途径查阅相关资料便是常用的方法之一。参与标杆管理的团队可以通过图书馆、数据库、主管部门及咨询公司等多家机构和部门收集相关领域及标杆单位的相关资料，做好前期工作，充分了解标杆合作伙伴，为制定标杆管理项目计划做好准备。

第二，问卷调查法。在数据资料收集阶段，与合作伙伴接触后，很多标杆管理发起人往往会制作调查问卷，就感兴趣的问题向对方提问，再回收问卷，通过对问卷进行分析，得出相关标杆领域的实际情况信息，从而提出针对性的行动方案。

第三，现场参观访谈 。现场调查参观和深度访谈是深入标杆对象并与之进行面对面交流的最佳办法，在此过程中可以获得珍贵的一手资料，对标杆对象有直观、感性的认识，并可以在与合作单位人员的交流中增进相互理解。

第四，深度研习班。在澳大利亚高等教育标杆管理实践过程中，有 6 所试点学校还采用了深度研习班（In-depth workshop）方法。深度研习班的实施包括四个阶段：第一阶段为约 3 ~ 4 小时的集体讨论，由 20 ~ 25 位教师和其他利益相关者参加，旨在分析大学的运行环境，并对标杆管理进行定义，寻找目标领域改进的方向、热点、驱动力及存在的障碍等，并就此达成共识；第二阶段为各大学利用 4 ~ 6 周的时间通过自我启发式讨论和信息收集，深入探索标杆管理和组织完善的相关热点问题，分析潜在的阻碍标杆管理顺利实施的障碍，并提出针对性的改进建议；第三阶段就前两个阶段取得的成果及可以作为改进的工具，在该大学每一个目标领域应用的标杆管理程序达成共识，从而使实施程序得以进行；第四阶段为各试点学校派代表参加总结会议，旨在联系通过标杆管理谋求改进的相关机构，确定标杆管理的一般主题和热点。①

① 王玉蕾．澳大利亚高等教育标杆管理的研究与借鉴［D］．西安：西北大学，2008：40 – 41.

3. 标杆管理的实施步骤

高等教育标杆管理活动的实施多借鉴企业的做法，大体上需要经历计划、内部数据收集与分析、外部数据收集与分析、反馈和改进5个阶段。

第一，计划阶段。在标杆管理整体规划与标杆项目的选定阶段，主要包括设定标杆管理的目标及范围，构建标杆团队，制定最佳实践的标准，确定数据收集方法并准备收集。

第二，内部数据收集与分析阶段。在内部数据收集与分析阶段，主要包括选择合适的标杆管理合作伙伴，收集内部及外部资料和数据，进行内部调查与访谈，对收集到的资料进行分析，找出自身与标杆对象之间在管理、绩效等方面的差距，并就分析的结果在组织内部进行交流，成为组织变革的依据和动力。

第三，外部数据收集与分析阶段。外部数据收集与分析阶段主要是收集外部公开发表的信息，以及收集外部一手研究资料。

第四，反馈阶段。在标杆管理活动实施一段时间后，需要对其行动方案进行评估和检测，并根据检测结果制定纠正行动方案，并不断循环，以使标杆与不断变化的环境保持一致。

第五，改进阶段。在改进阶段，则主要包括对标杆管理数据库进行维护及实施持续的绩效改进计划。①

虽然标杆管理模式是由政府推动、大学自愿参与的活动，但很多大学将标杆管理作为自我绩效评价的工具，并根据自身的特点来选择适合的领域实施标杆管理。针对各领域特点提供实施标杆管理的基本模型，有利于对标杆管理了解不多的实施者花费较少时间进入自己的角色，降低管理成本。尤其是进入21世纪以来，澳大利亚大多数高校已经将标杆管理作为高校管理的常规性工具加以使用。2005年，澳大利亚政府专门召开大学标杆管理会议，旨在进一步提升高等学校标杆管理体系的价值，并鼓励大学开展更多领域的标杆管理活动。

（二）标杆管理的推动主体及其指标设定

在澳大利亚，由于大学具有高度的自主性，因此是否实施标杆管理的主动

① H. 詹姆斯·哈利顿，等．标杆管理：瞄准并超越一流企业［M］．北京：中信出版社，2003：102－103.

权在大学。然而，仍有一些部门和组织在推动高等教育标杆管理的实施，这里提到的一些部门和组织大都是公立的。

1. 澳大利亚教育、培训与青年事务部

2000 年，澳大利亚教育、培训与青年事务部编辑出版了《澳大利亚大学标杆管理手册》，目的在于在澳大利亚大学中推广标杆管理模式。该手册针对大学事务的不同方面确定了九个领域，67 个标杆，涉及大学的治理、规划及管理、外部影响、财政及物质基础设施、学习与教学、学生支持、科研、图书馆及信息服务、国际化、教职员等，并应用平衡积分卡的方法对 67 项标杆指标进行测量，建立了标杆模型，见表 8 - 1。[①] 2004 年，澳大利亚教育、培训与青年事务部在《大学标杆管理手册》基础上，对学生领域的标杆管理进行了更为深入的研究与实践。

表 8 - 1　基于平衡积分法的标杆指标分配情况

类　　型	结果指标	绩效指标	学习指标
财　　务	核心运营制度、教学科研支出比例、运营结果、收入来源、资产流动性、外部债务、商业化、净收益、循环维护基金、国际项目经费	风险管理、流动比率	学术人员薪金开支及趋势
顾客、利益相关者/学生	学生进步率、在促进机会均等方面的量化成就、就业率、研究生完成研究的比例及时间、专任教师的学术成果、图书馆和信息服务对教学的有用性、图书馆和信息服务对科研的有用性、留学生项目、学生的国际学习经验	均衡发展计划、战略性社团服务、杰出的社团实践、学习与教学计划、课程设置流程、学生服务、国际化战略	声誉、竞争力、名师教学、教学环境、低年级学生保持率、学生满意度、服务效果、研究型学生的体验、学生的国际学习经验、海外合作关系与交流活动

① K. R. Mckinnon, S. H. Walker and D. Davis. Benchmarking: A Manual for Australian Universities [R]. Canberra: Department of Education, Training and Youth Affairs, Higher Education Division, 2000: 146.

表8-1（续）

类　　型	结果指标	绩效指标	学习指标
内部流程	设备维修及采购、大型设备的利用率、对学生的行政服务、海外远程教育管理	治理与领导力、学校规划、明确的责任和决策权、公共信息系统、战略性资产管理、场地管理、中心教学场地的利用率及其有效性、信息技术和电信基础设施、科研及科研训练、图书馆和信息服务计划的有效性	有效的学术评价过程、课程的适切性
人员/文化	教师资格、专职教师人均出版物数量、海外合作关系与交流活动、职工安置	组织氛围、获得拨款的职员比例、直接参与的职员比例、有效合作联盟、国际化的文化氛围、战略性人力资源规划、劳动力管理、职业发展/群体效力	战略变革的主动性、科研收入趋势、科研影响

资料来源：K. R. Mckinnon, S. H. Walker and D. Davis. Benchmarking：A Manual for Australian Universities［R］. Canberra：Department of Education，Training and Youth Affairs，Higher Education Division，2000：146.

从表8-1中可以看出，财务、顾客/利益相关者/学生、内部流程、人员/文化与三种指标结果指标、绩效指标、学习指标在横向和纵向构成了一个二维矩阵模型，该矩阵综合了标杆管理与平衡积分法。其中，横向上的结果指标属于滞后指标，主要对过去的活动所取得的绩效进行测量；绩效指标属于驱动指标，主要对未来的绩效及其驱动力进行测量；学习指标主要对变革的速度进行测量。纵向的财务涉及达到预期目标需要怎样的财力支持；顾客/利益相关者/学生涉及高校应如何满足学生的需要，并充分考虑学生及学生群体的决策和意见等；内部流程涉及为了达到预期目标并满足顾客/学生的需要，需为学生提供怎样的产品和服务，在大学中，可以设立相应的课程标杆等；人员/文化则主要反映大学的精神理念、组织文化等。这些指标反映到具体的大学事务中，则可以细化为67项标杆指标。

这67项标杆指标是对各个领域优秀实践的描述和概括，优秀实践则代表了当前该领域的最佳水平，以副校长、首席副校长等为代表的33所大学分为六组参与该标杆管理指标框架的制定。其中，每个标杆指标的发展水平分为5个等级，5分代表最佳水平，没有哪所大学可以在所有方面达到5分，而3分则代表平均水平，关于每个等级都有专门的特征说明，以供参考。

同时，该模式也处于不断完善中，并辅之以问卷调查、工作坊（Workshop）等其他手段，它可以为高校管理者对大学评价以及大学的自我评价，提供一个共同的参照标准和参考资料库，在高等教育质量保障过程中为质量审计等提供帮助，促使大学领导者及其利益相关者就大学期望的目标、需要改进的领域及实现目标的可能等方面达成共识。这与高等教育绩效评价的指标设定及实施方法的理念是一致的。

2. 澳大利亚高等教育设施维护职员联合会

澳大利亚高等教育设施维护职员联合会（Australian Association of Higher Education Facilities Officer，简称AAHEFO），于1996年开始了一项高等教育标杆管理活动，主要关注大学的设施和服务。到1998年，该项活动已覆盖澳大利亚和新西兰的36所高等院校。为确保各高校提供的信息具有可比性，该协会规范了对于术语的定义，避免了由于对概念理解不一致而产生的不可比问题。

该协会发起的标杆管理活动主题集中于：（1）背景信息——每所大学可用的占地面积占总面积的比例、总资产值、学生数和职员数；（2）维护成本——职员、材料和合约成本；（3）翻新成本——职员工资、材料、合约及咨询成本；（4）积压的维护工作及其他由于种种原因拖延的工作，如健康、安全、残疾等，结果以美元表示；（5）保洁——包括人员、材料与合约成本（即维护成本）及总的保洁面积；（6）能量消耗——包括消耗总量，涉及到的成本和总的覆盖面积；（7）场地维护——包括人员、材料与合约成本及总的维护面积；（8）安保——包括人员、材料与合约成本及总的巡逻面积；（9）停车——包括人员和操作成本，来自罚款的收入及收取或取消罚款的成本；（10）电话费用——包括人员、材料、合约及呼叫成本。①

从这些标杆指标可以看出，该项标杆管理活动主要侧重于评估院校对其基本设施的管理情况，因而可以规范大学其对设施的有效管理。

---

① UNESCO. Benchmarking in Higher Education：A Study Conducted by the Commonwealth Higher Education Management Service［Z］. Paris：UNESCO，1998：60.

3. 波士顿（Boston）咨询公司

波士顿咨询公司是个中介机构，它被一些大学聘请来负责评估大学的管理工作。该公司将标杆作为工具分析解决大学可能存在的问题，他们收集大量的现实信息用于支持随后的分析工作。在具体的方法上，他们倾向于对一些可能产生一般结论的特定活动进行深度分析。

第二节　澳大利亚高等教育绩效评价的实施

在澳大利亚高等教育质量保障与改善框架中，绩效指标是其中重要的因素之一。澳大利亚拥有全国性数据采集与报告的先进体系。大学每年应向联邦政府提供其有关运行及绩效的数据报告，对于数据收集的时间、地点及方式等联邦政府都有着明确的规定。有的大学还建立了专门的内部支持性机构，如悉尼大学的教学卓越中心（Center for Teaching Excellence）、纽卡斯尔大学的学习与教学中心（Center for Learning and Teaching），通过特定的方法和技术，强调重视教学的理念，以切实推进大学教学质量的提升。

一、高等学校的绩效评价

1998 年，澳大利亚教育、培训与青年事务部发布《高等学校的特征与绩效》报告，列出了 200 多项指标。这些指标大体可分为五类，并随着高等教育的发展而有些许调整，具体指标见表 8－2。[①]

① L. Andrews, P. Aungles, S. Baker and A. Saris. Characteristics and Performance of Higher Education Institutions [R]. Canberra: Department of Education, Training and Youth Affairs, Higher Education Division, 1997: 70－71.

表8-2 澳大利亚教育、培训与青年事务部的高等学校绩效指标

指标类型	指标
学生	学生总数
	学生在不同大学中的数量分布
	招生类型
	研究生在学生总数中的比例
	海外学生在学生总数中的比例
	不同类型学生的缴费情况
	非海外学生的入学基础
	学生年龄
	入学公平（包括土著人、非英语学生、农村、偏远地区、低收入阶层、残疾学生等）
	女性学生比例
	学习领域的宽泛程度
	进行更高学历深造的学生比例
职员	职员数量
	学术和非学术职员的各自比例
	高级非学术职员的比例
	当前任职的学术职员占总的学术职员的比例
	不同职责的职员（教学、科研、教学兼科研、其他）占总职员的比例
	不同类型的学术职员占总学术职员的比例（高级讲师以上，高级讲师C级，讲师B级，低于讲师A级）
	女性学术职员在不同类型的学术职员中的比例
	不同年龄的学术职员（小于30岁、30~49岁、50岁以上）所占的比例
	学术和非学术的土著职员占总职员的比例
	在不同专业的学术机构中，学生职员所占的比例
	报酬

表 8－2（续）

指标类型	指　　标
财　　政	运营收入（联邦政府拨款、高等教育贡献计划（HECS）、州政府收入、其他科研拨款、继续教育学费、海外学生学费收入、非海外学生学费、非海外研究生学费、非海外学生修无奖课程学费、其他收费、投资与其他收入）占总收入的比例
	运营开支（学术活动及科研、图书馆、其他学术支持服务、学生服务、公共服务、建筑与场地、行政与其他的机构服务开支、雇员退休金、其他开支）占总开支的比例
	工资开支占总开支的比例
	每个全日制学生学习单元（EFTSU）的开支（图书馆开支，其他的学术支持服务开支，学生服务开支）
	已获收益占总收入的比例
	科研量（科研收益、科研出版物、科研完成量）
	科研收益（澳大利亚研究委员会拨款、国家健康与医药研究委员会拨款、其他的联邦竞争性拨款、其他的联邦非竞争性拨款、州和地方政府拨款、产业基金）
	科研出版物（书、文章、期刊文章、会议论文）
	科研完成量（更高学历科研完成量）
科　　研	每个全日制学生学习单元中的更高学历科研
	每个全日制学生学习单元中研究生的科研收益
	每个全日制研究型职员及教学与研究型职员的研究收益
	科研总量在联邦政府拨款中的比例
	科研收入占联邦政府拨款的比例

表8-2（续）

指标类型	指　　标
产出（修订版）	学生进步率—刚入学的大学生
	学生进步率—非刚入学的大学生
	学生进步率—研究生课程
	全日制研究生就业情况
	全日制研究生学习情况
	研究生起薪
	课程体验问卷—总的满意度
	课程体验问卷—优良教学
	课程体验问卷—基本技能

资料来源：Characteristics and Performance Indicators of Higher Education Institutions ［EB/OL］. http：//www. dest. gov. au/archive/highered/statistics/characteristics/contents. htm#1, 2010-05-30.

这些指标为衡量高等学校的绩效及其多样性提供了标准及工具，有利于其更好地实现自己的目标，并保证高等教育质量。在这些指标中，有关教学和科研的绩效评价较为突出和系统，也能更清晰地反映出澳大利亚高等教育的绩效及质量状况。另外，澳大利亚的大学也有自己的质量保障及评估框架，不同的大学具有不同的特点。

二、高校教学的绩效评价

澳大利亚高等教育教学绩效评价主要通过学生的学业成就评价来体现，并以此来保障高等学校的教学质量。学生学业成就评价的指标包括四类：

第一，由联邦教育、科学与培训部实施的学生学习结果绩效指标。该指标涉及较多关于教学质量和学生学习结果的内容，是评价本科教学质量的重要依据。结果绩效指标主要包括：学生的进步率（Progress rate）、退学/保持率（Attrition/Retention rate）、毕业生就业率、深造率、起薪、课程总体满意度、优秀的教学和基本技能等8项，原始数据由各大学和澳大利亚毕业生就业委员会提供[①]。联邦教育、科学和培训部会定期对结果绩效指标的调查结果进行公布，以比较不同大学之间的绩效差异，评价大学是否达到了既定的标准，从而实现其监控高校教学质量的功能。

第二，课程体验问卷（Course Experience Questionnaire）及研究生科研体验问卷（Postgraduate Research Experience Questionnaire）结果。

在《高等院校的特征与绩效》指标中，关于学生的信息可以在招生入学时获得相关数据，职员与财政等方面的信息需在校内收集，而课程及学生产出等有关教学成果的绩效指标则有专门的评价工具，[②] 其中课程体验问卷及研究生科研体验问卷就是联邦教育、科学与培训部用于衡量大学教学质量的重要工具。该问卷调查在每年应届毕业生完成其全部学业的 4 个月后开展，每年每所大学按专业报告一次，以比较不同大学相似课程间的教学质量。该调查对教学有效性、学生的基本技能、教学目标、教学评价、教学负担、总体满意度等进行检测，其中教学有效性、基本技能及总体满意度为核心测查项目，见表 8 - 3。需要说明的是，大学财政拨款与“课程体验问卷”之间并无联系。商业性大学指南采用这些数据为将来的学生评判大学及课程质量水平提供依据。大学有时也在其宣传活动中利用这些数据。

表 8 - 3　课程体验问卷核心测查项目及其明细

测查项目	明　　细
教学有效性	老师花费很多时间考评我的学习情况 老师通常能就“我该怎么做”提供富有建设性的反馈意见
	任课老师激励我尽我所能，做得最好
	老师非常善于解释或阐述问题 老师努力使课程变得更有趣
	老师确实努力去了解我在学习过程中遇到了哪些问题

① 俞婷婕，肖甦．澳大利亚高校本科教学绩效评价之管窥［J］．比较教育研究，2008（3）：34.

② 理查德·詹姆士．澳大利亚本科教育评估与改进的经验［J］．陈运超，译．复旦教育论坛，2004（2）：81.

表 8－3（续）

测查项目	明　　细
基本技能	该课程锻炼了我的团队合作能力 该课程使我的分析能力变得更为敏锐
	该课程提升了我的问题解决能力
	该课程改善了我的写作交流能力 在该课程的帮助下，即便是处理生疏问题，我也充满信心
总体满意度	该课程发展了我对独立工作的规划能力 总的来说，我对这门课程的质量是满意的 若想在这门课程考试中取得好成绩，所需的其实仅是一个好记性
	老师更倾向于测试我所记住的知识，而非我理解的内容

资料来源：H. Coates，C. Tilbrook，B. Guthrie and G. Bryant. Enhancing the GCA National Survey：An Examination of Critical Factors Leading to Enhancements in the Instruments，Methodology and Process［R］. Canberra：Graduate Careers Australia and Department of Education，Training and Youth Affairs，2006.

关于研究生，澳大利亚教育研究委员会和研究生就业委员会于 1999 年联合开发了研究生科研体验问卷，主要测量研究生对于科研指导的满意度、技能发展情况、学术研究氛围、基本结构、论文考试及目标等。课程体验问卷与研究生科研体验问卷的数据都将包含在大学的《年度质量保障与改进计划》中。这两项问卷调查旨在测量学生对于高等教育机构教学的满意度。

第三，毕业生技能评价（Graduate Skill Assessment）结果。毕业生技能评价由澳大利亚教育研究委员会发起，并由该委员会于 2000 年年底正式实行。该评价对学生入学和毕业时的基本技能进行考核。目前，评价的方式为选择题测试和写作测试，评价的主要能力为：（1）批判性思维能力；（2）问题解决能力；（3）人际交往能力；（4）书面交流能力。这项评价既有助于大学了解不同专业学生的基本技能差别，也有助于了解学生在大学四年的学习中的技能发展情况，直接反映了学校的教学质量和水平。

第四，毕业生去向调查（Graduate Destination Survey）结果。每年，全体本科毕业生在完成全部课业 4 个月后要参与该项调查。这是一项由澳大利亚毕业生职业委员会实施的关于毕业生就业情况的调查，主要涉及毕业生将来的学习深造、在劳动力市场所处的地位等，所获取的信息包括：（1）毕业生刚获得的学历资格；（2）大学最后一个学年的有偿工作情况；（3）进行该调查时，被试的工作和学习情况；（4）获得学历资格后，接下来一年的就业情况；（5）获得学历资格后，接下来一年的学习情况；（6）其他一些人口统计学数据。这些信息有利于社会公众对大学的教学质量及办学水平进行比较，也有利于大学据此制定自身的战略发展规划。

这几项调查的顺利实施得益于澳大利亚全国性的数据采集与报告体系，不同的数据有不同的采集方式，有的数据需要招生时通过学生问卷方式收集，有的信息则需进行细致的校内收集，大学须按年度向联邦提供大学相关运行情况的统计数据等。不同的问卷调查及测量指标并不是彼此孤立的，而是存在着交叉和重叠。

此外，联邦政府还设有澳大利亚大学教学委员会，主要负责发现大学教学中的问题并寻找对策，鼓励教学改革，并为此寻求合适的工具和方法。

总的来看，教学作为高等教育的基本职能，其教学绩效评价主要反映大学的教学质量情况，联邦政府拨款与之并无必然联系。联邦政府通过联邦拨款计划（Commonwealth Grant Scheme）对教学性经费进行拨款，如《2003 年高等教育支持法案》规定根据不同学科领域确定不同的生均经费资助额度；根据各院校的办学特色和国家重要领域进行相应拨款；实行年度拨款制，并与各高校签订一份拨款协议，根据高校办学特色所列当年联邦支持学额数、学科领域及国家重要领域的学额数等进行拨款。[①] 这样有利于各高校发展自己的特色，实现多样化发展。

三、高校科研的绩效评价

相较教学，科研评价与拨款之间的联系更为密切。澳大利亚所有大学都从事科研活动，但 36 所大学之中的 5 所几乎获得全部研究经费的一半。澳大利亚高校研究的经费，一方面来源于澳大利亚联邦教育、科学与培训部提供的针对大学教学、科研和科研训练活动的以绩效为依据的整笔奖助款（一揽子拨款），该拨款的法定依据是《高等教育拨款法》（HEFA）；另一方面来源于不同研究资助机构（Research Granting Agencies）提供的同行评议竞争性奖助款，该资助针对特定的研究，且分配是竞争性的，在所有研究资助机构中，最大的

① The Parliament of Australia. Higher Education Support Act [Z]. No. 149, 2003: 35 -67.

是澳洲研究委员会（Australian Research Council）[①]。这两个来源各自所占的比例为61%、39%，[②] 可见国家的绩效拨款数额更大。联邦政府在分配整笔研究奖助款上，主要有两种方式，一是机构奖助款项，一是研究基础设施整笔奖助款项。前者旨在资助机构的研究和科研训练活动，该款项根据一项包含研究收入（占60%）、出版（占10%，使用最近两年的资料）以及高等教育学生人数（占30%）的资料分配给各大学；后者旨在资助高品质的研究，其依据是机构成功获得竞争性奖助研究款指数。

联邦教育、科学与培训部通过《研究和研究训练管理报告》（Research and Research Training Management Reports，简称 RRTMRs）、高等教育科研资料库（Higher Education Research Data Collection）以及"澳大利亚研究卓越方案"来了解高等教育的科研绩效。

（一）《研究和研究训练管理报告》

1999年12月，澳大利亚联邦政府宣布进行知识与创新改革（Knowledge and Innovation Reforms），要求大学提交研究和研究训练管理报告。研究领域可分为三类研究群（Research clusters）：科学和科技；健康和医学研究；艺术、人文及社会科学。[③] 该报告亦成为衡量大学绩效的重要组成部分。根据《高等教育拨款法》的规定，政府同意根据大学拥有通过审核的研究和研究训练管理报告的数量，调整研究奖助款。

《研究和研究训练管理报告》是2000年正式引入的年度报告，其内容包含两个主要部分：一是由大学描述自身的研究和研究训练目标、未来方向、管理研究和研究训练的政策与实践及相应措施等；二是大学使用标准格式来汇报其科研和研究训练绩效，以便了解其不同时期和机构间的绩效趋势。这一部分

---

① 澳洲研究委员会是在澳大利亚政府产业、创新、科学、研究和第三级教育部（Industry，Innovation，Science，Research and Tertiary Education，IISRTE）下的法定机构。其任务为提升澳大利来的研究卓越性，使其具有全球竞争优势，并为其社区创造出利益。为了达成此项任务，澳洲研究委员会对政府在研究事务上提供建议，并负责管理国家竞争性奖助计划（National Competitive Grants Program，NCGP），此为澳洲在研究与发展上的重要投资项目。通过国家竞争性奖助计划，澳洲研究委员会针对所有学术领域（不包括临床医学和牙医），采用全国性竞争方式，资助高品质的基础和应用研究。见 http：//www. arc. gov. au.

②③ B. Jongbloed，C. Salerno，J. Huisman and H. Vossensteyn. Research Prestatiementing：Een Internationale Vergelijking［R］. Postibus：Center for Higher Education Policy Studies，Universiteit Twente，2005.

着眼于大学自身的研究强项，涉及大学自身研究强项领域的情形、研究收入、出版物、研究学位（Higher Degree by Research，简称 HDR）、研究强项领域的研究生数量及具有代表性的相关研究绩效、大学将科研产品用于产业的努力措施及成果，以及大学在共同合作上的努力及成果等。①

报告的目标包括：一是增加大学在科研和科研训练目标制定及公布等方面的透明度；二是成为重要的公共绩效机制，以协助确保澳大利亚高等教育部门展现其研究和研究训练的品质；三是促进大学拟定计划设定目标，以了解每所大学创造科研成果的措施、强项领域及如何在这些项目领域有所表现，以及现在和未来的研究和研究训练方向、管理本身的研究和研究训练活动、明显的新成果和过去的绩效；四是在统一的报告架构下，概览每所大学对国家创新体系的贡献；五是使潜在的未来可能入学的学生、共同合作的研究伙伴和产业了解每所大学如何选定并引领自身的科研和研究训练活动等。

《研究和研究训练管理报告》反映了不同大学的科研强项，并在澳大利亚联邦教育、科学与培训部网站上进行公布。大学可以采取不同的方式确定自己的强项领域，如竞争性申请和审查、咨询，或通过一些绩效指标，如研究收入水准、同行评价的认可、出版、专利、研究合作、策略性伙伴的建立、研究生学位的学生入学及完成情形等。

（二）高等教育科研资料库

高等教育科研资料库于 1988 年根据《高等教育拨款法》设定，旨在收集研究收入和出版的绩效数据。大学每年提交有关研究收入和出版物的资料，包括大学及其附属机构在指定年度内获得的研究收入来源，以及在此年度内的出版情形，政府根据收集的数据并结合高等教育科研资料库的资料确定给每所大学的奖助款项。这里的研究资助可分为三类：澳洲竞争性奖助款、其他公共部门研究拨款、产业和其他非公共研究资助；而研究出版分为四类：专著（作者的研究性论述）（权重为 5）、专著篇章（权重为 2）、学术期刊文章（权重

① 王如哲．国际大学研究绩效评价［M］．台北：财团法人高等教育评价中心基金会，2008：93 – 94.

为2)、全文发表的研讨会论文——经审查的论文集（权重为1）。① 研究收入反映了大学通过各种渠道争取研究经费的能力，而出版物的相关信息资料则反映了研究产出情形。

（三）澳大利亚研究卓越方案

2008年2月26日，澳大利亚产业、创新、科学、研究和高等教育部长宣布了一项新的科研评价制度，即“澳大利亚研究卓越方案”。该方案通过国际知名专家的同行评价和审查，以评价澳大利亚高等教育机构的科研品质。② 澳大利亚研究委员会将聘请杰出的研究者来评价高等教育研究，分成8个学群，按照机构和学科领域，详细叙述具有国际竞争力的领域，以及有机会发展和吸引未来投资的新兴领域。该方案还包括一篇咨询性的文章。在这篇文章中列出了澳大利亚高等教育科研的绩效指标。具体见表8-4。

表8-4　“澳大利亚研究卓越方案”的绩效指标

指标项目	资料期限
Ⅰ研究活动和强度的衡量	
全职教职员资料	3年
研究收入	
第1类（科研拨款）	3年
第2类（每笔拨款的研究收益）	3年
第3类（总的研究收益）	3年
第4类（全日制科研收益）	3年
第5类（不同学科基准全日制科研收益占科研收益总量的比例）	3年
研究生数量	3年
研究生完成率	3年
其他学科特定的有关指标	3年

① J. Deen and H. Vossensteyn. Measuring performance of applied R&D: A Study into Performance Measurement of Applied R&D in the Netherlands and Some Other Countries [R]. Postibus: Center for Higher Education Policy Studies, Universiteit Twente, 2006.

② The Excellence in Research for Australia (ERA) Initiative [EB/OL]. http://www.arc.gov.au/era/default.htm, 2010-06-04.

表8-4（续）

指标项目	资料期限
Ⅱ研究品质指标	
四类出版物 出版物的引用率 同行评议制度的收入 其他学科特定的有关指标	6年 6年 6年 6年
Ⅲ 研究成果的转化指标	
专利数	3年
植物育种家的权利（plant breeder's rights）	3年
执照收入和其他商品化收入	3年
与使用者合作获得的研究收入	3年
出席公共展览与表演	3年
实践人员培训指标	3年
其他学科特定的有关指标	3年

资料来源：Australian Research Council. The Excellence in Research for Australia [EB/OL]. http：www. arc. gov. au/pdf/ERA _ Consultation Paper. pdf，2008.

总体来看，《研究和研究训练报告》提供了不同大学的科研强项的相关信息，高等教育科研资料库则收集整理澳大利亚大学获得的科研资助及其科研收入与出版情况。"研究卓越方案"的科研绩效指标包含了科研活动及品质的基本指标、科研成果的转化情况等，与高等教育科研资料库的数据既有相似，又有不同，其更为重视科研成果的转化。为了使用于科学与技术的投资能够产生最大的收益，澳大利亚科学与技术协调委员会（Coordination Committee on Science and Technology，CCST）专门设立了商业化度量标准工作小组（Working Group on Metrics of Commercialization，WGMC），该小组开发了一系列的度量标准和工具，用以衡量对科学和技术的投资所产生的效益。

近年来，随着竞争性机制的引入，联邦政府增加了竞争性拨款的比例，这有利于政府将大学的研究兴趣转移到政府希望优先发展的领域中来。大学与政府之间建立起一种新型的"互惠"关系。鉴于目前澳大利亚正在规划新的大学科研绩效评价制度，因此尚未有政府公布的大学科研绩效排名。

第三部分　探索篇

本部分主要探讨第三方对公共组织部门——高等学校进行的外部绩效评价。依据一定的评价思想，运用一定的评价方法和标准，可以对高等学校进行不同目标指向和价值体现的绩效评价探索。本部分依据基于投入—产出理论的高校绩效评价思想，在已有研究的基础上，探索与完善“高校投入—产出绩效评价”的思想和指标体系，并选取一定的高校样本进行绩效评价与分析。目的在于丰富绩效评价的理论与实践，表达外界对高校绩效的关切及提升要求，为高校有效发展提供参考。

第九章

高校投入—产出绩效评价的新构想

基于投入—产出理论建构与实施高校投入—产出绩效评价，是针对高等学校进行组织绩效评价的新构想。本章着重阐述高校投入—产出绩效评价的实施背景与意义、基本思想与思路、指标设计与确立。为了使这一绩效评价思想和方法不停留于描述层面，本章对72所高校2006—2008年三年的投入与产出进行了绩效评价初步尝试，数据来源为2006年、2007年、2008年三年的《教育部直属高校基本情况统计资料汇编》及教育部等官方网站。

第一节　高校投入—产出绩效评价的实施背景与意义

基于投入—产出理论及方法的高校绩效评价具有其自身的时代背景与现实意义。

一、实施背景

自20世纪90年代末以来，我国高等教育开始实行扩招，随后我国高等教育迅速进入大众化时期。而我国高等教育大众化的重要保障之一是高等教育办学体制和投资体制改革。如推行“国家办学为主，社会广泛参与，公办学校和民办学校共同发展”。打破“单一依靠国家拨款”的制度和机制，建立与社会主义市场经济体制和国家公共财政体制相适应的拨款制度，实行成本分担机制，等等。正是由于实行成本分担，从而形成了“花钱买服务”的教育消费理念。与花钱买服务相伴而来的是，社会需要对服务质量进行监督，需要对付费进行监督，于是产生了对高等教育进行绩效评价的客观诉求。与此同时，长期以来，我国政府对高等教育的经费投入一般以规模大小为依据，而不是以绩效高低为取向。因此，事实上，在高等教育领域，资金短缺与资金浪费，长期并存。

鉴于此，将企业经营管理中的绩效管理理念引入到高等教育中来，合理评价高等教育的绩效水平，对于优化高等教育资源配置，提高资源的使用效率，提升教育质量，实现高等教育的可持续发展，无疑十分必要。

几年来，为了提高高等教育质量，让社会了解高等教育发展状况，由政府和民间组织机构组织实施的各种评价活动日益活跃。这些评价对引导高校重视本科教学，加大本科教学投入力度，进而提高我国高等教育的人才培养质量，发挥了积极作用。但同时也应看到，这些评价多是关注高校的发展结果（产出），却忽略高校的发展条件（投入），尤其是没有关注投入条件下的产出，把存在发展条件差异的高校放到了绝对结果评价的同一标准线上，因此，在评价指向和结果上容易出现一些偏向和负面效应。

一是偏向评价的绝对量标准。现有评价对拥有不同投入的高校均采用同一产值绝对量来进行高低评价，未能很好地体现基于评价对象的恰当性和公平性。二是偏向点状静态评价。尽管每年都有评价机构对高校施行评价或排行，但主要考察的是高校当年的发展结果和成绩，对高校在一段时间内的发展效率或效益、进步与努力程度等动态发展状况重视不够。三是偏向评价的分等功能。对评价对象进行分等是评价的功能之一而不是全部，但现有评价过分强调评价的分等功能，对关注高校投入与产出的发展绩效重视不够。由于存在这样的偏向，势必造成一些负面效果。

其一，容易导致资源获得的“马太效应”。为了促进我国高水平大学的建设，十几年来政府对高校的财政投入，尤其是专项投入增加很多，但不同高校所获国家资源的差距却很大。在这种情况下，实施以绝对量为标准的评价，会使获得资源较少的高校即使努力程度较大也无法以绝对产量的大幅提升获得高评价。长此以往，容易导致资源供给的“马太效应”：产出绝对量增加越慢，评价越低；评价越低，获得的资源越少；获得的资源越少，产出绝对量增加得越慢，如此往复循环。这不仅不能充分体现高校办学资源的“边际效应”，而且容易伤害一些高校的办学积极性。

其二，容易加重资源的“自然获得”效应。由于区域或历史等原因，我国高校在资源积累上具有浓厚的“自然获得”特征，也即不少资源的获得既不是通过竞争，也不是依据学校的努力程度，而是得益于建校历史、认定性重点、地区发展需要等许多外在因素。虽然近年来，尤其是实施“211 工程”和“985 工程”以来，这样的自然性获得惯性被逐渐打破，但高校办学资源尤其是国拨资源仍然没有完全进入一种竞争性获取状态。那些非“211”和非“985”高校，无法通过努力办学和提高资源利用而获得大量的国拨经费，同时也会影响由此带来的吸纳其他社会资源的优势条件。以绝对存量为标准的评价模式，把获得发展资源极不对称的高校放置在相同的绝对产出量上进行评价和比较，势必加重高校资源的“自然获得”效应，这不利于处于资源获得劣势地位的高校。

其三，容易强化资源的“利益力量”效应。有学者曾指出，在评估那些得到公共力量支持的实体时，多多少少会牵扯到政策的形成过程以及相关的利益群体。事实正是如此，作为高等教育的主要承担者，我国公立高校以及一些重点高校得到了公共权力的绝对支持，并进而借助相关利益群体及其所附着的政治力量来影响决策并获得政策倾斜。以绝对产出量为标准的评价模式将进一步强化这样的“利益力量”效应。被现有评价排在高位的高校可能更容易聚集和壮大利益群体，使其对大学的某种发展发挥推波助澜的作用；排在低位的高校则很难寻求利益群体的支持，也无法借助利益群体的政治力量为自己的发展寻求政策支持和社会资源。

为此，需要建立一种旨在将“马太效应”转化为“边际效应”、将“自然获得”转变为“竞争获得”、将“利益力量”转变为“评价力量”的高等教育绩效评价，将所有高校置于一个公平的绩效平台上进行评价与比较，促使高校发挥更大的作用。

二、实施意义

高等教育评价的产生和发展不仅是各国高等教育自身发展的结果，同时也是各国经济社会发展的客观诉求。在我国，实施高校绩效评价有其必要性和迫切性。

（一）政府问责高校的需要

高等教育资源不足与广大人民群众日益增长的高等教育需求之间的矛盾是我国高等教育的主要矛盾之一。尽管国家财政比较困难，但仍拿出大量经费发展教育事业。尤其实施“211 工程”和“985 工程”之后，国家以各种专项的方式向高校投入了大量资金。政府有限的但仍然在逐年增加的财政拨款究竟发挥了多大作用？高等教育资金投入的有效性如何？如何充分配置有限资源促进高校的发展？这些问题已现实地摆在我国高校面前。

（二）引入竞争性拨款的需要

我国现行的高等教育拨款制度是“综合定额 + 专项补助”，即以学科成本为基础，对不同学科或专业的学生制定不同的定额标准，实施生均拨款；同时根据国家发展高校的各种政策予以项目专项拨款，如“211 工程”、“985 工程”等项目。

这种拨款方式鼓励高校为社会多培养学生，支持高校搞活科研和大力增强自主创新能力。但由于“综合定额”中的学科成本无法准确地反映高校的实际成本和需求，而且按学生数量拨款，一定程度上可能会刺激高校追求招生规模，而忽视教育质量和办学效益。对专项拨款获得学校，更加关注于怎样“获得”和怎样“多获得”，会出现凭借既定获得身份而不注重所获资金的使用效益现象。由此，竞争性获得国家办学资源的问题日益突出。

（三）提高高校资源有效使用的需要

政府教育主管部门和财政部门对高等教育经费预算的编制和审批是有一系列管理制度的，但这些制度并未完全在高校内部发挥作用。或出于缺乏对资金支出绩效的认识，或出于追求近期效果的目的，高校办学过程存在忽视甚至无视投资绩效的现象。如，有的高校资金到账以后缺乏控制，突击花钱；有的改变资金使用方向，资金结构性浪费。这些资金使用上的低效又波及到高校对人力、物力的有效配置，致使高校办学资源使用的低效甚至无效。

这些现实的必要性，凸显了改善高校绝对量评价的迫切性，要求突出高校评价对于政府、高校在资源配备、配置、使用上的作用，并从中反映出高校办学条件的差异、特点、努力和进步。

第二节 高校投入—产出绩效评价的基本思想与思路

基于投入产出理论的高等学校绩效评价的基本思想，是从高校资源利用效益方面来考察高校的投入产出关系，并依此评价高校的绩效状况及资源配置状况。

一、主要依据

1992 年 6 月，中共中央、国务院发布的《关于加快发展第三产业的决定》明确了教育的产业属性，将教育确定为是具有先导性、基础性的第三产业。由此，被法定为准公共产品的高等教育更加具有产业特征，高等学校的投入、产出关系更为密切，其办学成本问题更是值得高度关注的内容。教育的投入产出一直是教育经济学研究的重要问题。教育经济学认为，教育可以通过生产劳动能力而成为社会再生产劳动的一个环节。教育的生产劳动能力是关涉教育投入与教育产出的过程。以最小的投入取得最大的产出是举办教育的基本原则之一。如何做到以最小的投入取得最大的产出，这就是高等学校如何提高办学效益、稳定或降低办学成本的关键问题。

1961 年美国学者舒尔茨发表了《教育和经济增长》、《教育的经济价值》等论著；1962 年、1967 年美国学者丹尼森出版了《美国经济增长的因素和我们的选择》和《为什么增长率不同——战后九个西方国家的经济分析》等著作。他们的研究都从不同的角度揭示了教育对经济增长的作用，也反映了教育内部存在着经济效益高低的问题。在市场经济体制下，成本配置的唯一准则就是看它能否产生效益和产生多大的效益。要获得丰厚的资源供给，就必须创造高效益的投资环境和投资条件，也就必须努力促进资源的优化配置，提高有限资源的投资效益。从这个意义上讲，实行教育成本管理是市场经济体制下学校加强和改善管理并提高办学效益的一种有效途径。高等教育的成本投资也是一种生产性投资，同样存在成本和效益，可以通过计算投入、产出及其关系比例来测算其经济效益。

通常，教育经济学视角下的教育经济效益包含两层含义，一是教育投入与教育产出的对比关系，即消费与所得、消耗与成果之间的关系比较，也就是内部经济效益；二是教育成果必须符合社会经济发展的需要，即教育产出的社会需要程度，也就是外部经济效益。鉴于外部经济效益显现的滞后性等原因，本部分论及的基于投入产出理论的高等学校绩效评价不涉及外部经济效益，仅指涉高等学校一定时间范围内办学活动所产生的效率或效益。

二、基本思想

基于投入—产出理论的高等学校绩效评价的基本思想是将投入向量与产出向量组成二维结构，依据“产出/投入”的数学模型构建体现高校绩效的“投入—产出关系值”来评价高校的绩效，即从高校资源利用效益方面评价高校的绩效。

目前的高校评价大都以绝对产量为评价标准，属于终结性或结果性评价，而绩效评价则是形成性评价与终结性评价、分析性评价与整体性评价的整合。高校绩效评价充分考虑到促使高校绝对产量变化的条件，力求通过投入差异看产出结果的不同，将评价着眼于投入—产出的效益之上，使不同高校都可以站在由投入和产出绝对量转化而成的效益标准上，从而淡化了既有存量对评价结果的影响，集中反映高校在资源利用上的主观努力和效果。高校绩效评价可以统合高校的投入与产出、过程与结果，并对高校的发展效益实行动态监测、诊断与评价。

基于投入产出理论的高校绩效评价有以下主要特点：第一，高校绩效评价是在投入绝对量和产出绝对量之间进行效益值的转化，淡化了绝对存量的评价分量，重视被评对象取得产出绝对量时所获得的发展条件差异性，因而具有相对公平性。第二，高校绩效评价是对高校一定时间段内的投入与产出进行评价，而不仅是某一个时间点上的评价，能够较为全面地反映一个相对时期内高校办学效益的变化情况，可以体现或反映高校的发展过程及其积累，重视过程性。第三，高校绩效评价是基于投入—产出理论的评价，既依据高校办学的绝对“成绩”和“效果”，更关注办学的相对“效益”或“效率”。第四，高校绩效评价是指向办学资源配置与利用的有效性分析，不指向对高校的绝对分等。

三、选择方法

要运行高等学校绩效评价需要选择合适的方法。选择高等学校绩效评价的方法有两个准则：第一，评价方法能综合体现投入与产出在数量、质量、功效、价值等方面的统一关系；第二，评价方法有助于将多产出多投入比的问题，转化为单产出（函数）和单投入（函数）比，进而得到高校绩效值。为此，本研究选择的评价方法有典型相关方法、聚类分析方法、主成分分析法，以便于设计和筛选投入、产出指标，将其降维后计算投入综合指标得分和产出综合指标得分，再运用“产出/投入”数学模型计算出高校的绩效分值。

四、确立指标

高等学校指标的确立是运行高等学校绩效评价最核心的研究工作，关系着绩效评价能否针对高校的绩效并且将其真实的投入与产出有效合理地体现出来。

（一）设计与筛选指标的原则

首先要通过特尔斐法等方法建构起高校投入与产出的概念形态指标体系。就高校自身的复杂性而言，最初确立的概念形态指标可尽可能全面一些，但并不是所有初设指标都将放入模型运行，否则，指标之间的信息重叠会对基于协方差矩阵进行主成分分析时造成估计偏差。为此，要保证进入最后绩效模型运行的指标简明、合理，需要对概念形态的指标进行进一步的指标筛选，且遵循以下筛选原则。

第一，主观判断与统计技术结合。指标筛选是一项主观经验下的科学选择活动。主观选择体现高校评价的教育特征，即对指标所含教育意义的价值判断，科学选择表明指标体系在实现评价目的的同时具有技术可行性，两者不能完全替代，且互为补充。本研究也分别从这两个角度评判指标的保留与否。

第二，投入指标与产出指标之间具有相关关系。鉴于本研究是选择运用主成分方法分别计算投入和产出的综合指标得分之后再计算绩效得分，因此，所选择的投入指标向量组和产出指标向量组之间必须在统计意义上具有相关关系，且两组变量间的相关关系越强，最后进行的高校绩效评价越有效。针对这一原则，本研究采用典型相关分析方法评价投入指标向量组和产出指标向量组之间的相关关系，并从中筛选指标。

第三，保证指标筛选时信息损失最小化。指标的筛选是要从技术上验证和保证指标体系既全面又简洁。每一个指标都有充分的入选理由，删除任何一个指标也需要充足的理由，要尽可能保证信息损失最小化。为此，本研究将用典型相关方法和聚类分析方法对指标进行两次不同角度的筛选。

第四，保证指标具有代表性和敏感性。要使筛选出的投入或产出指标能够较多反映高校投入或产出方面的信息，并在一定程度上也能反映其他落选投入或产出指标的信息；同时筛选出来的指标对评价对象具有敏感性和区别能力。为此，本研究采用聚类分析方法筛选出最具代表性的指标，并且，在聚类分析得到的每一类具有较强相关关系的变量组内，通过计算变异系数对指标进行再筛选。这能保证投入的每个方面以及产出的每个方面都有一定对应的支撑指标，使得考察内容不会有所偏废。

（二）第一轮筛选：典型相关分析

典型相关是研究两组变量之间相关性的一种统计学分析方法。在统计分析中，针对单一变量间的相关关系可以计算简单相关系数，针对单一变量与一组变量之间的关系可以计算复相关系数或者回归，但是计算两组变量之间的相关系数要计算典型相关系数。

典型相关方法可以将多变量与多变量的相关转变为两组典型变量间的相关，典型相关分析建立的第一对典型变量的原则，是尽量使所建立的两个典型变量之间的相关系数最大化，即在两个变量组各自的总变化中寻找它们之间最大的一部分共变关系，并用一对典型变量所描述。然后，继续在两组变量剩余的变化中寻找第二个最大的共变部分，形成第二对典型变量，并解出第二维度上的典型相关。这样的过程不断继续，直至所有变化部分被提取完毕。

（三）第二轮筛选：聚类分析

聚类分析是多元统计分析中的一种定量分类方法，旨在把“性质相近”或“相似”的变量（R 型聚类针对变量）聚在一起，使每一类变量之间具有较大的相似性，更具代表性和简明性，既能保留指标的信息，又能避免指标信息的重复。在进入指标的聚类分析前，先将投入指标和产出指标进行标准化处理，以消除各指标的量纲影响，使指标之间具有可比性。

聚类分析的过程：1. 基于 R 型聚类，分别对投入指标和产出指标进行聚类；2. 基于产出指标组和投入指标组的阈值，分别确定产出指标组以及投入指标组划分的类别，每一类通过计算相关系数、变异系数等方法进行分析，确定筛掉的指标；3. 基于筛选前指标对样本进行聚类，并基于筛选后指标对样本进行分类，比较前后分类结果，如果结果较为稳定，则说明所挑选指标在最具代表性的同时，保留了原有指标信息的最大化。

五、计算绩效

运用主成分方法计算投入综合得分与产出综合得分。先基于投入指标组和产出指标组的协方差矩阵，分别计算出各个产出主成分与投入主成分的特征值及方差贡献率。由于各主成分的方差贡献率反映了各个主成分对原始指标的信息保留量，因此，可以以方差贡献率作为权重，得到产出综合指标得分和投入综合指标得分。

主成分个数提取的原则：1. 所提取主成分对应的特征值大于1，因为特征值在某种程度上表达了主成分影响力度的大小；2. 所提取主成分累积方差贡献率要达到75%以上，因为方差累积贡献率表达了原始指标信息保留量的大小。

如果需要测算高校多年（n 年）的整体绩效，则再分别算出 n 年的产出综合指标得分、投入综合指标得分的算术平均值，代入“产出/投入”模型所得分值即为高校 n 年的绩效得分。

$\text{高校成绩得分}_i = \dfrac{\text{mean（Outcome）}_i}{\text{mean（Input）}_i}$，其中，mean（Outcome）i 表示第 i 所学校产出综合指标得分的 n 年算术平均值，mean（input）i 表示第 i 所学校投入综合指标得分的 n 年算术平均值。

第三节　高校投入—产出绩效评价的指标设计与确立

确定科学的评价指标体系是得出科学公正的综合评价结论的前提。实施高等学校绩效评价最重要的就是设计、确立并论证高等学校绩效评价指标。绩效指标的确定关系着绩效评价是否能够观察到高校的投入与产出关系，是否能观察到高校的资源分配，是否能够有助于引导和推动高校办学效益的提高。

一、设计概念形态指标

高等教育具有超前和滞后的双重性。一方面，教育要适度超前发展；另一方面，教育对社会的贡献又需要不断运用一定范围内的时间来完成。为此要反映高校在一定时期内的投入产出绩效，可以从作为任何一种组织机构都需要的人力、物力和财力投入来设计高校投入指标，而从高校独有的教学、科研、社会服务三大职能的角度来设计高校产出指标。

结合相关文献研究成果，经过专家讨论设计出概念形态投入指标 14 项和产出指标 16 项。投入指标确立的依据是能重点反映高校办学在人力、财力、物力三方面的投入，产出指标的确立依据是能重点反映高校在人才培养、科学研究与社会服务三方面的职能。

概念形态投入指标（14 个）	概念形态产出指标（16 个）
校本部教职工总数	当量在校生数
博士学历教师占专任教师比例	当量学历在校留学生数
副高以上教师占专任教师比例	百篇优秀博士学位论文数
研究与发展全时人年数	国内学术刊物发表论文数
社科/科技活动人员数	国外学术刊物发表论文数
科研经费总额	国际学术会议提交论文数
教育经费总额	出版专著数
其他经费投入	国家最高科学技术奖特等奖数
本年完成基建投资总额	国家三大科技奖一等奖数
固定资产总额	国家三大科技奖二等奖数
实验室（实习场所）面积	省部级科学研究与发展成果奖数
图书册数	发明专利授权数
图书馆面积	鉴定成果数
教室面积	国家级项目验收数
	技术转让当年实际收入金额
	专利出售当年实际收入金额

二、模型筛选指标

（一）第一轮基于典型相关分析的指标筛选：相关性角度

在最初确定的投入指标组（14 个指标）和产出指标组（16 个指标）之

间，采用 STATA 统计软件的 canon 命令对 72 所样本高校 3 年的数据进行处理，得出如下结果。

1. 典型相关系数及其检验

表 9－1　投入—产出典型相关系数及显著性检验

序号	典型相关系数	显著性检验
1	0.9719	0.0000＊＊
2	0.8980	0.0000＊＊
3	0.8416	0.0000＊＊
4	0.6142	0.0000＊＊
5	0.5322	0.0000＊＊
6	0.4181	0.0004＊＊
7	0.3728	0.0070＊＊
8	0.3515	0.0364＊
9	0.3040	0.1474

注：＊＊表示 $P<0.01$；＊表示 $P<0.05$。

由表 9－1 可知，经过 $\chi2$ 统计量检验，以 0.05 为显著性水平，前八对典型变量间的相关系数较高，因此，我们基于前八对典型变量作进一步的投入与产出变量筛选。

2. 投入与产出变量的选择

分别计算每一个投入变量和每一个产出变量与前八对典型变量之间的典型负荷，在 $P<0.05$ 的显著性水平，除鉴定成果（iden_ res）这项指标外，其余的投入（产出）指标间都与某项典型投入（产出）变量之间存在显著的相关关系，这说明所选择的产出指标组和投入指标组之间存在不同程度相关关系。因此，经过投入—产出指标组相关性的筛选后，有 15 项产出指标和 14 项投入指标进入下一轮的筛选。

（二）第二轮基于聚类分析的指标筛选：代表性的角度

在初步拟定的指标体系中，各个指标之间可能存在一定的相似程度，必须从相似程度较高的指标中挑选出最具有代表性的指标。为实现这一目标，再对指标进行聚类筛选，保证指标体系的代表性、特异性和简明性。

在进入指标的聚类分析前，先将投入指标和产出指标进行标准化处理。在图9－1和图9－2中，我们呈现了基于平均距离的聚类方法的分类结果，直观地看，在2.5的阈值下，投入指标分为11类，其中｛校本部教职工总数、研究与发展全时人员、社科/科技活动人员｝为1类，｛教育经费投入、固定资产总额｝为1类，其余指标各为1类；产出指标分为13类，其中｛当量在校生数、国内学术刊物发表论文数｝为1类，｛国外学术刊物发表论文数、发明专利授权数｝为1类，其余指标各为1类。

基于指标聚类分析结果，需要在投入指标类｛校本部教职工总数、研究与发展全时人员数、社科/科技活动人员数｝，｛教育事业经费投入、固定资产总额｝，以及产出指标类｛当量在校生数、国内学术刊物发表论文数｝、｛国外学术刊物发表论文数、发明专利授权数｝中分别挑出最具代表性的指标。

经过统计分析与研究，从这三类指标组中最后挑选出的指标为：校本部教职工总数、研究与发展全时人员、当量在校生数、国外学术刊物发表论文数。其余指标落选的原因如下。

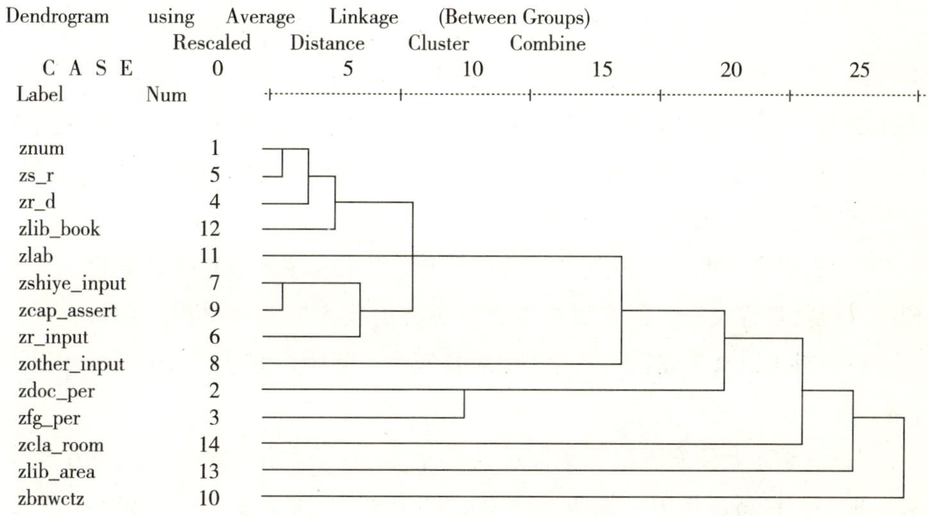

图9－1　投入指标的聚类图

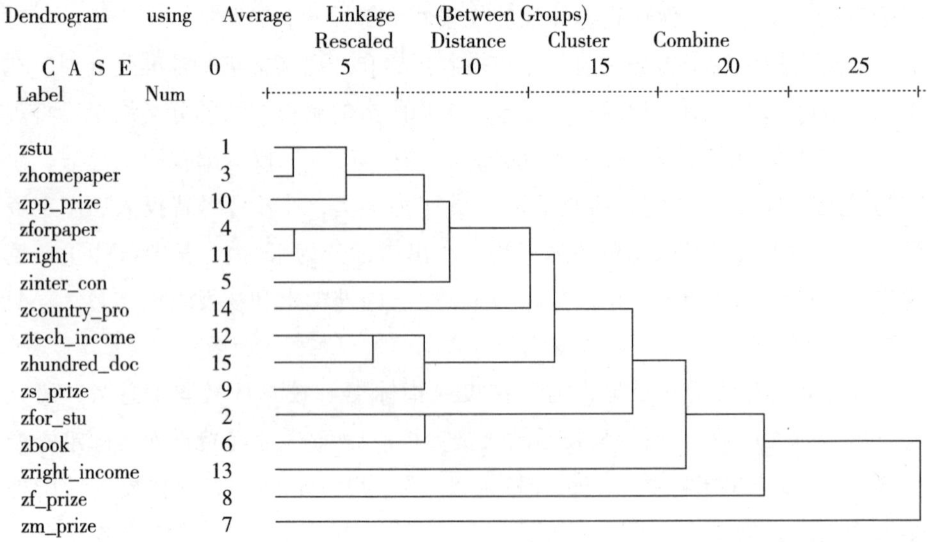

图 9-2 产出指标的聚类图

"社科/科技活动人员数"指标的落选原因：一是该指标与"校本部教职工总数"的相关系数高达 0.947，与"研究与发展全时人员数"的相关系数为 0.918，"校本部教职工总数"与"研究与发展全时人员数"的相关系数为 0.832，这说明这三项指标间的信息重叠性非常大；二是该指标与"校本部教职工总数"、"研究与发展全时人员数"指标的原始数据变异系数依次为 0.564、0.630 和 0.869，从变异系数越大指标区分度越高的角度来看，"社科/科技活动人员数"的代表性较低。

"固定资产总额"指标落选原因：高校财力成本主要表现为教育投入、科研投入以及基建投入，固定资产来自这三方面投入的多年累积，它与教育投入、科研投入以及基建投入的相关性都比较大，其所含信息可以由其余几项指标包含。

"国内学术刊物发表论文数"指标落选原因：1. 该指标与"当量在校生数"的相关性高达 0.91，说明这两项指标所含信息重叠较大；2. 该指标更多体现了学校产出的规模特点，而当量学生数是衡量学校规模的传统指标。

"发明专利授权数"指标落选原因：1. 该指标与"国外学术刊物发表论文数"指标的相关系数高达 0.87，说明"发明专利授权数"与"国外学术刊物发表论文数"两项指标的信息重叠量非常之大；2. 15 所财经类院校在这项指标上全为0，从可比性而言，该项指标并不理想；3．“专利出售当年实际收入”较好地体现了学校发明专利的质量状况。

就此，经过两轮筛选之后，余下的12项投入指标和13项产出指标成为技术入选指标。

三、验证与确立评价指标

（一）入选指标包含的信息量分析

为了衡量删除指标后样本信息的流失情况，我们基于初始的14项投入指标、16项产出指标，以及筛选后的12项投入指标、13项产出指标，在每一年度，分别对72所高校进行快速聚类分析（均分为3类，共进行了12次快速聚类）。表9－2呈现了各个年度基于投入（产出）指标组进行聚类分析所得到的学校所属类别间的简单相关系数，从表9－2中可以看出，前后两次样本聚类信息的相关系数最低为0.6165，最高达到0.9752，表明删除2个投入指标以及3个产出指标并未对样本聚类情况造成太大的影响，这说明筛选的指标代表性比较好，基本包含了分析对象具有代表性的特征信息，能够较好满足指标设计的特异性原则和代表性原则。

表9－2　初始指标样本聚类信息与筛选后指标样本聚类信息间的相关系数

		初始14项投入指标		
		2006年投入指标	2007年投入指标	2008年投入指标
筛选后12项投入指标	2006年投入指标	0.8432	—	—
	2007年投入指标	—	0. 6165	—
	2008年投入指标	—	—	0.9752
		初始16项投入指标		
		2006年产出指标	2007年产出指标	2008年产出指标
筛选后13项产出指标	2006年产出指标	0.8684	—	—
	2007年产出指标	—	0.9341	—
	2008年产出指标	—	—	0.8333

（二）入选指标对落选指标的替代性分析

用筛选前的14项投入指标对样本进行主成分分析，其中前三个主成分合计包含了78.77%的信息；用筛选后的12项投入指标进行主成分分析，包含了9.34%的信息。将两组主成分得分进行典型相关分析，计算得到三对典型变量间相关系数分别为0.9999（0.000）、0.9994（0.000）以及0.9979（0.000），其中括号外的数字为对应的相关系数，括号内的数字为该相关系数对应的显著性水平。

接下来，用筛选前的16个产出指标对样本进行主成分分析，其中前四个主成分合计包含了79.64%的信息，用筛选后的13个产出指标对样本进行主成分分析，其中前四个主成分合计包含了81.62%的信息；将两组主成分得分进行典型相关分析，计算得到四对典型变量间相关系数分别为0.9994（0.000）、0.9959（0.000）、0.9849（0.000）以及0.8823（0.000），其中括号外的数字为对应的相关系数，括号内的数字为该相关系数对应的显著性水平。

由此可见，投入指标组和产出指标组筛选前后的主成分值都在非常显著的水平上高度相关，表明入选指标包含的全部被选指标的绝大部分信息，很好地代表了全部备选指标，满足指标设计的代表性原则。

经过这样的筛选和验证之后，最后确立了12项投入指标和13项产出指标，它们将被放入绩效评价模型中运行。

第四节　高校投入—产出绩效评价的运行过程与结果

经过主观建构、模型筛选之后的高等学校绩效指标，将全部进入主成分分析模型运算，进而获得投入综合指标得分和产出综合指标得分，再运用“高校绩效得分＝产出综合指标得分/投入综合指标得分”（产出/投入）数学模型测算出高校的绩效值，即高等学校绩效评价结果。

一、测算产出和投入得分

要计算投入指标的综合得分以及产出指标的综合得分，关键在于如何确定单个投入指标和单个产出指标的权重。权重用于衡量在综合指标中单个指标的贡献程度，研究所确定的权重合理与否，将直接影响到结论的公正性和准确性。本研究选择兼有信息量权数和系统效用权数性质的主成分分析权数。

经过前面的典型相关分析和聚类分析，最后筛选出的投入向量组和产出向量组分别包含了12个、13个变量。为了能尽可能保留这些指标的信息，我们运用主成分分析法分别计算年度产出、投入指标得分。

（一）产出指标得分

对13项产出指标进行主成分分析，计算得到各个主成分的特征值及其方差贡献率，如表9－3。

表9－3　产出主成分的特征值及其方差贡献率

主成分	原始特征值及方差贡献率		
	特征值	方差贡献率	累计方差贡献率
1	6.088320	0.468332	0.468332
2	1.802140	0.138626	0.606959
3	1.540500	0.118500	0.725459
4	1.179500	0.090731	0.816189
5	0.534689	0.041130	0.857319
6	0.452027	0.034771	0.892091
7	0.357962	0.027536	0.919626
8	0.274512	0.021116	0.940743
9	0.257338	0.019795	0.960538
10	0.219926	0.016917	0.977455
11	0.129768	0.009982	0.987437
12	0.100715	0.007747	0.995185
13	0.095731	0.004800	1.000000

主成分个数提取的一个原则是提取主成分对应的特征值大于1的前几个主成分。原因是：特征值在某种程度上可以被看成是表示主成分解释力度大小的指标，如果特征值小于1，说明该主成分的解释力度还不如直接引入一

个原变量①。因此，从上表中可以看出，只需要用四个主成分就可以替代原先13个指标所包含81.62%的信息。然后接着求前四个主成分的因子载荷矩阵，如表9-4。

表9-4　产出主成分因子载荷矩阵

变量	主成分			
	第一主成分	第二主成分	第三主成分	第四主成分
stu	0.3268	-0.3271	0.1748	-0.1270
zfor_ stu	0.2889	-0.2524	-0.4085	0.3097
zforpaper	0.0714	-0.2709	0.0985	0.3292
zinter_ con	0.0886	-0.1771	0.1435	0.3157
zbook	0.2614	-0.2876	-0.3811	0.3040
zm_ prize	0.0385	0.7801	0.3498	0.0823
zf_ prize	0.1809	0.4688	0.2354	0.2461
zs_ prize	0.2117	0.3315	0.1627	-0.1178
zpp_ prize	0.1298	0.3059	0.2833	-0.1085
ztech_ income	0.2883	-0.2050	0.4911	-0.1099
zright_ income	0.2199	-0.3845	0.2800	-0.1694
zcountry_ pro	0.2684	0.0248	0.3240	-0.1652
zhundreds_ ~c	0.3370	0.1831	-0.2183	0.1407

各个变量的载荷系数越大表示其对该主成分的解释性越强。从因子载荷矩阵中可以看出：第一主成分中的当量学生数、当量学历在校留学生数、百篇博士论文数三项指标的因子载荷系数最大，第二主成分中各种成果奖指标的因子载荷系数最大，第三主成分中技术转让当年实际收入、专利出售当年实际收入、国家级项目验收三项指标的因子载荷系数最大，第四主成分中国际期刊文章数、国际会议提交论文数、出版专著数三项指标的因子载荷系数最大。在因子载荷矩阵中将因子负荷除以对应特征值的平方根，就可以得到每一个主成分对应的特征向量，如表9-5。

① 张文霖．主成分分析在SPSS中的操作应用［J］．市场研究，2005（12）：31-34.

表 9－5　产出主成分对应的特征向量

变量	第一主成分	第二主成分	第三主成分	第四主成分
stu	0. 1324	－0. 2437	0. 1408	－0. 1169
zfor_ stu	0. 1171	－0. 1880	－0. 3291	0. 2852
zforpaper	0. 0289	－0. 2018	0. 0794	0. 3031
zinter_ con	0. 0359	－0. 1319	0. 1156	0. 2907
zbook	0. 1059	－0. 2142	－0. 3070	0. 2799
zm_ prize	0. 0156	0. 5811	0. 2818	0. 0758
zf_ prize	0. 0733	0. 3492	0. 1897	0. 2266
zs_ prize	0. 0858	0. 2469	0. 1311	－0. 1085
zpp_ prize	0. 0526	0. 2279	0. 2283	－0. 0999
ztech_ income	0. 1168	－0. 1527	0. 3957	－0. 1012
zright_ inc ~ e	0. 0891	－0. 2864	0. 2256	－0. 1560
zcountry_ pro	0. 1088	0. 0185	0. 2610	－0. 1521
zhundreds_ ~c	0. 1366	0. 1364	－0. 1759	0. 1296

基于得到的特征向量值，可以分别得到三个主成分对应的函数（函数式略），将 2006—2008 年各学校的各项产出指标数据代入三个主成分函数中即可计算出各年度各学校的三个主成分得分。由于方差贡献率描述了各主成分在反映各个原始指标信息量方面的能力大小，所以，将各主成分的方差贡献率作为各主成分的权重，实际上就是一种客观赋权。因此以各主成分的方差贡献率比重为权数，对四个主成分进行加权平均，就可得到产出指标得分。

计算公式为：Y = （0. 4683 × F1 + 0. 1386 × F2 + 0. 1185 × F3 + 0. 0907 × F4） ÷ 0. 8162，其中，Y 表示产出指标的综合得分，F1 表示第一主成分得分（0. 4683 为第一主成分的方差贡献率），F2 表示第二主成分得分（0. 1386 为其对应的方差贡献率），F3 为第三主成分得分（0. 1185 是对应的方差贡献率），F4 为第四主成分得分（0. 0907 是对应的方差贡献率），0. 8162 是前四个主成分的累计贡献率。

将各产出指标的值代入公式即可得到各学校各年度的产出指标综合得分，基于各指标的三年算术平均值可得到三年整体产出综合得分。

（二）投入指标得分

对 12 项投入指标进行主成分分析，计算得到各个主成分的特征值及其方差贡献率，如表 9－6。

表 9－6　投入主成分的特征值及其方差贡献率

主成分	原始特征值及方差贡献率		
	特征值	方差贡献率	累计方差贡献率
1	6.715150	0.559596	0.559596
2	1.509450	0.125788	0.685383
3	1.296104	0.108009	0.793392
4	0.804224	0.067019	0.860411
5	0.439151	0.036596	0.897007
6	0.288161	0.024013	0.921020
7	0.265850	0.022154	0.943174
8	0.223840	0.018653	0.961828
9	0.193344	0.016112	0.977940
10	0.147950	0.012329	0.990269
11	0.070119	0.005843	0.996112
12	0.046657	0.003888	1.000000

基于在产出指标中提取主成分同样的准则，我们对投入指标也取前三个主成分替代原先的 12 个指标，可以包含全部指标 79.33% 的信息。这三个主成分的因子载荷矩阵如表 9－7。

表 9－7　投入主成分因子载荷矩阵

变量	主成分		
	第一主成分	第二主成分	第三主成分
znum	0.3537	－0.2130	－0.0458
zdoc_ per	0.2193	0.5486	0.0052
zfg_ per	0.2537	0.4798	0.0481

表9－7（续）

变量	主成分		
	第一主成分	第二主成分	第三主成分
zr_ d	0. 3470	－0. 1694	－0. 0183
zr_ input	0. 3288	0. 1502	0. 0732
zedu_ input	0. 3698	0. 0360	－0. 0050
zother_ input	0. 2752	0. 2269	－0. 1353
zbnwctz	0. 1617	0. 0164	0. 4770
zlab	0. 3316	－0. 1637	0. 5012
zlib_ book	0. 3395	－0. 1391	0. 4050
zlib_ area	0. 1812	－0. 2556	0. 7190
zcla_ room	0. 1928	－0. 4557	0. 4747

从因子载荷矩阵中可以看出：第一主成分中的校本部教职工总数、研究与发展全时人员数、科研经费投入、教育经费投入、其他经费投入五个指标的因子载荷系数最大。第二主成分中博士学历教师占专任教师比例、副高以上比例这两个指标的因子载荷系数最大。第三主成分中本年完成基建投资总额、实验室（实习场所）面积、图书册数、图书馆面积、教室面积这五项指标的因子载荷系数最大。在因子载荷矩阵中除以对应特征值的平方根，就可以得到每一个主成分对应的特征向量，如表9－8。

表9－8　投入主成分对应的特征向量

变量	第一主成分	第二主成分	第三主成分
znum	0. 136492	－0. 173370	－0. 040230
zdoc_ per	0. 084627	0. 446526	0. 004568
zfg_ per	0. 097902	0. 390527	0. 042250
zr_ d	0. 133906	－0. 137880	－0. 016070
zr_ input	0. 126883	0. 122253	0. 064297
zedu_ input	0. 142705	0. 029302	－0. 004390
zother_ input	0. 106199	0. 184682	－0. 118840
zbnwctz	0. 062400	0. 013349	0. 418985

表 9－8 （续）

变量	第一主成分	第二主成分	第三主成分
zlab	0.127964	－0.133240	0.440242
zlib_ book	0.131012	－0.113220	0.355742
zlib_ area	0.069925	－0.208040	0.631552
zcla_ room	0.074401	－0.370910	0.416965

基于得到的特征向量值，可以分别得到三个主成分对应的函数（函数式略），将2006—2008年各学校的各项投入指标数据代入三个主成分的函数中即可计算各个年度各所学校的三个主成分得分。以各个主成分的方差贡献率比重为权数，对三个主成分进行加权平均，得到产出指标综合得分。投入指标综合得分的计算公式为：$Y = (0.5595 \times F1 + 0.1257 \times F2 + 0.1080 \times F3) \div 0.7934$，其中，Y表示投入指标的综合得分，F1表示第一主成分得分（0.5595为第一主成分的方差贡献率），F2表示第二主成分得分（0.1257为其对应的方差贡献率），F3为第三主成分得分（0.1080是对应的方差贡献率），0.7934是前三个主成分的累计贡献率。

将各投入指标的值代入公式即可得到各学校各年度的投入指标综合得分，基于各指标的三年算术平均值可得到三年整体投入综合得分。

二、测算高校绩效得分

运用$\text{高校成绩效得分}_i = \frac{\text{mean (Outcome)}_i}{\text{mean (Input)}_i}$数学模型，测算出72所高校2006—2008年三年的绩效得分。72所高校的三年整体投入综合得分、三年整体产出综合得分、三年绩效整体得分及排序如表9－9所示。

表 9－9 72所高校绩效评价结果与排序

	三年整体投入综合得分		三年整体产出综合得分		三年整体绩效得分	
	分值	排序	分值	排序	分值	排序
高校37	1.00000	1	1.00000	1	1.00000	1
高校1	0.91510	2	0.77096	2	0.84248	2

表9－9（续）

	三年整体投入综合得分		三年整体产出综合得分		三年整体绩效得分	
	分值	排序	分值	排序	分值	排序
高校14	0.27192	38	0.22646	16	0.83281	3
高校61	0.37042	27	0.30839	9	0.83255	4
高校13	0.27267	37	0.21898	20	0.80307	5
高校20	0.60960	7	0.45740	4	0.75033	6
高校9	0.04984	70	0.03713	62	0.74500	7
高校66	0.45858	16	0.32172	8	0.70155	8
高校55	0.84424	3	0.58412	3	0.69189	9
高校4	0.31148	31	0.20114	22	0.64575	10
高校29	0.18181	53	0.11483	38	0.63159	11
高校38	0.58040	9	0.35344	6	0.60896	12
高校44	0.39070	25	0.22688	15	0.58069	13
高校59	0.32070	30	0.18584	24	0.57947	14
高校17	0.20983	49	0.11967	37	0.57033	15
高校25	0.30689	32	0.17437	26	0.56819	16
高校35	0.20361	50	0.11395	40	0.55967	17
高校21	0.17391	58	0.09469	45	0.54450	18
高校49	0.42586	20	0.22208	18	0.52149	19
高校28	0.57567	11	0.29929	11	0.51989	20
高校22	0.18333	52	0.09501	44	0.51828	21
高校46	0.59632	8	0.30393	10	0.50967	22
高校60	0.43414	19	0.21917	19	0.50483	23
高校34	0.53491	14	0.26922	13	0.50331	24
高校72	0.36215	28	0.17723	25	0.48939	25
高校43	0.70526	5	0.34252	7	0.48567	26
高校33	0.25121	43	0.12068	36	0.48041	27
高校3	0.29774	35	0.14293	34	0.48006	28

表 9－9（续）

	三年整体投入综合得分		三年整体产出综合得分		三年整体绩效得分	
	分值	排序	分值	排序	分值	排序
高校 50	0. 17500	57	0. 08391	50	0. 47952	29
高校 23	0. 30322	33	0. 14531	33	0. 47921	30
高校 41	0. 75912	4	0. 35957	5	0. 47366	31
高校 8	0. 21507	47	0. 09982	43	0. 46412	32
高校 6	0. 45392	18	0. 20354	21	0. 44841	33
高校 53	0. 30100	34	0. 13490	35	0. 44817	34
高校 12	0. 38006	26	0. 16626	27	0. 43747	35
高校 45	0. 53535	13	0. 23060	14	0. 43074	36
高校 31	0. 64944	6	0. 27657	12	0. 42586	37
高校 67	0. 54132	12	0. 22380	17	0. 41343	38
高校 2	0. 21860	46	0. 08889	48	0. 40663	39
高校 18	0. 41845	22	0. 16330	28	0. 39025	40
高校 57	0. 29372	36	0. 11261	41	0. 38340	41
高校 10	0. 13794	63	0. 05278	55	0. 38259	42
高校 42	0. 06513	68	0. 02445	68	0. 37533	43
高校 47	0. 39570	24	0. 14565	32	0. 36808	44
高校 27	0. 42230	21	0. 15444	30	0. 36572	45
高校 30	0. 25238	42	0. 09190	47	0. 36412	46
高校 11	0. 22227	45	0. 07733	52	0. 34791	47
高校 58	0. 27112	39	0. 09432	46	0. 34788	48
高校 32	0. 25376	41	0. 08779	49	0. 34597	49
高校 52	0. 32568	29	0. 10725	42	0. 32932	50
高校 15	0. 15989	62	0. 05202	56	0. 32536	51
高校 62	0. 57784	10	0. 18796	23	0. 32527	52
高校 36	0. 45458	17	0. 14665	31	0. 32261	53
高校 7	0. 08684	67	0. 02777	66	0. 31975	54

表 9－9（续）

	三年整体投入综合得分		三年整体产出综合得分		三年整体绩效得分	
	分值	排序	分值	排序	分值	排序
高校 54	0. 48773	15	0. 15458	29	0. 31693	55
高校 48	0. 25978	40	0. 07843	51	0. 30192	56
高校 63	0. 11450	65	0. 03401	63	0. 29704	57
高校 16	0. 23716	44	0. 07037	53	0. 29672	58
高校 26	0. 40254	23	0. 11444	39	0. 28428	59
高校 65	0. 16419	60	0. 04368	58	0. 26606	60
高校 39	0. 21048	48	0. 05533	54	0. 26286	61
高校 51	0. 11255	66	0. 02936	65	0. 26084	62
高校 40	0. 18075	55	0. 04554	57	0. 25195	63
高校 19	0. 17528	56	0. 04161	60	0. 23738	64
高校 24	0. 18179	54	0. 04079	61	0. 22440	65
高校 64	0. 19422	51	0. 04293	59	0. 22106	66
高校 56	0. 11981	64	0. 02504	67	0. 20900	67
高校 5	0. 17256	59	0. 03359	64	0. 19464	68
高校 68	0. 16237	61	0. 02229	69	0. 13725	69

注：1. 表中投入得分越高表示该学校获得的投入越多，产出得分越高表明该学校的产出越多，绩效得分越高表明该学校绩效状况越好。2. 三所艺术类高校的结果未列入排序中。

三、评价结果的 DEA 方法验证

为了对基于“产出/投入”模型的高校绩效评价结果进行方法上的验证，我们沿用所确立的投入指标组（12 项）和产出指标组（13 项），就三年数据取算术平均值后对 72 所高校进行基于 DEA 方法的绩效评价，结果见表 9－10。

表 9-10　72 所高校 DEA 绩效得分

学校名称	"产出/投入"绩效评价		DEA 绩效得分
	排序	分值	
高校 37	1	1.00000	1.000
高校 1	2	0.84248	1.000
高校 14	3	0.83281	1.000
高校 61	4	0.83255	1.000
高校 13	5	0.80307	1.000
高校 20	6	0.75033	1.000
高校 9	7	0.74500	1.000
高校 66	8	0.70155	1.000
高校 55	9	0.69189	1.000
高校 4	10	0.64575	1.000
高校 29	11	0.63159	1.000
高校 38	12	0.60896	1.000
高校 44	13	0.58069	1.000
高校 59	14	0.57947	1.000
高校 17	15	0.57033	1.000
高校 25	16	0.56819	1.000
高校 35	17	0.55967	1.000
高校 21	18	0.54450	1.000
高校 49	19	0.52149	1.000
高校 28	20	0.51989	1.000
高校 22	21	0.51828	1.000
高校 46	22	0.50967	1.000
高校 60	23	0.50483	1.000
高校 34	24	0.50331	1.000
高校 72	25	0.48939	1.000
高校 43	26	0.48567	1.000
高校 33	27	0.48041	1.000

表 9-10（续）

学校名称	“产出/投入”绩效评价		DEA 绩效得分
	排序	分值	
高校 3	28	0. 48006	1. 000
高校 50	29	0. 47952	0. 961
高校 23	30	0. 47921	1. 000
高校 41	31	0. 47366	1. 000
高校 8	32	0. 46412	1. 000
高校 6	33	0. 44841	1. 000
高校 53	34	0. 44817	1. 000
高校 12	35	0. 43747	0. 838
高校 45	36	0. 43074	1. 000
高校 31	37	0. 42586	1. 000
高校 67	38	0. 41343	1. 000
高校 2	39	0. 40663	1. 000
高校 18	40	0. 39025	0. 995
高校 57	41	0. 38340	0. 833
高校 10	42	0. 38259	1. 000
高校 42	43	0. 37533	1. 000
高校 47	44	0. 36808	1. 000
高校 27	45	0. 36572	1. 000
高校 30	46	0. 36412	1. 000
高校 11	47	0. 34791	1. 000
高校 58	48	0. 34788	1. 000
高校 32	49	0. 34597	1. 000
高校 52	50	0. 32932	1. 000
高校 15	51	0. 32536	1. 000
高校 62	52	0. 32527	1. 000
高校 36	53	0. 32261	1. 000
高校 7	54	0. 31975	1. 000

表 9-10（续）

学校名称	“产出/投入”绩效评价		DEA 绩效得分
	排序	分值	
高校 54	55	0.31693	1.000
高校 48	56	0.30192	0.894
高校 63	57	0.29704	1.000
高校 16	58	0.29672	1.000
高校 26	59	0.28428	1.000
高校 65	60	0.26606	1.000
高校 39	61	0.26286	1.000
高校 51	62	0.26084	1.000
高校 40	63	0.25195	1.000
高校 19	64	0.23738	1.000
高校 24	65	0.22440	0.676
高校 64	66	0.22106	1.000
高校 56	67	0.20900	0.920
高校 5	68	0.19464	0.923
高校 68	69	0.13725	0.917
高校 69	70	0.19146	0.891
高校 70	71	0.07920	0.687
高校 71	72	0.02443	0.827

DEA 方法验证结果表明：整体绩效排序前 20 名的学校，全为 DEA 有效学校；整体绩效排序后 20 名的学校，有 60% 为 DEA 有效学校；整体绩效排序位于最后 10 名的学校，只有 30% 为 DEA 有效学校。同时，DEA 有效学校“三年整体绩效得分”的平均值为 0.4784，DEA 无效学校的平均值则为 0.2544，通过这两组样本的 t 检验从统计学上证明，DEA 有效学校的三年整体绩效得分确实显著高于 DEA 无效学校。

这说明，基于“产出/投入”模型的绩效评价结果与基于 DEA 模型的绩效评价结果具有较强的一致性（并非等同），DEA 模型运算结果从方法的角度验证了投入—产出绩效评价的相对合理性与有效性。

第十章

高校投入—产出绩效的实证分析

教育经济学认为，教育投资也是一种生产性投资，可计算投入和产出，也同样存在成本和效益。由于高校的投入—产出具有多样性、复杂性，难以运用生产函数、投资回报等企业常用的方法来做进一步的分析工作。本章借助指标的原始数据及第九章的绩效评价测算数据，进一步对教育部直属高校进行投入—产出变量及相关关系的统计学分析，从中剖析高校投入与产出变量的变化状况及两者的相关特性。

第一节　高校投入与产出的变量分析

依据前面章节所呈现的高校绩效指标的原始数据，可以对教育部直属高校投入和产出之间的关系进行描述性分析，综合反映投入、产出指标的变化情况，包括各指标在2006—2008年的均值状况、三年间的变动情况，并对教育部直属高校中的“985工程”高校（以下简称“985工程”高校）进行比较。

一、高校投入分析

通过人力投入、财力投入和物力投入三个方面的指标数据，分析教育部直属高校2006—2008年的投入情况及变化趋势，并单独考察其中的“985工程”高校。

（一）人力投入状况及变化

教育部直属高校的人力投入指标主要涉及：校本部教职工人数、研究与发展全时人员数、拥有博士学历教师比例以及副高及以上职称的教师比例。

2006—2008 年，教育部直属高校人力投入呈现不同程度的增长态势。分析表明：直属高校拥有博士学历教师比例（指博士学历教师占专任教师比例）增长速度较快。直属高校拥有博士学历教师比例从 2006 年的校均 33.2% 增加到 2008 年的 41.9%，增加了 8.7 个百分点，年均增长速度为十二个百分点；其次是高校研究与发展全时人员数的增长速度。从 2006 年的校均 788 人增加到 2008 年的 844 人，增加 56 人，年均增长速度为 3.5 个百分点。高校校本部教职工数从 2006 年的校均 3179 人增加到 2008 年的 3324 人，增加 145 人，年均增长速度为两个百分点。高校副高及以上职称教师比例（指副高以上教师占专任教师比例）从 2006 年的校均 53.7% 增加到 2008 年的 54.6%，增加了 0.9 个百分点，年均增长速度接近一个百分点（图 10－1）。

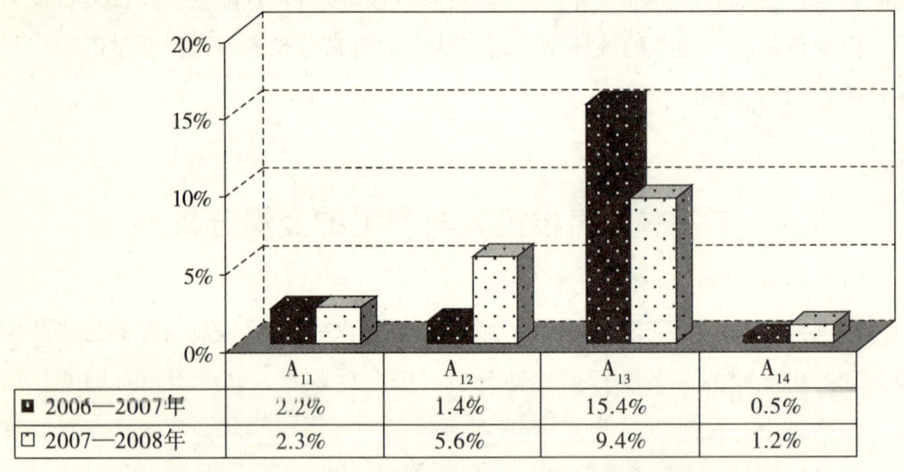

	A_{11}	A_{12}	A_{13}	A_{14}
■ 2006—2007年	2.2%	1.4%	15.4%	0.5%
□ 2007—2008年	2.3%	5.6%	9.4%	1.2%

图 10－1　教育部直属高校人力投入指标增长速度

注：A_{11}代表校本部教职工数；A_{12}代表研究与发展全时人员数；A_{13}代表博士学历教师比例；A_{14}代表副高及以上职称教师比例。

2006—2008 年，“985 工程”高校人力投入也呈现不同程度的增长态势。分析表明：“985 工程”高校在人力投入指标的绝对数量和规模上优于其他直属高校。“985 工程”高校增长速度较快的是高校拥有博士学历教师比例，从 2006 年的校均 41.4% 增加到 2008 年的 51%，年均增长速度达到十一个百分点，略低于直属高校一个百分点；其次是高校研究与发展全时人员数的增长速度。从 2006 年的校均 1279 人增加到 2008 年的 1379 人，年均增长速度接近四个百分点。高校校本部教职工数从 2006 年的校均 4445 人增加到 2008 年的 4677 人，年均增长速度接近三个百分点，高出直属高校一个百分点（图 10－2）。

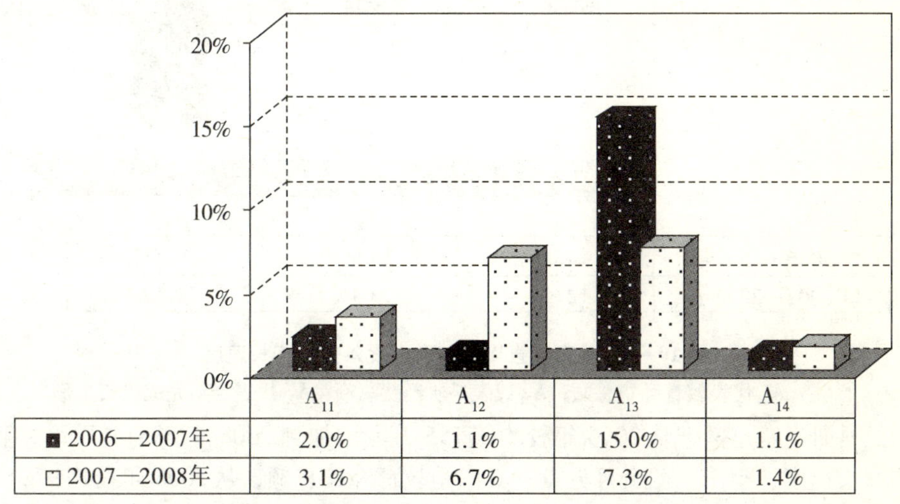

	A_{11}	A_{12}	A_{13}	A_{14}
■ 2006—2007年	2.0%	1.1%	15.0%	1.1%
□ 2007—2008年	3.1%	6.7%	7.3%	1.4%

图 10－2　“985 工程”高校人力投入指标增长速度

注：A_{11}代表校本部教职工数；A_{12}代表研究与发展全时人员数；A_{13}代表博士学历教师比例；A_{14}代表副高及以上职称教师比例。

（二）财力投入状况及变化

教育部直属高校的财力投入指标主要涉及：教育经费总额、科研经费总额和当年完成投资金额以及其他收入。

2006—2008 年，教育部直属高校财力投入中科研经费总额呈现快速增长态势。分析表明：直属高校科研经费总额从 2006 年的校均 21814 万元增加到 2008 年的 34339 万元，增加 12525 万元，年均增长速度为二十五个百分点，是高校财力投入中增长速度较快的指标；高校教育经费总额从 2006 年的校均 66177 万元增加到 2008 年的 85085 万元，增加 18908 万元，年均增长速度为十三个百分点。而当年完成投资金额却处于回落态势。从 2006 年的校均 22312 万元回落到 2008 年的 18739 万元，回落 3573 万元，年均回落速度为八个百分点（图 10－3）。

2006—2008 年，“985 工程”高校财力投入中的教育经费总额和科研经费总额两项指标呈现快速增长态势。分析表明：“985 工程”高校增长速度较快

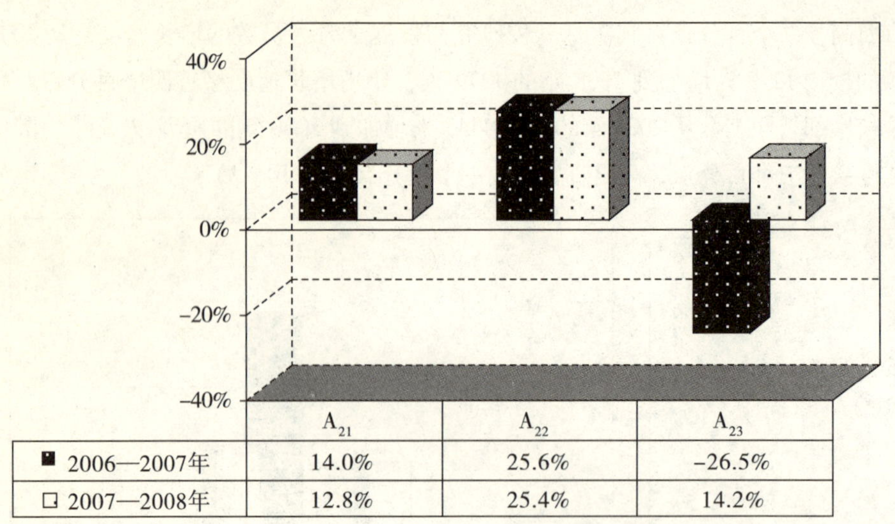

	A_{21}	A_{22}	A_{23}
■ 2006—2007年	14.0%	25.6%	-26.5%
□ 2007—2008年	12.8%	25.4%	14.2%

图 10－3　教育部直属高校财力投入指标增长速度

注：A_{21}代表教育经费总额；A_{22}代表科研经费总额；A_{23}代表当年完成投资金额。

的是科研经费总额，从 2006 年校均 37755 万元增加到 2008 年 58514 万元，年均增长速度达到二十四个百分点；其次是教育经费总额，从 2006 年校均 97847 万元增加到 2008 年 123542 万元，年均增长速度达到十二个百分点以上；而当年完成投资金额处于波动态势，2007—2008 年，“985 工程”高校当年完成投资金额的增幅高于直属高校（图 10－4）。

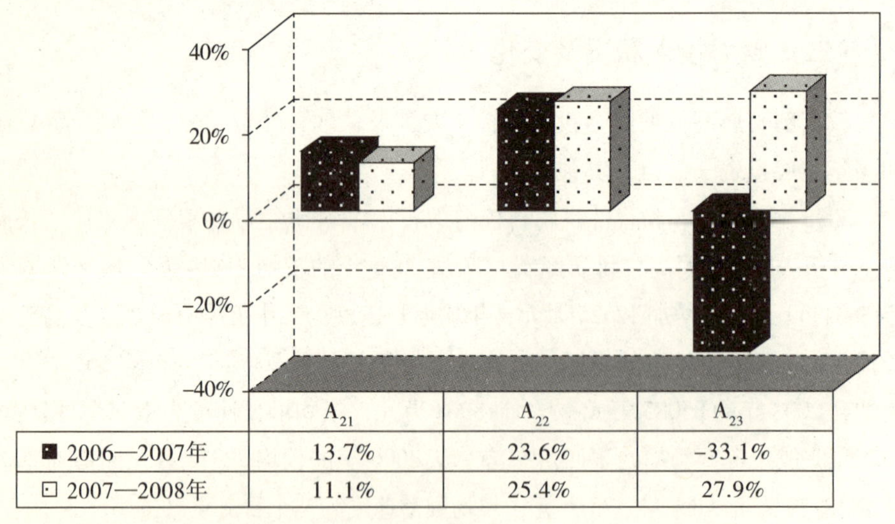

	A_{21}	A_{22}	A_{23}
■ 2006—2007年	13.7%	23.6%	-33.1%
□ 2007—2008年	11.1%	25.4%	27.9%

图 10－4　“985 工程”高校财力投入指标增长速度

注：A_{21}代表教育经费总额；A_{22}代表科研经费总额；A_{23}代表当年完成投资金额。

（三）物力投入状况及变化

教育部直属高校的物力投入指标主要涉及：实验室和实习场所面积、图书馆面积、教室面积和图书馆藏书册数。

2006—2008 年，教育部直属高校物力投入中实验室和实习场所面积呈现快速增长态势。分析表明：教育部直属高校的实验室和实习场所面积从 2006 年的校均 183583 平方米增加到 2008 年的 207552 平方米，增加了 23969 平方米，年均增长速度为六个百分点，是直属高校物力投入中增长较快的变量；其次是直属高校的图书册数，从 2006 年的校均 258 万册增加到 2008 年的 279 万册，增加了 21 万册，年均增长速度达到四个百分点；相应地，图书馆面积从 2006 年的校均 36999 平方米增加到 2008 年的 39960 平方米，增加了 2961 平方米，年均增长速度接近四个百分点；教室面积从 2006 年的校均 98933 平方米增加到 2008 年的 101236 平方米，增加了 2303 平方米，年均增长速度达到一个百分点。尽管教室面积在绝对数量上有所增加，但相对于其他指标而言，2007—2008 年教室面积仍有一定程度的减少（图 10－5）。

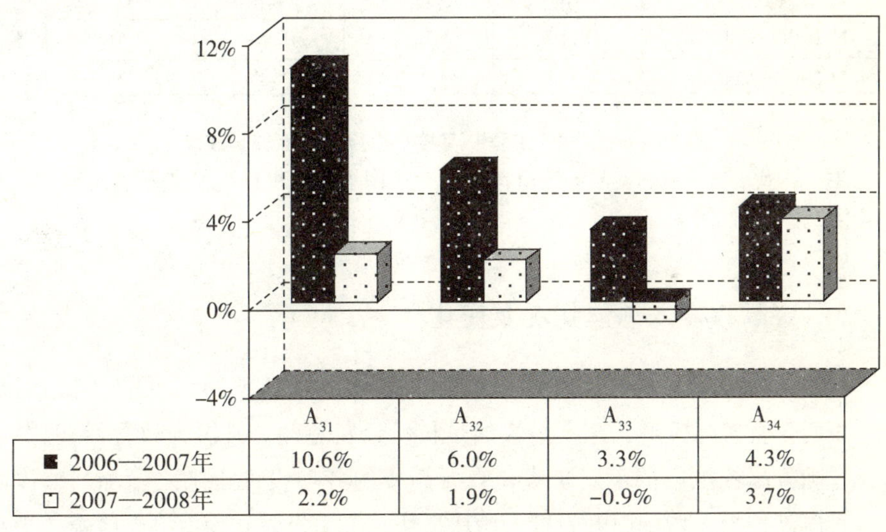

	A_{31}	A_{32}	A_{33}	A_{34}
■ 2006—2007年	10.6%	6.0%	3.3%	4.3%
□ 2007—2008年	2.2%	1.9%	-0.9%	3.7%

图 10－5　教育部直属高校物力投入指标增长速度

注：A_{31}代表实验室和实习场所面积；A_{32}代表图书馆面积；A_{33}代表教室面积；A_{34}代表图书册数。

2006—2008 年，“985 工程”高校物力投入中的实验室和实习场所面积呈现快速增长态势。分析表明："985 工程"高校实验室和实习场所面积从 2006 年的校均 276672 平方米增加到 2008 年的 313906 平方米，年均增长速度接近七个百分点，是"985 工程"高校物力投入中增长较快的变量；其次是"985 工程"高校的图书册数，从 2006 年的校均 372 万册增加到 2008 年的 385 万册，年均增长速度超过三个百分点；然而"985 工程"高校教室面积处于波动态势，与 2007 年相比，2008 年有所减少（图 10－6）。

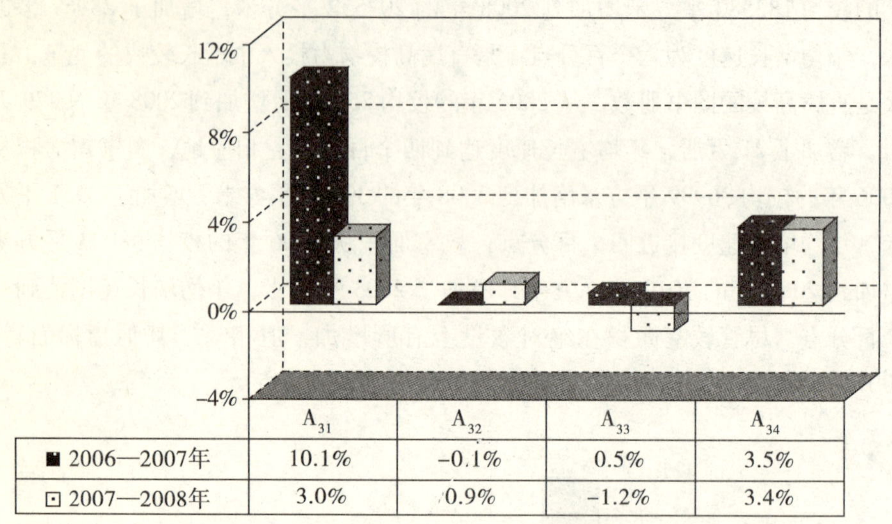

	A_{31}	A_{32}	A_{33}	A_{34}
■ 2006—2007年	10.1%	-0.1%	0.5%	3.5%
⊡ 2007—2008年	3.0%	0.9%	-1.2%	3.4%

图 10－6 "985 工程"高校物力投入指标增长速度

注：A_{31}代表实验室和实习场所面积；A_{32}代表图书馆面积；A_{33}代表教室面积；A_{34}代表图书册数。

（四）高校投入总体状况及变化

2006—2008 年，教育部直属高校投入总体上呈现不同程度的增长态势。分析表明，直属高校增长速度最快的是科研经费总额，其次为教育经费总额。可见，随着高校规模的不断扩大，直属高校的各项投入也随之增加。整体而言，直属高校投入指标中财力投入增速最快，人力投入和物力投入增幅较为平缓。而当年完成投资金额这一指标在 2006—2007 年有所回落（图 10－7）。

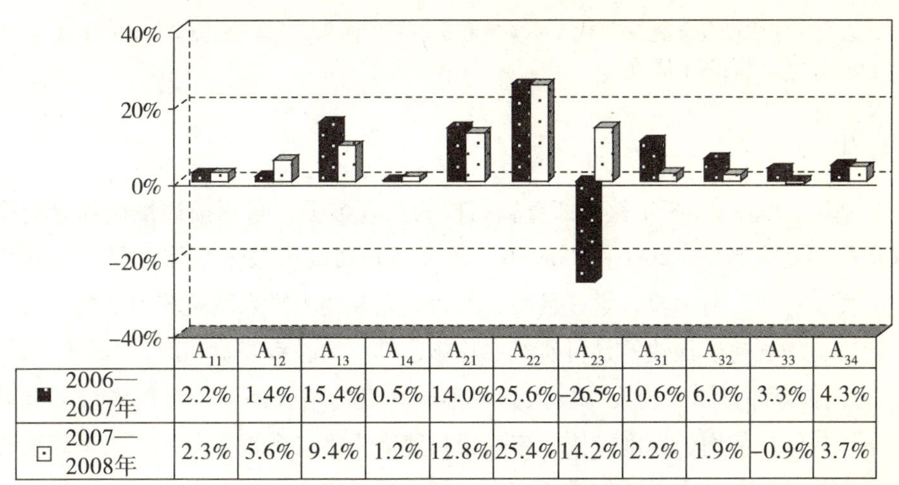

	A_{11}	A_{12}	A_{13}	A_{14}	A_{21}	A_{22}	A_{23}	A_{31}	A_{32}	A_{33}	A_{34}
■ 2006—2007年	2.2%	1.4%	15.4%	0.5%	14.0%	25.6%	-26.5%	10.6%	6.0%	3.3%	4.3%
⊡ 2007—2008年	2.3%	5.6%	9.4%	1.2%	12.8%	25.4%	14.2%	2.2%	1.9%	-0.9%	3.7%

图 10－7　教育部直属高校各投入指标增长速度

注：A_{11}代表校本部教职工数；A_{12}代表研究与发展全时人员数；A_{13}代表博士学历教师比例；A_{14}代表副高及以上职称教师比例；A_{21}代表教育经费总额；A_{22}代表科研经费总额；A_{23}代表当年完成投资金额；A_{31}代表实验室和实习场所面积；A_{32}代表图书馆面积；A_{33}代表教室面积；A_{34}代表图书册数。

2006—2008 年，“985 工程”高校投入指标的增长分布和增长幅度状况与直属高校基本一致。但在当年完成投资金额方面，“985 工程”高校 2006—2007 年的下降幅度和 2007—2008 年的增长幅度高于直属高校（图 10－8）。

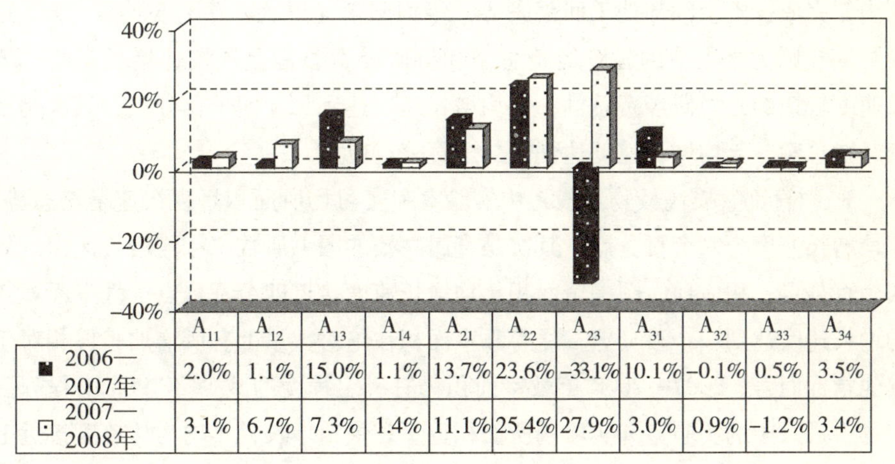

	A_{11}	A_{12}	A_{13}	A_{14}	A_{21}	A_{22}	A_{23}	A_{31}	A_{32}	A_{33}	A_{34}
■ 2006—2007年	2.0%	1.1%	15.0%	1.1%	13.7%	23.6%	-33.1%	10.1%	-0.1%	0.5%	3.5%
⊡ 2007—2008年	3.1%	6.7%	7.3%	1.4%	11.1%	25.4%	27.9%	3.0%	0.9%	-1.2%	3.4%

图 10－8　“985 工程”高校各投入指标增长速度

注：A_{11}代表校本部教职工数；A_{12}代表研究与发展全时人员数；A_{13}代表博士学历教师比例；A_{14}代表副高及以上职称教师比例；A_{21}代表教育经费总额；A_{22}代表科研经费总额；

A_{23}代表当年完成投资金额；A_{31}代表实验室和实习场所面积；A_{32}代表图书馆面积；A_{33}代表教室面积；A_{34}代表图书册数。

小　结

基于2006—2008年教育部直属高校的投入数据，采用描述性统计分析投入指标的变化趋势。2006—2008年，教育部直属高校投入总体上呈现不同程度的增长态势，财力投入增速最快，人力投入和物力投入增速较为平缓。就指标而言，增长速度最快的是科研经费总额，其次为教育经费总额。

1. 教育部直属高校人力投入呈现不同程度的增长态势。直属高校拥有博士学历教师比例增长速度较快，年均增长速度为十二个百分点；其次是高校参加研究与发展全时人员数的增长速度，年均增长速度接近四个百分点。高校校本部教职工数年均增长速度为两个百分点。高校副高及以上职称教师比例年均增长速度接近一个百分点。“985工程”高校在人力投入指标的绝对数量和规模上优于其他直属高校。“985工程”高校增长速度较快的是高校拥有博士学历教师比例，年均增长速度达到十一个百分点；其次是研究与发展全时人员数的增长速度，年均增长速度接近四个百分点。

2. 教育部直属高校财力投入中科研经费总额呈现快速增长态势。年均增长速度为二十五个百分点；高校教育经费总额年均增长速度为十三个百分点。而当年完成投资金额却处于回落态势，年均回落速度为八个百分点。“985工程”高校财力投入中的教育经费总额和科研经费总额呈现快速增长态势。增长速度较快的是科研经费总额，年均增长速度达到二十四个百分点；其次是教育经费总额，年均增长速度达到十二个百分点以上。

3. 教育部直属高校物力投入中实验室和实习场所面积呈现快速增长态势，年均增长速度为六个百分点；其次是直属高校的图书册数，年均增长速度达到四个百分点；相应地，图书馆面积年均增长速度接近四个百分点；教室面积年均增长速度达到一个百分点，尽管教室面积在绝对数量上有所增加，但相对于其他指标而言，2007—2008年教室面积仍有一定程度的减少。“985工程”高校物力投入中的实验室和实习场所面积也呈现快速增长，年均增长速度接近七个百分点，是“985工程”高校物力投入中增长较快的变量；其次是图书册数，年均增长速度超过三个百分点。

二、高校产出分析

通过人才培养、科研活动、社会服务三个方面的指标数据，描述教育部直属高校2006—2008年的产出情况及变化趋势，并单独考察其中的“985工程”高校。

（一）人才培养产出状况及变化

教育部直属高校的人才培养产出指标主要涉及：当量在校生数、当量留学生在校生数和当年百篇优秀博士论文数。

2006—2008年，教育部直属高校人才培养产出呈现不同程度的增长态势。分析表明：直属高校当量留学生在校生数（指当量学历在校留学生数）增长速度较快。当量留学生在校生数从2006年的校均367人增加到2008年的522人，增加155人，年均增长速度达到十九个百分点；其次是高校当量在校生数，从2006年的校均36800人增加到2008年的38910人，增加2110人，年均增长速度接近三个百分点；而高校百篇优秀博士论文校均不足一篇，说明高校高层次人才培养的能力有待提高（图10－9）。

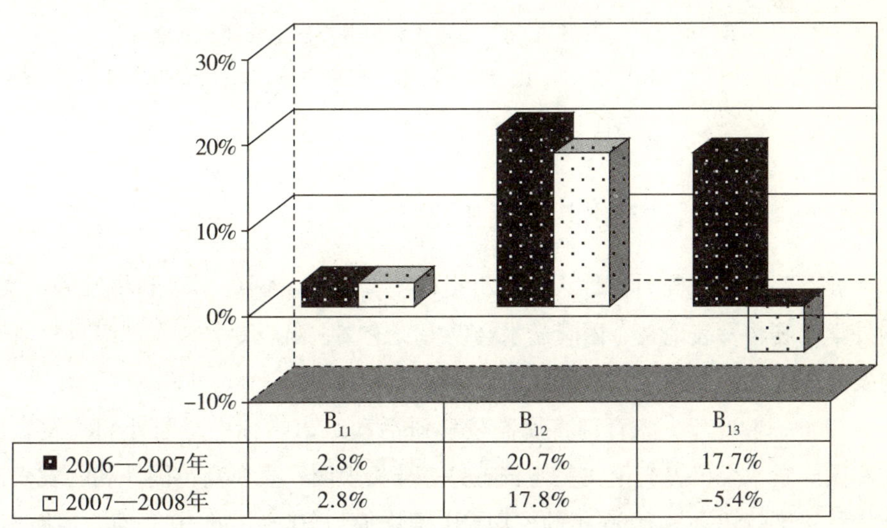

	B_{11}	B_{12}	B_{13}
■ 2006—2007年	2.8%	20.7%	17.7%
□ 2007—2008年	2.8%	17.8%	-5.4%

图10－9　教育部直属高校人才培养产出指标增长速度

注：B_{11}代表当量在校生数；B_{12}代表当量留学生在校生数；B_{13}代表当年百篇优秀博士论文数。

2006—2008年，“985工程”高校当量留学生在校生数增长速度较快。分析表明：“985工程”高校当量留学生在校生数从2006年的校均547人增加到

2008 年的 789 人，年均增长速度超过二十个百分点；其次是当量在校生数，从 2006 年的校均 50007 人增加到 2008 年的 52218 人，年均增长速度超过两个百分点；而高校百篇优秀博士论文校均超过一篇。可见，“985 工程”高校人才培养的规模和质量要优于其他直属高校（图 10 – 10）。

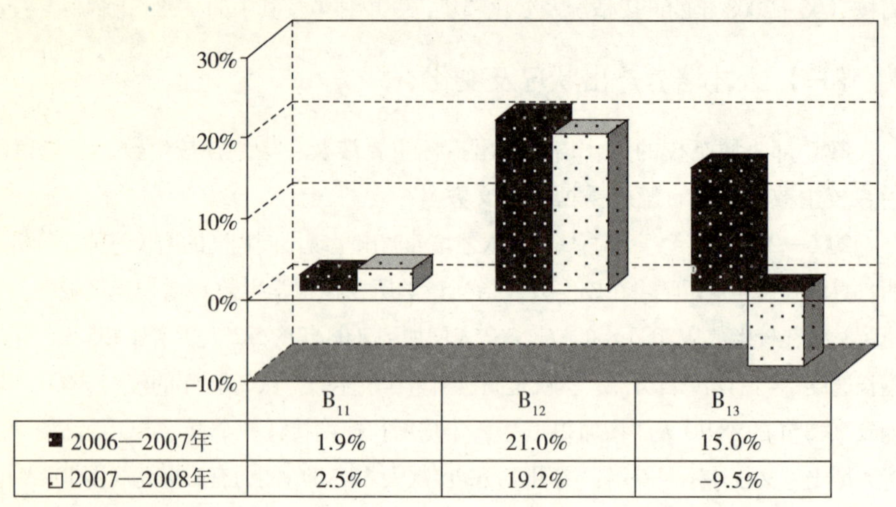

	B_{11}	B_{12}	B_{13}
2006—2007年	1.9%	21.0%	15.0%
2007—2008年	2.5%	19.2%	-9.5%

图 10 – 10　“985 工程”高校人才培养产出指标增长速度

注：B_{11}代表当量在校生数；B_{12}代表当量留学生在校生数；B_{13}代表当年百篇优秀博士论文数。

（二）科研活动产出状况及变化

教育部直属高校的科研活动产出指标主要涉及：国内学术刊物发表论文、国外学术刊物发表论文、国际学术会议提交论文、出版专著、省部级科学研究与发展成果奖、国家级项目验收。

2006—2008 年，教育部直属高校科研活动产出指标中，国外刊物发表论文和国际学术会议提交论文呈增长态势。分析表明：直属高校国外刊物发表论文增长速度较快。从 2006 年的校均 691 篇增加到 2008 年的 1022 篇，增加 331 篇，年均增长速度超过二十一个百分点；其次是国际学术会议提交论文，从 2006 年的校均 473 篇增加到 2008 年的 622 篇，增加 149 篇，年均增长速度接近十五个百分点。高校国内刊物发表论文从 2006 年的校均 2718 篇增加到 2008 年的 2916 篇，增加 198 篇，年均增长速度接近四个百分点，其增长速度低于国外刊物发表论文和国际学术会议提交论文十个百分点以上。

高校出版专著数、省部级科学研究与发展成果奖以及国家级验收项目处于波动态势。2006—2008 年，高校省部级科学研究与发展成果奖从 2006 年的校均 25 项下降到 2008 年的 21 项，年均递减八个百分点。高校国家级验收项目则呈现先下降后上升的趋势（图 10－11）。

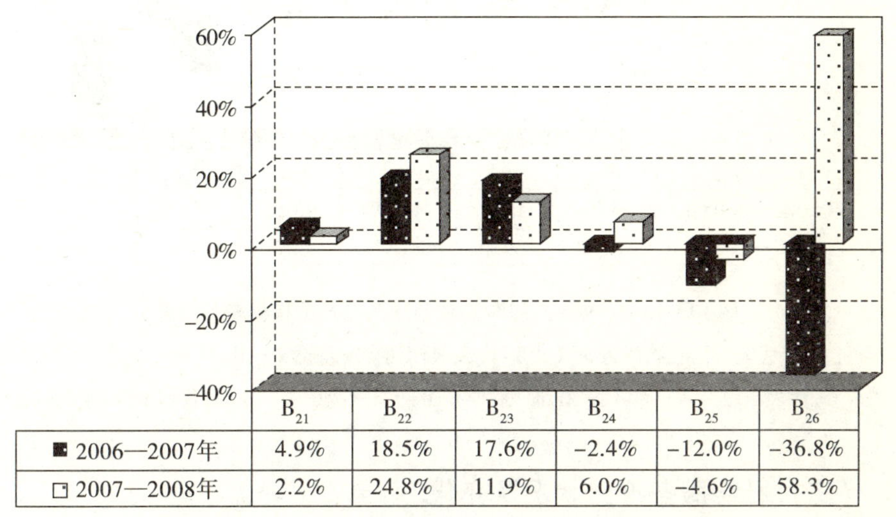

	B_{21}	B_{22}	B_{23}	B_{24}	B_{25}	B_{26}
■ 2006—2007年	4.9%	18.5%	17.6%	−2.4%	−12.0%	−36.8%
□ 2007—2008年	2.2%	24.8%	11.9%	6.0%	−4.6%	58.3%

图 10－11　教育部直属高校科研活动产出指标增长速度

注：B_{21}代表国内刊物发表论文；B_{22}代表国外刊物发表论文；B_{23}代表国际学术会议提交论文；B_{24}代表出版专著；B_{25}代表省部级科学研究与发展成果奖；B_{26}代表国家级验收项目。

2006—2008 年，“985 工程”高校国外刊物发表论文和国际学术会议提交论文呈现增长态势。分析表明，“985 工程”高校国外刊物发表论文增长速度较快。从 2006 年的校均 1224 篇增加到 2008 年的 1891 篇，年均增长速度超过二十四个百分点；其次是国际学术会议提交论文数，从 2006 年的校均 858 篇增加到 2008 年的 1069 篇，年均增长速度接近十二个百分点。“985 工程”高校省部级科学研究与发展成果奖以及国家级验收项目处于波动态势。2006—2008 年，“985 工程”高校省部级科学研究与发展成果奖从 2006 年的校均 40 项减少到 2008 年的 34 项，年均递减接近八个百分点。国家级验收项目则呈现先下降后上升的趋势，年均增长速度接近五个百分点（图 10－12）。

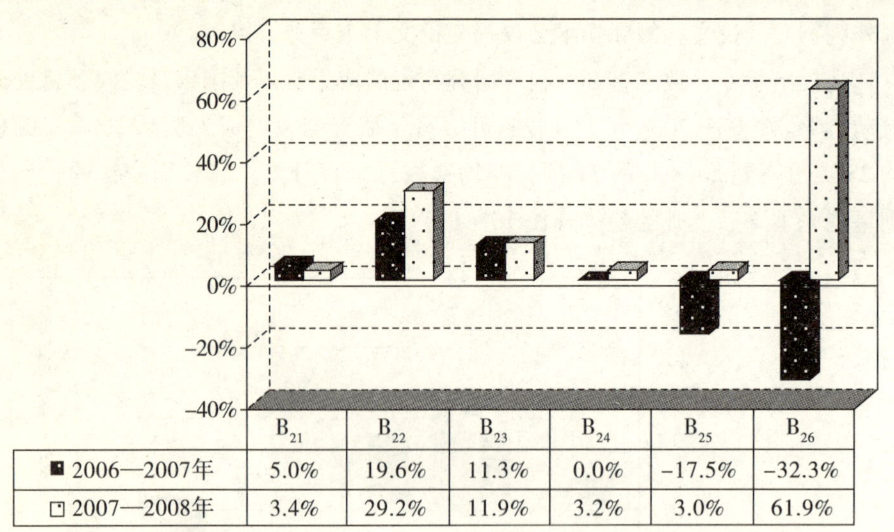

	B_{21}	B_{22}	B_{23}	B_{24}	B_{25}	B_{26}
■ 2006—2007年	5.0%	19.6%	11.3%	0.0%	–17.5%	–32.3%
□ 2007—2008年	3.4%	29.2%	11.9%	3.2%	3.0%	61.9%

图 10－12　“985 工程”高校科研活动产出指标增长速度

注：B_{21}代表国内刊物发表论文；B_{22}代表国外刊物发表论文；B_{23}代表国际学术会议提交论文；B_{24}代表出版专著；B_{25}代表省部级科学研究与发展成果奖；B_{26}代表国家级验收项目。

（三）社会服务产出状况及变化

教育部直属高校社会服务产出指标主要涉及：发明专利授权数、专利出售当年实际收入和技术转让当年实际收入。

2006—2008 年，教育部直属高校社会服务产出呈现不同程度的增长态势。分析表明：直属高校专利出售当年实际收入的增长速度较快。从 2006 年的校均 140 万元增加到 2008 年的 245 万元，增加 105 万元，年均增长速度达到三十二个百分点；其次是发明专利授权数，从 2006 年的校均 74 项增加到 2008 年的 86 项，增加 12 项，年均增长速度接近八个百分点；高校技术转让当年实际收入从 2006 年的校均 901 万元增加到 2008 年的 1006 万元，增加 105 万元，年均增长速度不足六个百分点（图 10－13）。

2006—2008 年，“985 工程”高校社会服务产出也呈现增长态势。分析表明，“985 工程”高校发明专利授权数的增长速度较快。从 2006 年的校均 117 项增加到 2008 年的 155 项，年均增长速度超过十五个百分点；其次是专利出售当年实际收入，从 2006 年的校均 259 万元增加到 2008 年的 343 万元，年均增长速度达到十五个百分点。“985 工程”高校发明专利授权数增长速度快于

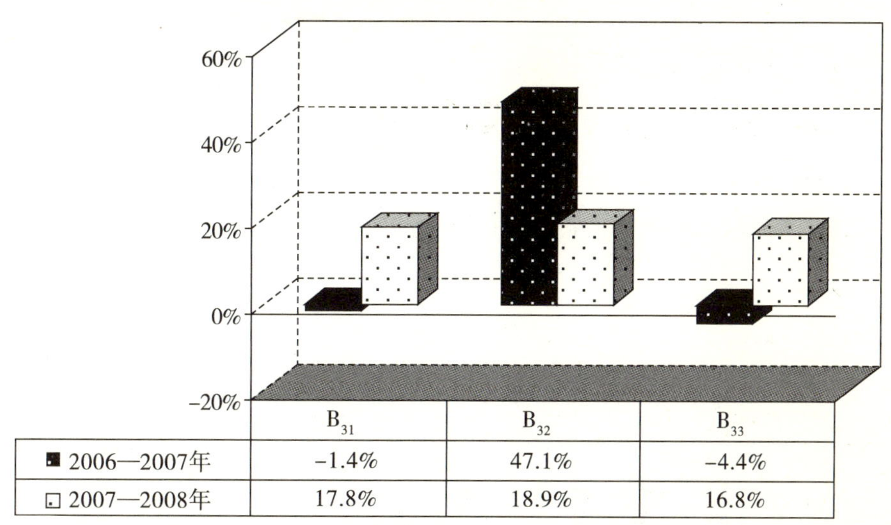

	B_{31}	B_{32}	B_{33}
■ 2006—2007年	-1.4%	47.1%	-4.4%
□ 2007—2008年	17.8%	18.9%	16.8%

图 10－13 教育部直属高校社会服务产出指标增长速度

注：B_{31}代表发明专利授权数；B_{32}代表专利出售当年实际收入；B_{33}代表技术转让当年实际收入。

直属高校，专利出售当年实际收入的增长速度则滞后于直属高校（图 10－14）。

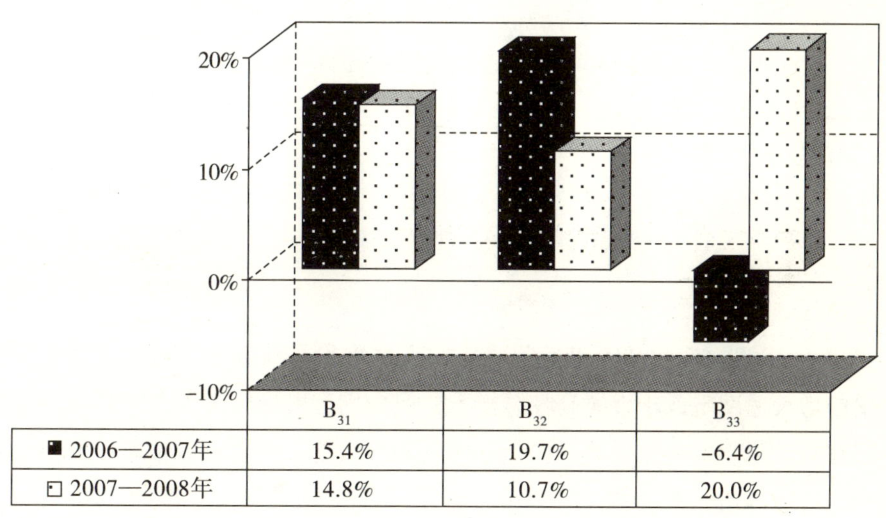

	B_{31}	B_{32}	B_{33}
■ 2006—2007年	15.4%	19.7%	-6.4%
□ 2007—2008年	14.8%	10.7%	20.0%

图 10－14 “985 工程”高校社会服务产出指标增长速度

注：B_{31}代表发明专利授权数；B_{32}代表专利出售当年实际收入；B_{33}代表技术转让当年实际收入。

(四) 高校产出总体状况及变化

2006—2008 年，教育部直属高校产出总体上呈现不同程度的增长态势。分析表明：直属高校增长速度较快的是专利出售当年实际收入，其次是国外刊物发表论文数量，而国家级验收项目三年间波动明显，在 2007 年下降的基础上，2008 年迅速增加（图 10 – 15）。

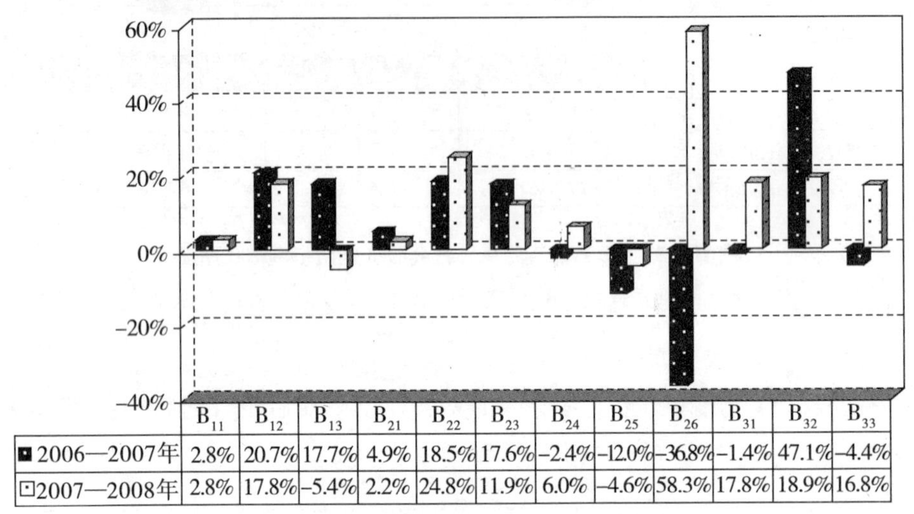

	B_{11}	B_{12}	B_{13}	B_{21}	B_{22}	B_{23}	B_{24}	B_{25}	B_{26}	B_{31}	B_{32}	B_{33}
■ 2006—2007年	2.8%	20.7%	17.7%	4.9%	18.5%	17.6%	–2.4%	–12.0%	–36.8%	–1.4%	47.1%	–4.4%
□ 2007—2008年	2.8%	17.8%	–5.4%	2.2%	24.8%	11.9%	6.0%	–4.6%	58.3%	17.8%	18.9%	16.8%

图 10 – 15　教育部直属高校各产出指标增长速度

注：B_{11}代表当量在校生数；B_{12}代表当量留学生在校生数；B_{13}代表当年百篇优秀博士论文数；B_{21}代表国内刊物发表论文；B_{22}代表国外刊物发表论文；B_{23}代表国际学术会议提交论文；B_{24}代表出版专著；B_{25}代表省部级科学研究与发展成果奖；B_{26}代表国家级验收项目；B_{31}代表发明专利授权数；B_{32}代表专利出售当年实际收入；B_{33}代表技术转让当年实际收入。

2006—2008 年，“985 工程”高校在人才培养、科研活动和社会服务三类产出的增长速度略低于直属高校总样本，但个别产出指标优于直属高校，主要体现在当量留学生在校生数、国外刊物发表论文数、国家级验收项目数和发明专利授权数等指标上（图 10 – 16）。

小　　结

基于 2006—2008 年教育部直属高校的产出数据，采用描述性统计分析产

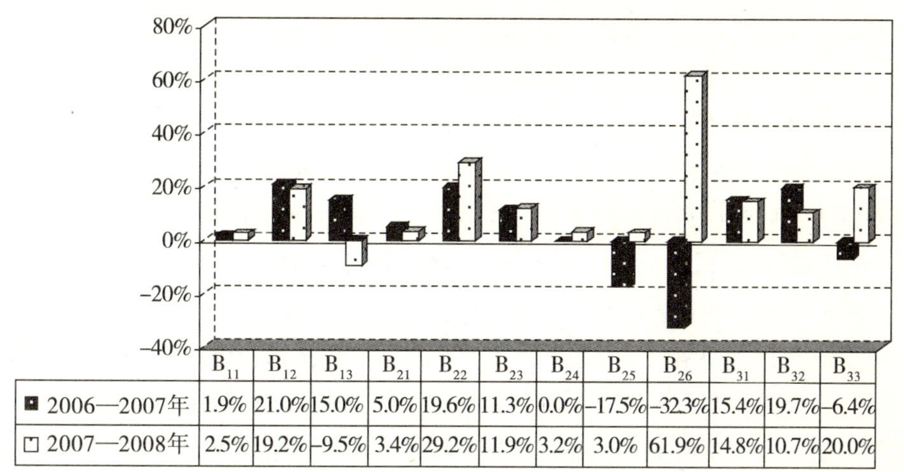

	B_{11}	B_{12}	B_{13}	B_{21}	B_{22}	B_{23}	B_{24}	B_{25}	B_{26}	B_{31}	B_{32}	B_{33}
■ 2006—2007年	1.9%	21.0%	15.0%	5.0%	19.6%	11.3%	0.0%	-17.5%	-32.3%	15.4%	19.7%	-6.4%
□ 2007—2008年	2.5%	19.2%	-9.5%	3.4%	29.2%	11.9%	3.2%	3.0%	61.9%	14.8%	10.7%	20.0%

图 10－16　“985 工程”高校各产出指标增长速度

注：B_{11}代表当量在校生数；B_{12}代表当量留学生在校生数；B_{13}代表当年百篇优秀博士论文数；B_{21}代表国内刊物发表论文；B_{22}代表国外刊物发表论文；B_{23}代表国际学术会议提交论文；B_{24}代表出版专著；B_{25}代表省部级科学研究与发展成果奖；B_{26}代表国家级验收项目；B_{31}代表发明专利授权数；B_{32}代表专利出售当年实际收入；B_{33}代表技术转让当年实际收入。

出指标的变化趋势。2006—2008 年，教育部直属高校产出总体上呈现不同程度的增长态势。直属高校增长速度最快的是专利出售当年实际收入，其次是国外刊物发表论文数量，而国家级验收项目三年间波动明显。

1. 教育部直属高校人才培养产出呈现不同程度的增长态势。当量留学生在校生数增长速度较快，年均增长速度达到十九个百分点；其次是高校当量在校生数，年均增长速度接近三个百分点。“985 工程”高校人才培养产出中当量留学生在校生数增长速度较快，年均增长速度超过二十个百分点；其次是当量在校生数，年均增长速度超过两个百分点；“985 工程”高校百篇优秀博士论文校均超过一篇。

2. 教育部直属高校科研活动产出指标中，国外刊物发表论文和国际学术会议提交论文呈稳步增长趋势。直属高校国外刊物发表论文增长速度较快，年均增长速度超过二十一个百分点；其次是国际学术会议提交论文数，年均增长速度接近十五个百分点，反映了直属高校高水平论文产出数量显著提升，教师参加国际学术交流活动的机会和成果日益增加。同样，“985 工程”高校国外刊物发表论文增长速度较快，年均增长速度超过二十四个百分点；其次是国际学术会议提交论文，年均增长速度接近十二个百分点。高校国内刊物发表论文年均增长速度接近四个百分点，其增长速度低于国外刊物发表论文和国际学术会议提交论文十个百分点以上。不过，高校出版专著数量、省部级科研成果奖以及国家级验收项目波动较大。

3. 教育部直属高校社会服务产出呈现不同程度的增长态势。专利出售当年实际收入的增长速度较快，年均增长速度达到三十二个百分点；其次是发明专利授权数，年均增长速度接近八个百分点；高校技术转让当年实际收入年均增长速度不足六个百分点，说明我国高校将科研成果进行转化、服务社会经济发展的能力还有待提升。“985 工程”高校发明专利授权数的增长速度最快，年均增长速度超过十五个百分点；其次是专利出售当年实际收入。

第二节　高校投入与产出的关系分析

在事物、现象之间，往往存在着一定的关系，一事物的变化，常引起另一事物也发生变化，或者许多事物因受某种因素的影响，同时都在变化。所谓相关就是指事物、现象之间的相互关系。相关性分析是从数量上研究两种或两种以上变量之间的关系，对变量之间是否存在依存关系作出的判断，以测定它们之间的密切程度，并检验其有效性。测算相关系数的方法，通常有皮尔逊相关法（又称积差相关）、等级相关法、点双列相关法等。

本节首先对高校投入指标与产出指标进行皮尔逊相关分析，测算相关系数，并考察其显著性。然后基于投入指标和产出指标的相关性，选择与投入指标相关性较好的产出指标，考察其影响因素；最后对高校总产出的影响因素进行分析。为了保持高校在人才培养、科学研究和社会服务方面的一致性和可比性，样本中去掉三所艺术类高校。皮尔逊相关分析采用 SPSS16. 0 软件；产出指标影响因素分析采用 Stata10. 0 软件。

一、人才培养产出与投入指标的相关性分析

高校当量在校生数与所有投入指标之间均在 0. 01 水平呈显著相关，与校

本部教职工数、图书册数、研究与发展全时人员数和教育经费总额、实验室和实习场所面积这五项投入指标之间的相关系数均超过0.8。

除图书馆面积和教室面积两项投入指标外，当量留学生在校生数与其他投入指标均在0.01水平呈显著相关。其中，相关性最高的两项投入指标是教育经费总额和副高及以上职称教师比例，相关系数均超过0.5。与当量在校生数相比，当量留学生在校生数与各项投入指标的相关系数均较低。

与百篇优秀博士论文相关性较高的指标包括科研经费总额、教育经费总额和副高及以上职称教师比例，相关系数均超过0.6。除图书馆面积和教室面积之外，其他投入指标均与百篇优秀博士论文在0.01水平呈显著相关（表10－1）。

表10－1　人才培养产出指标与各投入指标相关系数

	A_{11}	A_{12}	A_{13}	A_{14}	A_{21}	A_{22}
B_{11}	0.902＊＊	0.833＊＊	0.240＊＊	0.428＊＊	0.828＊＊	0.688＊＊
B_{12}	0.435＊＊	0.439＊＊	0.480＊＊	0.507＊＊	0.631＊＊	0.462＊＊
B_{13}	0.474＊＊	0.527＊＊	0.469＊＊	0.607＊＊	0.662＊＊	0.730＊＊
	A_{23}	A_{31}	A_{32}	A_{33}	A_{34}	
B_{11}	0.237＊＊	0.813＊＊	0.484＊＊	0.591＊＊	0.860＊＊	
B_{12}	0.125	0.304＊＊	0.100	0.066	0.464＊＊	
B_{13}	0.196＊＊	0.539＊＊	0.128	0.059	0.420＊＊	

注：B_{11}代表当量在校生数；B_{12}代表当量留学生在校生数；B_{13}代表当年百篇优秀博士论文；A_{11}代表校本部教职工数；A_{12}代表研究与发展全时人员数；A_{13}代表博士学历教师比例；A_{14}代表副高及以上职称教师比例；A_{21}代表教育经费总额；A_{22}代表科研经费总额；A_{23}代表当年完成投资金额；A_{31}代表实验室和实习场所面积；A_{32}代表图书馆面积；A_{33}代表教室面积；A_{34}代表图书册数。＊＊表示0.01水平显著性。

二、科研活动产出与投入指标的相关性分析

高校论文产出三项指标与各项投入指标均在0.01水平呈显著相关。与论文产出三项指标相关性较高的投入指标是教育经费总额和科研经费总额，这两项投入指标与国内刊物发表论文和国外刊物发表论文的相关系数均超过0.7，

与国际学术会议提交论文的相关性也达到0.68；其次是实验室和实习场所面积、校本部教职工数和研究与发展全时人员数，相关系数也均在0.5左右。比较而言，国内刊物发表论文和国外刊物发表论文与各项投入指标的相关系数要高于国际学术会议提交论文与各项投入指标的相关系数。

与专著产出相关系数较高的投入指标是副高及以上职称教师比例，相关系数达到0.692。除图书馆面积和教室面积两项指标外，专著产出均与其他投入指标在0.01水平呈显著正相关。

校本部教职工数和研究与发展全时人员数与省部级科学研究与发展成果奖的相关性较高，相关系数分别为0.739和0.66，说明规模较大的高校，其获得的省部级成果奖项也越多。科研经费总额和教育经费总额与国家级项目验收数的相关性较高，相关系数均超过0.5（表10－2）。

表10－2　科研活动产出指标与各投入指标相关系数

	A_{11}	A_{12}	A_{13}	A_{14}	A_{21}	A_{22}
B_{21}	0.706**	0.669**	0.370**	0.484**	0.765**	0.762**
B_{22}	0.675**	0.724**	0.479**	0.559**	0.750**	0.742**
B_{23}	0.640**	0.635**	0.437**	0.472**	0.682**	0.680**
B_{24}	0.484**	0.446**	0.577**	0.692**	0.631**	0.442**
B_{25}	0.739**	0.660**	0.175*	0.391**	0.630**	0.647**
B_{26}	0.443**	0.468**	0.192**	0.292**	0.511**	0.581**
	A_{23}	A_{31}	A_{32}	A_{33}	A_{34}	
B_{21}	0.298**	0.747**	0.339**	0.396**	0.632**	
B_{22}	0.284**	0.708**	0.263**	0.370**	0.639**	
B_{23}	0.260**	0.636**	0.261**	0.307**	0.620**	
B_{24}	0.169*	0.353**	0.116	0.111	0.611**	
B_{25}	0.217**	0.649**	0.381**	0.454**	0.587**	
B_{26}	0.298**	0.437**	0.011	0.233**	0.330**	

注：B_{21}代表国内刊物发表论文；B_{22}代表国外刊物发表论文；B_{23}代表国际学术会议提交论文；B_{24}代表出版专著；B_{25}代表省部级科学研究与发展成果奖；B_{26}代表国家级验收项目；A_{11}代表校本部教职工数；A_{12}代表研究与发展全时人员数；A_{13}代表博士学历教师比例；A_{14}代表副高及以上职称教师比例；A_{21}代表教育经费总额；A_{22}代表科研经费总额；A_{23}代表

当年完成投资金额；A_{31}代表实验室和实习场所面积；A_{32}代表图书馆面积；A_{33}代表教室面积；A_{34}代表图书册数。＊＊表示0.01水平显著性；＊表示0.05水平显著性。

三、社会服务产出与投入指标的相关性分析

高校发明专利授权数与高校投入各项指标均在0.01水平呈显著正相关。其中，与发明专利授权数相关性较高的投入指标首先是科研经费总额，相关系数高达0.834；其次为教育经费总额，相关系数为0.701；再次是实验室、实习场所面积，相关系数为0.649。

除实验室和实习场所面积、教室面积两项指标外，其他各项投入指标均与专利出售当年实际收入和技术转让当年实际收入两项产出指标在0.05或0.01水平呈显著正相关。其中，科研经费总额依然是与专利出售当年实际收入和技术转让当年实际收入相关性较高的投入指标，相关系数分别为0.474和0.671（表10－3）。

表10－3　社会服务产出指标与各投入指标相关系数

	A_{11}	A_{12}	A_{13}	A_{14}	A_{21}	A_{22}
B_{31}	0.521＊＊	0.592＊＊	0.467＊＊	0.536＊＊	0.701＊＊	0.834＊＊
B_{32}	0.313＊＊	0.273＊＊	0.217＊＊	0.356＊＊	0.375＊＊	0.474＊＊
B_{33}	0.390＊＊	0.330＊＊	0.248＊＊	0.444＊＊	0.467＊＊	0.671＊＊
	A_{23}	A_{31}	A_{32}	A_{33}	A_{34}	
B_{31}	0.338＊＊	0.649＊＊	0.192＊＊	0.209＊＊	0.412＊＊	
B_{32}	0.175＊	0.353＊＊	0.098	0.057	0.239＊＊	
B_{33}	0.153＊	0.379＊＊	0.044	0.068	0.171＊	

注：B_{31}代表发明专利授权数；B_{32}代表专利出售当年实际收入；B_{33}代表技术转让当年实际收入；A_{11}代表校本部教职工数；A_{12}代表研究与发展全时人员数；A_{13}代表博士学历教师比例；A_{14}代表副高及以上职称教师比例；A_{21}代表教育经费总额；A_{22}代表科研经费总额；A_{23}代表当年完成投资金额；A_{31}代表实验室和实习场所面积；A_{32}代表图书馆面积；A_{33}代表教室面积；A_{34}代表图书册数。＊＊表示0.01水平显著性；＊表示0.05水平显著性。

小　　结

基于2006—2008年教育部直属高校的投入、产出相关数据，采用相关分

析方法概述教育部直属高校的投入、产出状况，分析产出指标的影响因素。

1. 高校人才培养产出与投入指标的相关分析表明：高校当量在校生数与所有投入指标之间均在0.01水平呈显著相关，与校本部教职工数、图书册数、研究与发展全时人员数和教育经费总收入、实验室和实习场所面积五项投入指标之间的相关系数均超过0.8。与当量留学生数相关性最高的两项投入指标是教育经费总额和副高及以上职称教师比例，相关系数超过0.5。与百篇优秀博士论文相关性较高的指标包括科研经费总额和教育经费总额，相关系数超过0.6。

2. 高校科研产出与投入指标的相关分析表明：与高校论文产出相关性较高的投入指标是教育经费总额和科研经费总额，这两项投入指标与国内刊物发表论文和国外刊物发表论文的相关系数都超过0.7，与国际学术会议提交论文的相关性也达到0.68；其次是实验室和实习场所面积、校本部教职工数和研究与发展全时人员数，相关系数也均在0.5左右。与专著产出相关系数最高的投入指标是副高及以上职称教师比例，相关系数达到0.692。校本部教职工数和研究与发展全时人员数与省部级科学研究与发展成果奖的相关性较高，相关系数分别为0.739和0.66。

3. 高校社会服务产出与投入指标的相关分析表明：与高校发明专利授权数相关性较高的投入指标首先是科研经费总额，相关系数高达0.834；其次为教育经费总额，相关系数为0.701；再次是实验室、实习场所面积，相关系数为0.649。除实验室和实习场所面积、教室面积两项指标外，其他各项投入指标均与专利出售当年实际收入和技术转让当年实际收入两项产出指标在0.05或0.01水平呈显著正相关。其中，科研经费总额依然是与专利出售当年实际收入和技术转让当年实际收入相关性较高的投入指标，相关系数分别为0.474和0.671。

综上所述，高等院校要想提升整体水平，有效的途径就是加大高等教育的人、财、物投入，加强师资队伍建设，扩充科研人员人数，提升博士学历教师比例或副高级以上职称教师的比例，加大科研投入，进而有效推进学校的人才培养、科研产出以及社会服务产出水平，进而打造高水平的、国际一流的高等教育学府。

第三节 研究的讨论

高等学校绩效评价运行的尝试表明，高校绩效评价能显示出高校产出、投入与绩效之间的关系，相对客观地反映高校的发展效益；作为一种评价手段，高校绩效评价可以为高校资源的重新配置提供依据和参考。

一、关于高校绩效评价结果

第一，绩效评价与绝对评价的结果并非对应。从绝对量得分（“三年整体投入综合得分”、“三年整体产出综合得分”）和绩效得分来看，高校投入与产出的绝对量与绩效评价之间并不一定对应。产出绝对量或投入绝对量排序靠前的，绩效排序不一定靠前。所以，绝对评价得分高的学校，绩效评价不一定高，反之亦然。

第二，影响高校绩效的主要因素是资源有效利用。高校绩效评价的尝试发现：投入—产出与绩效之间形成了两大类六种组合，第一类是“高绩效”，主要原因是资源的充分利用，表现为三种组合：高投入—高产出、低投入—高产出、低投入—低产出；第二类是“低绩效”，主要原因是资源没有得到充分利用，也表现为三种组合关系：高投入—高产出、高投入—低产出、低投入—低产出。尽管，分类中的“高与低”只是相对而言，但仍然表明，绩效的高低与投入—产出的高低不相对应，绩效偏高的高校不一定投入就偏高，即使投入和产出都偏高的高校也会出现绩效偏低的现象。可见，影响高校绩效的主要因素是资源的合理、有效利用。

第三，高校绩效呈现出地区差异，东部最高，西部次之，中部最低。高校绩效评价的尝试发现：东部地区高校的投入得分、产出得分和绩效得分都高于西部和中部地区，西部地区高校的投入综合得分低于中部地区，其产出综合得分却与中部地区高校差异不大，但绩效偏高。

二、关于高校绩效评价本身

本次高校绩效评价仅是一次实践尝试，仍然有许多问题需要思考和改进。

第一，关于评价指标。本研究中采用的投入、产出指标虽经过了主观的专家筛选以及客观的统计法筛选，但在反映高校办学质量上仍会有所欠缺。如反映论文质量的指标，考虑到学术界对核心期刊、转引含义的异议颇多以及尽量兼顾文理学科特点，此次尝试中未采用现有评价常用的核心期刊论文数和转引数等指标。另外，指标权重采用的是方差贡献率，属于统计学赋值，主观判断不够，也可能会影响到一些学校的绩效结果。因此，高校绩效评价还可以对评价指标的代表性、全面性以及权重赋值等方面作进一步研究，以更好反映高校办学质量和特色。

第二，关于评价方法。经济学和管理学计算效益或效率的常用方法主要是数据包络分析法（DEA）和随机边界函数分析法（SFA）。DEA 方法属于非参数方法，如果决策单元评价值为 1 即为有效，否则即为无效，但在有效样本以及无效样本内部我们无法简单的对评价值的大小进行排序对比分析；而 SFA 方法属于参数法，需要预设函数（生产函数、成本函数等），对于模型的无效项必须设定其分布形式；由于本次绩效评价属于尝试，所以，我们采用了综合投入产出法及“产出/投入”这一相对简单的模型，仅把 DEA 方法作为验证方法使用。运用此方法和模型有可能忽略掉不同高校在某些投入或产出指标上的特色或优势，进而会对该校整体评价结果产生一定影响，所以，在未来高校绩效评价中还可以在方法和模型建构上进一步加以改进，以期能更准确、有效、公平地评价高校绩效。

第三，关于评价数据。本次尝试只选用了 3 年的数据，虽有一定的代表性，但还不足以完全反映高校的实际成效以及体现高等教育产出的滞后性特点。其中有三所大学虽各自分为两个校区的大学，但由于在一些指标上的数据难以分离，只能将 6 校合为 3 校。所以，高校绩效评价尝试的结果只是一种粗略的结果，仅仅是为了验证绩效评价的基本思想和方法，不具有对高校分等的指向。

第四，关于分类评价。不同类别的高校发展具有不同的发展定位和阶段特征，其发展的重点、方式和渠道也会不同，必然会出现在投入或产出上的不同优势与特点，但此次绩效评价的尝试并没有对高校进行分类，也就不能将不同高校的办学特色很好地体现出来。

高校绩效评价的尝试说明，囿于方法、模型、数据的相对简单和不充分，绩效评价尝试的结果还欠稳定，需进一步研究和长时间追踪。所呈现的高校绩效评价结果及排序，只是为了更好地直观反映高校投入、产出、绩效及其关系状况，以方便进一步对高校的整体绩效状况、各个高校的资源配置、区域特征等多方面内容进行综合而具体的分析。

结　语

高等学校绩效评价主要是伴随着新公共管理理论逐渐产生与发展的，随着各国高等教育规模的不断扩大，高等教育经费投入的日益增加，高等学校的绩效评价越来越受到重视，并在实际工作中发挥越来越大的作用。

一、对高等学校绩效评价的再认识

从表面上看，高等学校绩效评价是运用投入与产出之比来判断高等学校的效能。但是从深层次来看，高等学校绩效评价实际上是一种“绩效责任”，也就是学校相关人员对于学生学习成败、对于服务社会所应该承担的责任。绩效责任是一个系统，从一定意义上说，这也是高等教育的社会责任。

既然是一种社会责任，那么它必然不是几个简单的指标可以衡量的，应该是一系列的指标体系，这个指标体系蕴含着一系列的观念和机制，这些观念和机制可以通过绩效评价对公共行政机构施加影响，借以改善公共服务供给。例如，美国一些州政府通过建构一系列评价指标，对高等学校进行评估，根据高校不同表现予以拨款和奖励，目的在于提高高等教育的效能。

从实践层面看，高等学校绩效评价的宗旨在于提高服务质量和增强高等教育责任。但事实上，不同体制国家的具体目标有所不同。也就是说，由于文化传统以及国家体制的差异，不同国家的绩效模式有所差异。事实上，绩效标准，如“效能”“生产率”“投入”“产出”等，在一些国家已经不同程度地深入到了高等教育的决策及运作中，高等学校绩效评价已经发展成为一种理念，或者一种文化。而当绩效评价成为一种大学文化或高等教育文化的时候，我们说，这时的高等学校绩效评价已经基本走向成熟了。

在我国，高等学校绩效评价刚刚兴起，由于还处在探索阶段，还不够成熟，因此，受到质疑和责难在所难免，也在情理之中。因为人们已经习惯于以往的传统观念，习惯于按照既有的方式和方法进行办学，也习惯于既有的高等学校评价方式，所以，当一种新的尝试去试图打破以往的惯性时，困难程度可想而知。但凡新生事物必然经历这样的过程，无此，则很难生长。这正符合新生事物迂回前进、螺旋式上升的哲学原理。相信，经过不断探索，不断完善，高等学校绩效评价定能逐渐被社会各界和高等教育界认可并接受。

二、高等学校绩效评价与支持体系

高等学校绩效评价既是一种办学理念，也是一种评价工具，同时更是一项十分庞大的系统工程。必须构建起有效的支持体系才能顺利并富有成效地进行绩效评价，否则评价工作将难以开展。因此，高等学校绩效评价不仅需要政府、高校的支持，同时也需要得到专家、学者和社会舆论的大力支持。

首先，高等学校绩效评价需要得到政府的支持。在我国，除民办高校以外，公办高校几乎都是由各级政府投资兴办。虽然 20 世纪 90 年代以来，高校实行成本分担，向学生收取一定数量的学费，但各级政府的投入仍然在高校办学资源中占有相当规模的比例。从理论上说，政府投资，自然应该对投资的使用和投资绩效进行监督和审查。但事实上，我国各级政府对高校的绩效监督并不到位，导致某些高校不计成本，浪费惊人，效益不佳。因此，为了保证政府投入的有效性，必须对投入进行监督和评价，建立绩效评价拨款机制，不断推动高等学校提高绩效。

其次，高等学校绩效评价需要得到专家的支持。一项改革，除了政府有决心，还需要专家和学者的积极论证和深入研究。专家、学者的深入研究和探讨是推动改革的强大动力，在当今知识经济时代尤其如此。开展高等学校绩效评价也不例外，也需要各方面专家的大力支持，需要各类专家团队参与研究，以逐步加强绩效评价指标的科学性与合理性，提高绩效评价的针对性和有效性。

第三，高等学校绩效评价需要得到高校的支持。事实上，不少高校还存在着办学效益低下的问题，需要开展绩效评价以改变这种状况。开展高等学校绩效评价，一方面需要高校主动提供可靠的一手数据，以便在绩效评价时能够准确分析并如实反映学校的绩效情况。另一方面，当绩效评价过后，需要高校积极反馈绩效评价意见，并针对绩效评价结果反思和改进办学活动，进一步调整资源配置，提高绩效水平。

第四，高等学校绩效评价需要社会舆论的支持。良好的社会舆论环境是开展高校绩效评价的基础。随着大众媒体、公共媒体作用的日益增强，社会舆论对一项改革的影响力越来越大。因此，进行高等学校绩效评价同样离不开良好的社会环境，更需要客观的、理性的舆论支持。

三、高等学校绩效评价与高等教育强国

普遍而言，世界高等教育强国基本都拥有高效益的高等教育。很难想象，一个高等教育效益很低的国家能够成为高等教育强国。

自 20 世纪 90 年代末开始，就有学者针对我国逐步成为高等教育大国的实际，提出了建设高等教育强国这一命题。经过几年的不断研讨和论证，建设高等教育强国这一命题得到了社会各界的一致认可，并在 2010 年《国家中长期教育改革和发展规划纲要（2010—2020 年)》中被定为高等教育的战略发展目标。这一目标的提出为我国高等教育未来发展指明了方向，也对我国高等教育实施绩效评价提出了要求。

长期以来，我国高等教育对成本核算始终处于希望重视但始终没有从根本上重视起来的状况。也就是说，虽然采取了一些实际行动和具体措施，但总体而言，效果不佳。不重视成本甚至忽视成本的现象还比较普遍。不仅如此，由于缺乏成本观念，缺乏绩效问责，浪费现象时有发生。这对于本来就捉襟见肘的教育经费而言，无疑是“雪上加霜”。为此，为促使高校对高等教育办学成本引起高度重视，把有限的资金用在刀刃上，防止和避免资金浪费，开展高等学校绩效评价亟待提上议事日程。

我们相信，随着高等学校绩效评价理论与方法技术的日益成熟，实施高等学校绩效评价，一定会有助于提高我国高等学校的办学质量与效益，也一定会有助于推动我国高等教育的深入改革，进而在把我国建设成一个高效益的高等教育强国进程中发挥重要作用。

后　记

本书是国家社会科学基金教育学重点课题“高校绩效评价研究”的成果，它凝聚着中国教育科学研究院高校绩效评价研究团队的集体智慧与辛勤劳动。

课题及全书依据中国教育科学研究院院长袁振国教授首次提出的基于投入—产出理论的高校绩效评价思想作为核心研究思想，课题研究全程得到了袁振国教授的指导与支持。来自不同机构的同志积极认真地参与并完成了本课题的研究及本书相关内容的撰写。本书写作思路、内容重点及结构安排由课题主持人张男星负责设计、调整并协调执行。全书分工如下。

前言：中国教育科学研究院张男星、中国教育科学研究院卢彩晨。第一章：浙江师范大学王占军。第二章第一节：王占军；第二节：清华大学郭芳芳、张男星。第三章第一节：张男星；第二节：杭州师范大学吴跃文；第三节、第四节：卢彩晨。第四章：王占军。第五章：中国教育科学研究院孙继红。第六章：中国教育科学研究院王春春。第七章：浙江大学阚阅。第八章：首都师范大学乔鹤。第九章第一节：卢彩晨；第二节：张男星；第三节：张男星、孙继红；第四节：孙继红、张男星。第十章第一节、第二节：中国教育科学研究院张小萍；第三节：张男星。结语：卢彩晨。卢彩晨、吴跃文参与统稿，中国教育科学研究院杜云英、中国教育科学研究院王纾参与校对工作。张男星统稿并定稿。

感谢教育部党组成员、国家教育行政学院院长顾海良教授欣然为本书作序。感谢教育科学出版社刘明堂主任、夏辉映责编为本书出版付出的辛苦劳作。在此向参与课题研究、本书编辑校对等出版工作的所有同志一并致谢。

囿于水平与时间的仓促，书中难免存在不足与错误，敬请读者批评指正！

张男星
2012 年 8 月 25 日

出 版 人　所广一
责任编辑　夏辉映
版式设计　孙欢欢
责任校对　贾静芳
责任印制　曲凤玲

图书在版编目(CIP)数据

高等学校绩效评价论/张男星等著.—北京:教育科学出版社,2012.12
ISBN 978-7-5041-7087-3

Ⅰ.①高… Ⅱ.①张… Ⅲ.①高等学校—学校管理—研究 Ⅳ.①G647

中国版本图书馆CIP数据核字(2012)第263249号

高等学校绩效评价论
GAODENG XUEXIAO JIXIAO PINGJIA LUN

出版发行	教育科学出版社		
社　　址	北京·朝阳区安慧北里安园甲9号	市场部电话	010-64989009
邮　　编	100101	编辑部电话	010-64989363
传　　真	010-64891796	网　　址	http://www.esph.com.cn
经　　销	各地新华书店		
制　　作	北京金奥都图文制作中心		
印　　刷	保定市中画美凯印刷有限公司	版　　次	2012年12月第1版
开　　本	169毫米×239毫米　16开	印　　次	2012年12月第1次印刷
印　　张	16	印　　数	1—1 500册
字　　数	258千	定　　价	42.00元